AXEL
SCHAUDER

DER ANDERE UND ICH

Mein Vater – der große Fremde

novum pro

Dieses Buch ist auch als
e-book
erhältlich.

© 2024 novum publishing gmbh
Rathausgasse 73, A-7311 Neckenmarkt
office@novumverlag.com

Eventuelle Namensgleichheiten oder
sonstige Ähnlichkeiten zu lebenden oder
verstorbenen Menschen sind rein zufällig
und unbeabsichtigt.

ISBN 978-3-7116-0131-5
Lektorat: Vivika-R. Andige
Umschlagabbildung:
Semmki91 I Dreamstime.com
Umschlaggestaltung, Layout & Satz:
novum Verlag
Autorenfoto: Holle Schauder

www.novumverlag.com

Druckprodukt mit finanziellem
Klimabeitrag
ClimatePartner.com/16547-2311-1001

Inhaltsverzeichnis

I. Teil

II. Teil

III. Teil

Namensverzeichnis

**Verzeichnis der wichtigsten Namen,
die in der Geschichte vorkommen:**

Ada:
Schwester des Icherzählers und Autors und Tochter von Strickchen aus deren erster Ehe

Albert:
Freiherr von Hoyningen Huene, zweiter Ehemann von Dora

Axel:
Sohn von Albert aus dessen erster Ehe, und damit später Stiefbruder von Strickchen

Axel Schauder:
Der Autor und Icherzähler, Sohn von Strickchen aus deren erster Ehe

Bernd von Hoyningen Huene:
Neffe von Albert von Hoyningen Huene, der in Westberlin lebte

Bobby Scholz:
Besitzer einer Strandvilla und Pension in Heringsdorf an der Ostsee

Charles:
Ex-Freund von Marion, den sie in Paris kennengelernt hatte und der Juttas Vater war

Dora:
Mutter von Strickchen, geborene Kürsten, verwitwete Freifrau von Bistram (aus dieser ersten Ehe ging Strickchen als einziges Kind hervor), in zweiter Ehe verheiratet mit Albert Freiherr von Hoyningen Huene

Elfriede:
Mutter von ihm, dem Vater des Icherzählers

Er:
Vater des Icherzählers und Autors, der mit bürgerlichem Namen Horstdietrich Konrad Schauder hieß

Erich:
Nennonkel des Icherzählers, der mit Elfriede und Herbert in einer Dreierbeziehung lebte

Ernstl Langner:
Sehr wohlhabender Kunsthändler aus Dresden

Frank Thoma:
Kurzzeitiger Arbeitskollege des Icherzählers und ehemaliger Lebensgefährte von Marion

Fräulein Mia:
Angestellte von Bobby Scholz, mit der er, der Vater des Icherzählers, ein flüchtiges Liebesverhältnis hatte

Fred Raumann:
Lkw-Fahrer und kurzzeitiger Arbeitskollege des Icherzählers

Hanna:
Strickchens Studienfreundin aus der Berliner Zeit

Henriette Sparmann:
Ehefrau von Juwelier Hans Christian Sparmann aus Dresden und eine der Geliebten des Vaters des Icherzählers

Herbert:
Vater von ihm, dem Vater des Icherzählers

Ina:
Tochter des Fuhrunternehmers, bei dem der Icherzähler kurzzeitig beschäftigt war

John:
Neuer Freund der Tochter von Mr. Walker

Jörg:
Strickchens zweiter Ehemann, der ursprünglich Georg Sackenheim hieß und mit der Heirat Strickchens Familiennamen annahm, sich fortan also Georg Freiherr von Bistram nannte

Jutta:
Tochter von Marion, die mit ihrer Mutter bis zu deren Lebensende nichts mehr zu tun haben wollte

Lena:
Verlobte des Icherzählers, die sich später in ihren Chef, einen Arzt aus München, verliebte

Margot Wehn:
Patentante von Strickchen aus Dresden

Martin Schuhrag:
Sehr wohlhabender Webereifabrikant aus einer Kleinstadt nahe Dresden

Marion:
Ehemalige Lebensgefährtin von Frank Thoma, mit der sich ein kurzzeitiges Liebesverhältnis zum Icherzähler entwickelte, und die später an Krebs verstarb

Mill:
Weiterer Hotelgast in Salzburg, der sich von seinen Freunden „Mill" nennen ließ, in Wirklichkeit aber Milleman hieß

Mr. Walker:
Ein Hotelgast, der sich, aus London kommend, mit seiner Frau und Tochter in Salzburg aufhielt

Otto Rosenmann:
Hannas späterer Ehemann und Holzfabrikant in Oberbayern

Peter Wehn:
Margots Ehemann und sehr wohlhabender Textilhändler aus Dresden

Raboschowsky:
Prokurist bei Otto Rosenmann, der mit Hanna ein Liebesverhältnis einging und nach Hamburg zog

Rose von Hoyningen Huene:
Ehefrau von Bernd von Hoyningen Huene

Samier:
Ein Studienkollege des Icherzählers, mit dem er zusammen eine Reise nach Salzburg unternahm

Strickchen:
Mutter des Icherzählers und Autors, die nach ihrer Scheidung ihren Mädchennamen wieder angenommen hatte, und von da an mit bürgerlichem Namen Irmgard Gabriele Freifrau von Bistram hieß. Sie legte sich später den Künstlernamen „Nina" zu

Winkler:
Wurde von seinen Freunden „Sepp" genannt und war Verwalter des landwirtschaftlichen Betriebes, der dem Arzt aus München gehörte, in den sich Lena später verliebt hatte

Vorwort

Ich gehe vom Haus meiner Großeltern, das in einem Dorf in der Nähe von Dresden steht, über die Straße. Auf der anderen Seite angekommen, überquere ich eine kleine, schmale, alte, rostige Eisenbrücke mit Geländer und Holzbohlen, die über einen Mühlgraben hinweg auf einen Wiesenhang führt. Dort lege ich mich hin. Erst langsam setzt sich mein kleiner magerer Kinderkörper, noch nicht ganz vier Jahre alt, in Bewegung, kullert seitlich den Hang abwärts, schneller werdend, immer schneller und schneller und dann noch schneller, schließlich wieder langsamer, und nun ist die ganze Freude schon vorbei. Jetzt liege ich auf der Wiese im hohen Gras, ganz still, die Beine und Arme ausgebreitet, den Blick in Richtung Himmel, wo die weißen Wolken vom Wind getrieben werden, sich immer neue Fantasiefiguren bilden, die bald wieder vergehen, neuen Formen Platz machen, die sich wiederum auflösen, in der Kinderfantasie aber hängen bleiben, um dort zu Geschichten zu werden; wie Figuren, die sich aneinanderreihen, eben immer Geschichten werden.

Neben mir ein alter Apfelbaum, schon etwas windschief, seine zahlreichen Früchte sind noch nicht ganz reif, aber es dauert nicht mehr lange; es sind Augustäpfel und wir haben Juli, genauer, Juli 1948. Es werden kleine rotgestreifte Äpfel sein, mit einem Duft, der mir mein ganzes Leben lang unvergessen bleiben wird. Intensive Düfte, die man in der Kindheit einmal eingeatmet hat und die in Verbindung mit prägenden Erlebnissen stehen, wird man nie wieder los. Sie werden dich, wo immer sie dir später begegnen, in allen Lebenslagen an eben diese prägenden Begebenheiten erinnern. Noch jetzt, nach über siebzig Jahren – das Kullerspiel habe ich damals oft gemacht und der alte Apfelbaum steht immer noch – erscheinen mir jene Wolkenbilder, wenn ich diese Äpfel esse.

Damals lag ich manchmal lange so im Gras, anfangs etwas schwindelig, nach und nach Kinderträume zulassend – nicht nur fröhliche. Gedanken, auch an meine Mutter, die ich in dieser Zeit selten sah. Sie war meistens unterwegs, zum Beispiel, um im Tauschhandel mit Bauern irgendetwas Essbares zu ergattern, denn Geld hatten wir nicht, oder um mit anderen Frauen abgeerntete Felder zu „stoppeln". Dann kam sie manchmal am Abend mit einer kleinen Tüte Getreideähren nach Hause, nach vielleicht zehn oder fünfzehn Stunden Abwesenheit.
Was ihr, der damals jungen und wunderbaren Frau in dieser Nachkriegszeit unterwegs von russischen Soldaten angetan wurde, und wie sie dennoch die kleine Tüte mit Getreideähren oder mit vielleicht zehn Kartoffeln oder fünf Möhren oder drei Eiern mit nach Hause bekommen hat, das haben wir nie erfahren. Darüber schwieg sie ein Leben lang. Doch manchmal sah ich sie, den versteinerten Blick ins Leere gerichtet, Tränen auf ihren Wangen, da hatte ich fast Angst vor ihr. Meine Großmutter vermochte bei ihr diese „Starre" zu lösen, indem sie sie einfach wortlos in den Arm nahm, bis es aufhörte. Vorübergehend. Wirklich hat es nie aufgehört – bis zu ihrem Lebensende nicht.

Oder Gedanken an meinen Vater, den ich damals noch gar nicht kannte, nur aus Erzählungen, da er immer noch in russischer Kriegsgefangenschaft war. Wie er wohl aussah? Ob und wann er zurückkommen würde? Ob er mich in den Arm nehmen würde, wie das die Väter anderer Kinder im Dorf taten?

Ich hatte in der damaligen Zeit einen anderen, mich prägenden Menschen: meinen Großvater. Nie in meinem späteren Leben ist mir eine Person begegnet, die so viel Güte ausgestrahlt hat wie dieser Großvater und ganz besonders mir gegenüber. Kein lautes Wort, kein Geschimpfe, nichts, was mich je hätte verletzen können.

1952 – ich war gut 7 Jahre alt – ist er gestorben und man hat mir „aus Rücksicht gegenüber dem Kinde" verboten, an seiner Beerdigung und Trauerfeier teilzunehmen. Ich habe diese gut gemeinte, aber für mich fatale Entscheidung meiner Eltern bis heute nicht verwunden.

1993, also 41 Jahre später – alles DDR-Unwesen war überstanden – da habe ich zusammen mit meiner Frau das alte Haus meines Großvaters zurückgekauft. Es war eine nahezu unbewohnbare Ruine. Das Grundstück war zur Müllhalde verkommen. Aber es ist mein Geburtshaus, und viel wichtiger, es ist das Haus meines Großvaters. Den Mühlgraben mit der Brücke gibt es nicht mehr und aus der Obstwiese ist bewaldetes Unland geworden.

Der Wiederaufbau hat zwei Jahre gedauert und anstelle der ehemaligen Waschküche steht jetzt ein zweites kleines Häuschen, in dem wir dann und wann Ferien machen.
Dort ist mir dann der Großvater – nach inzwischen sieben Jahrzehnten – wieder nahe. Wie er mit mir im Garten spielte, dem Garten übrigens, den wir zum Entsetzen aller „Fachleute" wieder so angelegt haben, wie er ihn einst hinterlassen hat. Oder wie ich auf dem Gepäckträger seines alten Fahrrades sitzend, mit ihm ins Dorf fahren durfte:
„Mach immer die Beine ganz breit, damit sie nicht in die Speichen kommen!"

Oder wie ich mit ihm spazieren gehen durfte, er mit Gehstock, ich an seiner Hand, mit Tirolerhut auf dem Lockenkopf.

Und der Apfelbaum?

Irgendwann haben wir uns entschlossen, wieder eine Obstwiese anzulegen, so wie sie damals war. Alle Waldbäume mussten gefällt werden und die kleine ehemalige Wiese trat allmählich wieder zutage.

Und wer stand da ganz am Rande auch noch? Eine Baumruine, nur noch bestehend aus mächtiger Rinde, schiefer noch als damals schon, von außen bemoost, von innen hohl – der Apfelbaum! Große, tote Äste rings herum, aber die Krone ganz oben noch mit Leben erfüllt und – man glaubt es kaum – sogar einige kleine rotgestreifte Äpfel tragend. Und der Duft erinnert an die weißen Wolkenberge meiner Kindheit.

Lange kann er wohl nicht mehr stehen, aber an seiner Seite, ganz unten, wächst aus der Wurzel ein Wildtrieb, wird das ein neuer Apfelbaum?

Ein Fachmann hat diesen Wildtrieb inzwischen mit Reisern des alten Baumes veredelt, damit die Sorte und der Duft auch dann erhalten bleiben, wenn der alte Baum eines Tages in sich zusammengefallen ist.

Und?

Einige Reiser des alten Baumes habe ich im Jahr 2012 mit nach Hause, nach Nordfriesland, genommen. Gärtner Boysen hat ein kräftiges junges Bäumchen damit veredelt, was auch geglückt ist.

Der Apfelbaum lebt also weiter, der alte wohl nicht mehr lange. Und der Duft, der die Kindheitsträume beflügelt hat, bleibt erhalten. Er kann jetzt andere Kinderherzen erfreuen, denn die weißen Wolken ziehen immer noch, regen immer noch zum Träumen an, bilden immer noch Figuren, die ebenso schnell vergehen, wie sie entstanden sind, und aus denen Geschichten werden, auch wenn sich die Zeiten geändert haben und damit auch der Inhalt der Geschichten.

I. TEIL

1. KAPITEL:

Heimgekehrt

Er kam die Treppe herauf, die in das Dachgeschoss führte. Dort befand sich das Kinderzimmer, das ich mit meiner Schwester teilte, die vier Jahre älter war als ich. Ein kleines Zimmer, der Fußboden mit einem Strohteppich belegt, zwei hintereinanderstehende Kinderbetten, darüber auf der schrägen Zimmerdecke Märchenfiguren, die meine Mutter gemalt hatte. Zum Garten hin zwei nebeneinanderliegende Rundbogenfenster, durch die ich von meinem Bett aus nachts manchmal den Mond sehen konnte; Vorhänge gab es nicht, auch keine Heizung. Wir bekamen Ziegelsteine ins Bett gelegt, die vorher am Wohnzimmerofen aufgeheizt wurden und mit einer Sofadecke umhüllt waren, damit man sich im Bett die Füße nicht verbrannte, jedoch die Wärme möglichst lange anhielt.

Es war Winter, Winter 1949, spät in der Nacht. Wir hatten schon den ganzen Tag auf ihn gewartet, aber vergebens. Es hatte keine Nachricht von ihm gegeben, wann er eintreffen würde. Wie auch! Telefonleitungen waren in unserem Dorf nicht mehr vorhanden. Soweit es früher, vor dem Krieg, mal welche gegeben hatte, waren sie zerstört und die Apparate waren von den Russen mitgenommen worden. Legal oder illegal, das weiß niemand mehr. In seinem Telegramm, das tags zuvor bei uns eingetroffen war, stand keine Ankunftszeit.

Uns: Das waren mein Großvater Albert, meine Großmutter Dora, meine Mutter, genannt Strickchen, meine Schwester Ada und ich. Aber nun war er da. Seine Schritte kamen langsam näher, er hatte Knobelbecher an, die schmale, alte, ausgetretene Holztreppe quietschte viel lauter, als sie das tat, wenn wir hinaufrannten. Hinter ihm her kam meine Mutter.

Nun trat er in unser Kinderzimmer. Er war groß, fast zwei Meter, aber abgemagert. Vier Jahre russische Kriegsgefangenschaft –

davon ein großer Teil in Sibirien – hatten ihm übel zugesetzt. In den zehn Jahren, die nun seit Kriegsbeginn vergangen waren, hatte er nur zwei- oder dreimal Fronturlaub, das letzte Mal im Frühjahr 1944, danach war er nicht mehr gekommen. Ich wurde daraufhin im Dezember 1944 geboren, er hat mich also nie zuvor gesehen.

Er trug noch immer die alte, inzwischen schäbig gewordene Unteroffiziersuniform. In der einen Hand hielt er seine Mütze, mit der anderen fuhr er vorsichtig über meinen Lockenkopf und sah mich lange an. Dann sagte er:

„Das ist also mein Sohn!"

War er enttäuscht? Fast schien es so. Hatte er sich ein gesundes, fröhliches Kind vorgestellt? Und nun das? Ein von Ruhr, Nachkriegshunger und Rachitis gezeichneter schwerhöriger, eher ängstlicher und ein wenig linkischer Junge? Der so gar nicht in das väterliche Hoffnungsbild passte?

Ich hatte noch obendrein gerade schweren Keuchhusten und eine langwierige Mittelohrvereiterung hinter mir. Man musste von da an laut mit mir reden. Dennoch habe ich meistens nur wenig verstanden, am ehesten noch meinen Großvater, dessen sonore Stimme mit baltischem Akzent mir am deutlichsten vorkam.

Meine Mutter stand hinter meinem Vater und sagte nichts. Er sagte:

„Ich habe dir etwas mitgebracht."

Er knöpfte die rechte Jackentasche auf, fuhr hinein und zog einige in Pergament eingepackte Stücke Würfelzucker heraus. Wochen vor seiner Entlassung hatte er begonnen, bei den Mitgefangenen Brot gegen diesen Würfelzucker einzutauschen, um ihn seinen Kindern als Geschenk mitzubringen. Er legte die kleinen Päckchen in meine Kinderhand. Ich konnte damit jedoch nichts anfangen, denn ich hatte noch nie zuvor Würfelzucker gesehen.

Dann ging er weiter zu meiner Schwester. Er hob sie aus dem Bett, nahm sie in seinen Arm, küsste sie, es war eine unbeschreibliche Wiedersehensfreude. Er saß lange auf ihrer Bettkante und sie auf seinem Schoß. Er langte erneut in seine Jackentasche und da kamen weitere eingepackte Würfelzuckerstücke zum Vorschein. Sie lachten und scherzten. Es hörte gar nicht auf, bis meine Mutter mahnte, dass die Kinder jetzt wohl schlafen sollten. Erneut ging er langsam, den Blick auf mich gerichtet, an meinem Bett vorbei; meine Mutter hinter ihm her, sie gab mir einen Gutenachtkuss, danach schlossen sie hinter sich die Tür. Ich hörte beide noch die Treppe hinuntergehen, dann war alles still. Meine Schwester ist wohl bald eingeschlafen, ich aber habe noch lange wach gelegen und hatte Sehnsucht nach meinem unendlich geliebten Großvater, der mit Bedacht an dieser Begrüßung nicht teilnehmen wollte und mir an diesem Abend sehr gefehlt hat.

2. KAPITEL

Wer ist da heimgekehrt?

Er wurde 1917 in Gabel, Kreis Guhrau, in Schlesien geboren und wuchs in einem gutbürgerlichen, sehr strengen Elternhaus auf. Sein Vater war Lehrer, seine Mutter eine ehrsame Bauerntochter. Der Heranwachsende war nicht gerade der Liebling seines Vaters, eher das Gegenteil. Er wurde oft gezüchtigt, ja regelrecht verprügelt, während man seine Schwester verwöhnte. Seine Mutter litt sehr unter dieser Ungerechtigkeit und unter dem väterlichen Jähzorn gegenüber dem Buben. Die Schwester starb mit elf Jahren an einer Kinderkrankheit, die mit hohem Fieber einherging, was die Eltern förmlich traumatisierte. Er, der Ungeliebte, bekam fortan auch noch den Schmerz der Eltern über den unsäglichen Verlust der Schwester zu spüren, das heißt, er konnte jetzt eigentlich machen, was immer er wollte, nie war es dem Vater recht, und ständig wurde er, besonders vom Vater, für Nebensächlichkeiten hart bestraft. Eines Tages hat er einmal aus Furcht vor Prügel nicht ganz die Wahrheit gesagt. Als sein Vater schließlich dahinterkam, ließ er ihm, nach der Züchtigung mit dem Rohrstock, zum Zeichen seiner Schande die Haare abschneiden, und nun musste er monatelang als Lügner, als Kahlkopf, rumlaufen. In der Schule wurde er daraufhin natürlich angesichts seiner Glatze gehänselt, wurde schnell zum Außenseiter und fand kaum noch Anschluss. Wie aber geht es einem, der von den Eltern, vor allem vom Vater derart gepeinigt wird, keine Schulfreunde mehr hat und auch keinen geliebten Großvater – so wie das bei mir ja der Fall war? Und was wird aus so einem Kind?

Anfang der 1930er-Jahre – längst hatte er sich aus diesem Elternhaus befreien können – war er nach Berlin gezogen und hatte das vermeintliche große Glück, ausgerechnet im Nobelhotel Adlon eine Lehrstelle zu finden. Jetzt lernte er erstmals das Leben von einer anderen, ganz neuen Seite kennen.

Im Adlon, nicht weit entfernt vom Brandenburger Tor und vom Reichstag, verkehrten hochgestellte Persönlichkeiten aus Politik, auch sehr verhängnisvolle, wie sich wenig später herausstellen sollte, aus Wirtschaft, Finanzwesen, Künstler aller Richtungen, auch und gerade aus dem emporkommenden Filmgeschäft und, nicht zu vergessen, der Hoch- und gelegentlich auch der Landadel. Das Adlon war für all diese Leute die erste Adresse. Es war mehr oder weniger ständig ausgebucht. Diese sogenannte Elite war in der damaligen Zeit des hereinbrechenden und sich ankündigenden Nationalsozialismus gerne unter sich. Man hatte andere Probleme als die der übrigen Bevölkerung. In diesen Kreisen gab es keine Arbeitslosigkeit, keinen Geldmangel, keine Angst, wie der nächste Monat bestritten werden sollte. Die Welt war in Ordnung, jedenfalls schien es so.

Und er war zwar nur Lehrling, aber er war da plötzlich mittendrin. Überall roch es nach Wohlstand, Geld spielte keine Rolle. Sparsamkeit, wie sie ihm in seinem biederen Elternhaus vorgelebt wurde? Vergiss es!

Inzwischen war er zu einem jungen, stattlichen fast Einmeterneunzigmann herangereift. Ein Jungmädchenschwarm! Er trug jetzt, kaum sechzehnjährig, schon ein Oberlippenbärtchen, das war Mode; die gewellten Haare links gescheitelt und mit Pomade auf Hochglanz gebracht. Tagsüber, und zum Teil auch abends, kellnerte er, lernte dabei Manieren, das war wichtig, denn davon hing ja auch die Höhe der Trinkgelder ab, aber – nicht weniger wichtig – ebenso die Zuneigung junger Damen.

Unter das erlauchte Adlon-Publikum mischten sich mitunter auch Studenten oder, was immer seltener vorkam, höhere Töchter aus dem kaum noch vorhandenen, wohlhabenden Mittelstand, aber immerhin, es gab sie noch, und sein Anblick, sein Benehmen, seine gesamte Erscheinung waren ihnen nicht gleichgültig. Häufig hielt man sich im Nachmittagscafé des Hotels auf, einem erlesenen Saal mit Blick auf die breite gepflasterte Straße, die zum Reichstag führt. Bei einem bescheidenen Kännchen Kaffee, das sich selbst Studenten dann und wann leisten konnten, ließ es sich in dieser Wohlstandsatmosphäre aushalten. Da traf man sich zum Plaudern und genoss für ein paar Stunden die große Welt.

Zu dieser Adlon-Gesellschaft zählte auch die junge Kunststudentin Hanna, Tochter eines wohlhabenden Brauereibesitzers. Hanna war eine ausgesprochene Schönheit mit ihren langen pechschwarzen Haaren, den großen blauen Augen, dem üppigen Mund und dem wohlgeformten Dekolleté. Aber auch sonst saß bei ihr so ziemlich alles in gut ausreichender Menge an der richtigen Stelle. Darüber hinaus war sie stets hochmodisch, aber vornehm und in bester Qualität gekleidet, und ihr Gang war schlichtweg sensationell. Die Unterhaltung der Männer im Café wurde häufig auffallend leiser, ja manchmal verstummte sie regelrecht, wenn sie durch den Saal schritt, wandelte, ja fast schwebte.

Dann und wann brachte Hanna ihre Studienfreundin Irmi mit, die „Strickchen" genannt wurde, warum, wusste eigentlich niemand so genau.

Strickchen war klein, sehr schlank, schlanker als Hanna und zierlicher, fast zerbrechlich, allerdings nur vom Aussehen. Ihre langen braunen Haare wellten sich über ihre Schultern. Eindrucksvolle starke Augenbrauen wölbten sich über ihre dunkelbraunen, großen Augen. Strickchen puderte gerne etwas ihre Nase, die ihr ein wenig zu groß und glänzend vorkam, was aber tatsächlich nicht der Fall war, und sie schminkte ihren auffallenden, volllippigen Mund knallrot. Das war damals Mode. Ihre langen Fingernägel hatten meistens die gleiche dunkelrote Farbe, übrigens auch die Fußnägel.

Strickchen war eine Baroness. Sie entstammte einer alten baltischen Adelsfamilie. Nach dem ersten Weltkrieg waren bekanntlich zahlreiche adelige Gutsherren aus dem Baltikum von den Bolschewisten vertrieben worden und Strickchens leiblicher Vater, Ernst Freiherr von Bistram, hatte das große Glück, nach der Flucht mit seiner Familie auf dem Rittergut seines Schwagers,

Egon Kürsten, in der Nähe von Dresden unterzukommen. Dort verlebte Strickchen eine traumhafte Kindheit, die allerdings vom baldigen Tode ihres Vaters überschattet war. Er starb 1921. Strickchen war gerade drei Jahre alt, sie kannte ihn also kaum. Ende der 1920er-Jahre heiratete Strickchens Mutter, Dora, erneut und zwar den Baron Albert von Hoyningen Huene. Alsbald verließen Mutter und Tochter das Rittergut und zogen in das nicht weit vom Gut entfernt gelegene Landhaus des neuen Vaters, des Stiefvaters, der von Beruf Architekt und außerdem ein Hobbymaler war.

Die Zeiten für die Landwirtschaft waren in den 1920er-Jahren nicht einfach. Die Erlöse für landwirtschaftliche Produkte waren niedrig und viele Gutsbetriebe retteten sich nur dadurch über die Runden, dass sie ab und zu Land verkauften, aber vor allem „den Gürtel enger schnallten". Letzteres fiel der Familie von Strickchen besonders schwer, sodass das Gut schließlich verkauft werden musste, um die angehäuften Schulden loszuwerden. Für Strickchen ging die traumhafte Kindheit jäh zu Ende, eine Kindheit, die sie prägen sollte. Im Vorwort ihres späteren Buches über die Bilder ihrer Kindheit, das sie 1998, also mit achtzig Jahren, herausbringen würde, wird es heißen:
„Manchmal gelingt mir die Rückkehr zum Geschehen von damals mühelos. Dann sehe und fühle ich alles, genauso wie das Kind, das ich war und das ich immer noch bin. Ich sehe das Land, das Haus, die Tiere und die Menschen, die mich umgaben, ich fühle meine Zuneigung, mein Glücklichsein, meine Ängste und Schmerzen. Ich habe mich nie davon entfernt, ich habe nichts verloren."

Hanna und Strickchen ließen sich im Café des Adlon gern von ihm bedienen. Meistens gab es neben dem perfekten Service auch ein paar galante Bemerkungen von ihm, Höflichkeiten, die den beiden jungen Damen gefallen haben und die auch entsprechend erwidert wurden, wie gesagt, er war beiden nicht unsympathisch. Sein Interesse allerdings konzentrierte sich mehr und mehr auf Strickchen, was Hanna registrierte, nicht nur wohlwollend.

Gegen Mitte der 1930er-Jahre war Berlin in großem Aufbruch. Die Vorbereitungen für die Olympiade von 1936 liefen auf vollen Touren, die Jugend – vor allem die Sportjugend – war vom nationalsozialistischen Regime begeistert und alles richtete sich auf ein gigantisches Sportereignis ein, jenes Ereignis von einer Größenordnung, die es vorher weder in Deutschland noch sonst wo auf der Welt je gegeben hatte. Die Werbemaschinerie hatte eine nie zuvor gekannte Dimension erreicht, das Deutsche Fernsehen sollte Weltpremiere feiern, Rundfunk und Presse überschlugen sich in Propaganda. Kaum jemand bemerkte indessen, welch ein Irrsinn sich tatsächlich in Deutschland anbahnte. Man war im Olympiade-rausch.

3. KAPITEL:

Albert

Strickchen hatte ihren Stiefvater, Albert, als ihren Vater akzeptiert und dessen Sohn, Axel, aus erster Ehe – etwas älter als sie – wurde ihr wahrhaft zum Bruder. Für diesen Vater aber – und das lag ihm ganz besonders am Herzen – war Strickchen auch längst zur Tochter geworden. Er machte zwischen seinem Sohn und ihr keinen Unterschied. Und überhaupt, er war der sanftmütigste Mensch, den man sich vorstellen konnte. Nie wurde in seinem Hause je ein heftiges oder gar lautes Wort gesprochen. Es konnte wohl passieren, dass im Detail mit großer Ernsthaftigkeit diskutiert wurde, ausgeschlossen war jedoch die Form des hitzigen Gegeneinanders, in der der andere sich verletzt gefühlt haben könnte. Er hatte Sehnsucht nach Harmonie, Strickchens Mutter hatte es insofern auch leicht, ihre Wünsche durchzusetzen. Er hatte in seiner Eigenschaft als Architekt zum Beispiel etwas gegen offene Feuerstellen im Haus. Zu oft schon hatte er in seinem Beruf erleben müssen, wie verheerende Unglücke durch falsch gebaute offene Kamine geschehen waren. In seinem Hause gab es daher keinen solchen, sehr zum Leidwesen seiner Frau Dora. Sie war aus den Herrenhäusern, in denen sie früher gewohnt hatte, offene Kamine gewohnt und liebte die Atmosphäre, die von ihnen ausging, die Wärme, den Zauber, den ein offenes Feuer zu verbreiten vermochte, die Teestunden, die man in der kalten Jahreszeit davor genießen konnte, die klassische Musik im Hintergrund aus dem in Mode gekommenen Grammophonapparat und die intensiven Gespräche, die dabei stattfinden konnten.

Eines Tages musste also Albert – ich nenne ihn von nun an „Strickchens Vater" (der er ja eigentlich nicht war) – verreisen, für ein paar Tage nur, nach Berlin, wo er zur Durchführung eines speziellen und nicht alltäglichen Auftrages an der dorti-

26

gen Universität aus der Fachliteratur bestimmte Informationen zusammenzutragen hatte. Als er wieder heimkam, staunte er nicht schlecht:

Seine Frau saß in der Eingangshalle – man glaubt es nicht – vor einem offenen Kamin. In nur drei Tagen hatte sie es geschafft, einen Schornstein durch die drei Etagen des Hauses ziehen zu lassen und in der Eingangshalle einen Eckkamin aus rötlichem Backstein mit weißen Fugen, die Feuerstelle hinter einem Rundbogen, aufstellen zu lassen. Die unabdingbare Wartezeit, die man vor Inbetriebnahme einhalten muss, bis das Gemäuer getrocknet ist, interessierte sie ebenso wenig, wie die gesetzlich geregelte Abnahme durch einen Schornsteinfegermeister. Der Kamin brannte, er zog wunderbar, sie war glücklich. Und Albert? Er stand sprachlos im Hauseingang und sagte nach einer Weile mit betretener Stimme:

„Aber Dora!"

Dann setzte er sich zu ihr, ganz nahe, blickte ins Feuer und schwieg. Das war alles.

Albert war ein sehr disziplinierter Mensch, weder eitel noch verschwenderisch, eher genügsam, was seine persönlichen Bedürfnisse anbelangte, allerdings immer äußerst korrekt, ja elegant gekleidet. Er nahm seinen Beruf sehr ernst, weil er sich da auch ein Stück verwirklichen konnte. Dieser Architektenberuf passte auch vorzüglich mit seinem ausgeprägten Hang zur Perfektion zusammen. Ebenso zeugte seine Hobbymalerei – einige Arbeiten sind uns bis heute erhalten geblieben – von diesem Hang zur Perfektion; nichts darin war dem Zufall überlassen.

Sein Büro in Dresden, ungefähr 15 Kilometer entfernt von seinem Haus, erreichte er Sommer wie Winter, indem er zunächst mit dem Fahrrad zum drei Kilometer entfernten Bahnhof und dann von dort aus mit dem Zug in die Stadt fuhr. Das kostete wenig und hielt ihn gesund. Im Winter konnte die Heimfahrt am Abend vom Bahnhof aus schon mal eine Stunde dauern, bei Schneefall auch noch länger. Auf Doras Vorschlag aber und nicht zuletzt auch auf Strickchens Drängen, entschloss er sich eines Tages, ein wenig gegen seinen Willen, ein Auto zu kaufen, einen

Opel Olympia, eine Cabrio-Limousine mit aufrollbarem Verdeck. „Ein Traum", wie Strickchen feststellte. Aber Albert konnte sich noch so bemühen, er wurde kein routinierter Autofahrer. Rückwärts einparken war ihm verhasst, häufig brauchte er fünf Anläufe und mehr. Auch die vielen Verkehrsregeln, besonders in der Großstadt, wollten einfach nicht in seinen, auf anderen Gebieten so intelligenten Kopf. Nach und nach stand das Auto mehr zu Hause in der Garage, als dass es benutzt wurde, sehr zur Freude von Strickchen, die lebte ja inzwischen in Berlin, wo sie gerade ihr Kunststudium aufgenommen hatte. Natürlich war Albert überhaupt nicht in der Lage, ihr, seiner Tochter, abzuschlagen, den Opel von Zeit zu Zeit einmal auszuleihen. Anfänglich machte Strickchen kleine Touren auf dem Land, nach und nach ging es dann auch schon mal nach Dresden. Schnell wurde Strickchen – was in den 1930er-Jahren noch eher die Ausnahme war – eine passable Autofahrerin, jedenfalls verstand sie erheblich mehr davon als ihr Vater. Das führte schließlich auch dazu, dass sich für Strickchen die Gelegenheiten häuften, mit dem Opel nach Berlin zu fahren, anfänglich, um am gleichen Tag wieder nach Hause zurückzukehren, nach und nach aber auch mal, um für zwei und schließlich auch für mehrere Tage in Berlin zu bleiben. Frei und ungebunden an irgendwelche Eisenbahnfahrpläne die Zeit zu gestalten, das war für Strickchen ein Zugewinn an Lebensqualität von unvorstellbarer Dimension, aber nicht nur für Strickchen.

4. KAPITEL:

Verliebt

Strickchen hatte sich inzwischen unsterblich verliebt. In ihn! Und er sich in sie! Sie waren ein Paar geworden, noch unverheiratet zwar, aber unzertrennlich. Er im Adlon inzwischen fest angestellt, schon mit passablem Einkommen, sie unverändert Studentin an der Kunsthochschule. Nun sogar mit einem Auto ausgestattet, wenn auch nicht dem eigenen. Die Welt schien wunderbar und grenzenlos. Was sich außer dem Glück beider in Deutschland auch noch zusammenbraute, nahm man nicht wahr oder es wurde verdrängt, nicht nur von den beiden, auch von den meisten anderen Menschen. Leider!

Inzwischen hatte Strickchen ihn auch schon zu Hause vorgestellt. Dort im Elternhaus ging er bald ein und aus. Vor allem Strickchens Mutter war begeistert von ihm, von seinem tadellosen Benehmen, den galanten Umgangsformen, aber auch von seinem imposanten äußeren Erscheinungsbild, während sich Strickchens Vater eher ein wenig zurückhielt.

Für beide, wie auch die meisten Deutschen, war die Olympiade 1936 in Berlin ein absoluter Höhepunkt. Sie hatten es geschafft, für die eine oder andere Sportveranstaltung Karten zu bekommen. Das gelang durch seine Beziehungen, die ihm sein Arbeitgeber, das Hotel Adlon, eingebracht hatte. Angereist wurde in Alberts Auto. Übernachtet wurde im Adlon. Bezahlt wurde später, und wenn, dann von Strickchen. Alles war in Ordnung. Wichtig war ihr die grenzenlose Liebe zu ihm.

In ihrem späteren Leben würde sie sich fragen müssen, ob diese, ihre allumfassende Hingabe gerechtfertigt war.

1938 wurde er zum Militärdienst eingezogen, zur Infanterie. Die Ausbildung war hart, besonders für jemanden wie ihn, der bereits einige Zeit auf der Woge des Elitären geschwebt hatte. Plötzlich hieß es: Befehle, Gehorsam, Unterordnung; Fußboden und Klo scheuern, Kasernenzwang, durch Dreck und Schlamm im Gelände während der Grundausbildung, Abhängigkeit von morgens bis abends und von abends bis morgens. Nichts war mehr so wie bisher. Die alten Erinnerungen an sein Elternhaus, besonders an seinen Vater, brachen erbarmungslos hervor. Und er machte sich mit seinem elitären Gehabe unter den übrigen Rekruten auch nicht sehr beliebt. Im Gegenteil: Wo immer es gelang, schickten ihn die „Kameraden" in die Scheiße und lachten ihn aus. An eine mögliche höhere Laufbahn, etwa in Richtung Offizier, war gar nicht zu denken, dafür fehlten ihm zudem die allgemeinbildenden Voraussetzungen.

Strickchen aber stand in dieser für ihn harten Zeit wie ein Felsen hinter ihm und sie war schließlich fest entschlossen, allen möglichen Anfechtungen, die sich ihr in den Weg stellten, Widerstand zu leisten. Zu diesen Anfechtungen zählte zum Beispiel ein griechischer Student namens Stefan Dragume, der sich sehr für Strickchen interessierte und einer äußerst wohlhabenden Familie aus Athen entstammte. Stefan setzte alles, was er aufbieten konnte, daran, um Strickchen zu erobern, sie zu heiraten und ihr gewissermaßen Athen zu Füßen zu legen. Eine grandiose Aussicht für Strickchen, wenn man bedenkt, dass sie ja nicht gerade eine Abneigung gegen Wohlstand und das Leben in den oberen Kreisen hatte. Doch am Ende nützten alle Aussichten auf Luxus nichts, auch nicht die Aussicht, dem bevorstehenden Schrecken der sich abzeichnenden Kriegskatastrophe gemeinsam mit Stefan zu entrinnen.

Nein, die wenigen Begegnungen mit ihm, meinem Vater, die sein gnadenloser Militärdienst zuließ, wurden für alles, was ihr und auch sein Herz begehrte, genutzt. Sie war entschlossen, bestärkt auch von ihrer Mutter, sich nicht Stefan, sondern ihm und nur ihm für immer vollständig hinzugeben und mit ihm eine gemeinsame Zukunft aufzubauen.

Schließlich hatte er herausgefunden, dass es da einen griechischen „Widersacher" gab. Seitdem hasste er nicht nur diesen, sondern gleichsam alle „miesen Griechen" – übrigens dauerhaft, sein ganzes Leben lang. Wollte er Stefan ausschalten, blieb ihm nichts anderes übrig, als sie kurzerhand zu heiraten.

Strickchen glaubte, dass sich mit seinem Heiratsantrag, den er eines Tages in ihrem Elternhaus machte – Rosen, dunkler Anzug, Kniefall, also alles, was man in dieser Hinsicht aufbieten konnte – ihr Lebenstraum erfüllte.

Der Kriegsausbruch im Herbst 1939 durchkreuzte diese Pläne jedoch erst einmal gründlich. Nicht, dass er sofort an die Front musste, aber die Deutsche Wehrmacht, soweit sie nicht am Polenfeldzug teilgenommen hatte, wurde in Alarmbereitschaft versetzt und unter diesen Voraussetzungen war an eine große Hochzeit vorläufig nicht zu denken.

Strickchen aber gestaltete inzwischen die halbe untere Etage des väterlichen Hauses in eine separate Wohnung um. Zum Entsetzen ihres Vaters wurde ein weiterer offener Kamin gebaut, in Form einer halbierten Zwiebel, das war innenarchitektonisch jetzt der letzte Schrei. In Berlin wurden Möbel gekauft, unter anderem eine voluminöse Sitzgarnitur, der Bezugsstoff schneeweiß mit dunkelblauem Muster, mit edelstem Kirschholz umrandet, sowie ein chinesischer Tisch mit Metallintarsien, Teppiche, große Vasen aus Meißner Porzellan, Bilder, unter anderem von Bertling, einem Romantiker, der nach der Jahrhundertwende eine Zeit lang in Strickchens Heimatdorf gelebt und gemalt hatte.

Strickchens Eltern mussten sich nun mit der mittleren Etage ihres Hauses begnügen, die ursprünglich recht großzügige Eingangsdiele, die ehedem für Festlichkeiten verschiedenster Art oder auch für Billardabende zur Verfügung gestanden hatte, war jetzt nur noch halb so groß.

Im Dachgeschoss wurden Bad, Schlafnische und ein separates Atelier für Strickchen eingerichtet. Sie hatte wirklich an alles gedacht und Geldsorgen gab es nicht, noch nicht!

Strickchen hatte sich nach Beendigung ihres Kunststudiums in ihrem Heimatdorf als einzige junge Frau einer kleinen Gruppe von Kunstmalern angeschlossen. Da waren weitere Anfechtungen vorprogrammiert.

5. KAPITEL

Die Hochzeit

Er, eben noch in die große Gesellschaft des Adlon eingebunden, nun jedoch in der verhassten Kaserne gelandet. Das hieß: ein Leben voller Entbehrungen, unerfüllbarer Sehnsüchte, geplagt auch von grundloser Eifersucht, also ganz und gar nicht nach seiner Fasson, in der Fremde, nur selten unterbrochen durch himmlische, aber viel zu kurze Wochenenden. Da mögen Spannungen in ihm entstanden sein, die ein junger Mensch kaum aushalten kann, gerade in der damaligen Zeit mit ihren vielen Ungewissheiten.

Sie hingegen, eingebettet in noch uneingeschränkte, wirtschaftliche Unabhängigkeit, in romantische Verliebtheit, in Hoffnung auf eine gemeinsame Zukunft, begleitet von ihren Eltern, die ihr jeden Wunsch erfüllten. Ihr Bruder war inzwischen auf der Offiziersschule. Um sie herum die Künstlergruppe, in der sie ja die einzige junge Frau war, und jeder der Maler versuchte, etwas mit ihr anzufangen. Sicher war sie fröhlich und unkompliziert in dieser Gruppe, man hat gemalt, man hat sich gegenseitig verglichen, man stand miteinander im Wettbewerb und es wurden Ausstellungen organisiert, auch Sommerfeste im elterlichen Garten gefeiert, und sicher hat sie da und dort auch mal ein wenig kokettiert, mit all ihren Sinnen aber blieb sie bei ihm, uneingeschränkt.

Noch im Jahr des Kriegsausbruches, um Weihnachten, fassten beide den Entschluss, den Hochzeitstermin nicht mehr zu verzögern. Vor allem Strickchen war die treibende Kraft, zumal die Zivilbevölkerung anfänglich noch vergleichsweise wenig vom Krieg merkte. Oder merken wollte! Denn Deutschland hatte am 1. September Polen überfallen, woraufhin zwar England und Frankreich zwei Tage später den Deutschen den Krieg erklärt hatten; da die deutsche Armee aber zu Beginn der Katastrophe an allen Fronten äußerst siegreich war und auch die Propaganda das ihrige tat, vermittelte sich noch für viele Menschen – auch für Strickchen und deren Familie – der Eindruck, dass das Ganze relativ schnell vorübergehen werde. Strickchens Bruder – inzwischen Leutnant – bestärkte die Familie in dieser Auffassung.

Strickchen schmiedete nicht nur Hochzeitspläne, sondern gestaltete in ihrer Fantasie auch die gemeinsame Zukunft.

Als Hochzeitstermin wurde nach langem Suchen schließlich der 9. März 1940 festgelegt. Eine Hochzeit also zum Zeitpunkt des Erwachens der Natur, Wiesen und Wälder voller Anemonen und Schneeglöckchen. Die jetzt schon wärmenden Sonnenstrahlen zauberten in den Gärten die ersten Krokusse hervor und der letzte Schnee war verschwunden. Das lautstarke und emsige Gehabe der Singvögel bestimmte das Geschehen in der Natur. Genau das war in Strickchens Gedankenwelt die richtige Atmosphäre für ihre Hochzeit. Hinzu kam, dass wenige Tage danach auch noch ihr 22. Geburtstag gefeiert werden konnte, also zwei Höhepunkte in einem Monat, wunderbar!

Auch er – inzwischen zum Gefreiten U.A. (Unteroffiziersanwärter) „aufgestiegen" – freute sich sehr auf seine Hochzeit, war damit doch auch gewissermaßen der Einstieg in adelige Familienkreise verbunden und gefestigt. Gerne hätte er auch anstatt seines Familiennamens den von Strickchen angenommen, was aber leider zur damaligen Zeit nicht möglich war. Auch über Doppelnamen wurde nachgedacht, am Ende scheiterten all diese begehrten Vorstellungen jedoch am Namensrecht des „Dritten Reiches".

Noch immer nicht an der Front, war es für ihn nicht allzu schwierig, um den 9. März herum eine Woche Urlaub zu erhalten. Das Wetter war relativ warm und sonnig und die anstehende Hochzeit beschäftigte alle.

Die Vorbereitungen waren in vollem Gange, es sollte ein Höhepunkt werden, nicht nur für Strickchen, nicht nur für ihn, auch für ihre Eltern, auch für die Seinen, die die neue adelige Familie bisher nur aus seinen wenigen und auch knappgehaltenen Briefen kannten, nicht jedoch persönlich.

Dies in einer Zeit unheilvoller Entwicklungen, die durch Radio, Zeitungen und Wochenschauen gezielt verharmlost wurden, und die meisten Menschen ließen sich immer noch dahingehend belügen, dass der Krieg heldenhaft geführt würde und siegreich, würde er doch schon bald durch weitere deutsche Siege beendet werden können. Würde sich doch dann in einem inzwischen größer gewordenen Deutschen Reich Wohlstand für alle entwickeln können. Strickchens Eltern – vor allem die Mutter, die ohne Wissen des Vaters zum Eintritt in die NSDAP überredet werden konnte – glaubten daran. Der Bruder – inzwischen Leutnant – glaubte daran. Noch! Der Vater sah mit Sorge Menschen aus seinem Freundeskreis verschwinden, nicht nur Juden, aber der junge Leutnant, sein Sohn, redete ihm bei jeder Gelegenheit die Zweifel aus.

„Denk an die Arbeitsplätze, Vater, die die Nationalsozialisten geschaffen haben, die Ordnung im Lande, die Jugendorganisationen, den Aufschwung, den das Reich erfahren hat. Denk daran, Vater, was der Vertrag von Versaille nach dem Ersten Weltkrieg für Deutschland an Elend nach sich zog. All das wird jetzt aufgearbeitet, zum Guten hin, Vater!"

Der Vater glaubte dem Sohn nicht, aber er redete nicht dagegen, er wollte den Familienfrieden um jeden Preis erhalten. Und: Der Vater hatte Angst!

Und er? Er nahm die dunklen Wolken am Horizont des „Deutschen Reiches der Arier" am wenigsten wahr. Seine Gedanken kreisten ausschließlich um seine persönliche Zukunft in dieser neuen adeligen Familie.

„Sollen die da in Berlin, in Paris oder London sich doch die Köpfe einschlagen; solange meiner nicht davon betroffen ist, ist es mir ziemlich wurscht. Und wenn Menschen, wohin auch immer, deportiert werden sollten, falls das überhaupt wahr ist, dann wird das schon seine Gründe haben. Menschen, die sich an Recht und Ordnung halten, werden sicher nicht deportiert", sagte er zu Strickchen.

Was für eine verhängnisvolle Blindheit! Und nicht nur er dachte so, viele andere auch. Strickchens Mutter Dora etwa war zwar nicht von egoistischen Gefühlen in die Irre geführt worden, sondern sie glaubte vielmehr an das Gute im Nationalsozialismus und sie verschloss dabei die Augen vor dem immer offensichtlicher werdenden Erscheinungsbild des heraufziehenden Grauens. Die verheerenden Auswirkungen dieser Denkweise jedoch waren am Ende leider immer die gleichen.

Die kirchliche Trauung fand in einem Nachbarort statt, weil es in Strickchens Dorf keine Kirche gab. Er in Ausgehuniform, sie in einem eierschalenfarbenen hochgeschlossenen, bodenlangen Seidenkleid mit langen Ärmeln. Den Stoff hatte ihre Patentante Margot aus Dresden gestiftet, deren Mann, Onkel Peter, dort eine Stoffgroßhandlung besaß.

Es war eine kleine Hochzeitsgesellschaft, vielleicht zwanzig oder fünfundzwanzig Personen. Zu ihnen gehörten: Strickchens beste Freundin, Hanna, die inzwischen mit Otto, einem wohlhabenden Holzhändler verheiratet war, weiterhin die kleine Künstlergruppe, die nun aus vier Malern bestand, seine Eltern mit einem Nennonkel Erich, Strickchens Patentante Margot mit ihrem Mann, Onkel Peter, die Schwester von Strickchens Mutter, Tante Else, mit ihrem Mann und der Tochter Marianne, eine Tante Lotte mit Tochter Usse, Strickchens Bruder, Axel, in feierlicher Offiziersausgehuniform mit seiner Frau Charlot und etliche Freunde der Eltern, einige davon auch aus dem Dorf. Sie alle trafen im Kirchhof ein, teilweise mit großen Autos – Tante Margot und Onkel Peter zum Beispiel mit einem amerikanischen Lassalle – einige mit zweispänniger Kutsche, er und Strickchen in geschmückter weißer, von zwei Schimmeln gezogenen Hochzeitskutsche. Da das Wetter sonnig und schon relativ warm war, genügten Strickchen ein Lammfell zum Zudecken der Beine und ein Cape aus Loden, das in ähnlicher Farbe wie ihr Kleid gehalten war. Er saß in seiner Ausgehuniform daneben.

Die kleine Dorfkirche war etwa zur Hälfte gefüllt. Die Zeremonie begann damit, dass Strickchen von ihrem Vater zum Traualtar geführt wurde, wo er, der Bräutigam, schon stand, beiden gegenüber der Pastor im bodenlangen Talar, mit seiner feierlichen Miene. Strickchen war sehr aufgeregt und ihr „ja, ich will" kam nach schier unendlichen, vielleicht dreißig Sekunden, während sein „ja, ich will" militärisch präzise erschallte, noch bevor der Pastor mit der Frage zu Ende war.

Danach säumten blumenbekränzte Mädchen aus dem Dorf mit ihren Streublumen den Weg aus der Kirche, alles so, wie es Strickchen sich vorgestellt und gewünscht hatte, die beschwingte Fahrt nach Hause durch die sanfte Natur des beginnenden Frühlings, vorbei an Feldern, die das erste Grün zeigten, der Himmel klar, weitgehend wolkenlos, und die Sonne, die eine angenehme Wärme ausstrahlte, unterstrichen von einem leichten Windhauch.

Eine riesige Tafel war unterdessen in der Billarddiele angerichtet, an deren Kopfende das Hochzeitspaar Platz nahm, rechts seine Eltern, links ihre Eltern; bis jetzt hatten diese außer der förmlichen Begrüßung kein einziges Wort miteinander gewechselt und das sollte für den Rest des Tages auch so bleiben.

Köstlichkeiten, geliefert und serviert von einem Restaurant aus Dresden, wie man sie in diesem Haus zuvor noch nie in dieser Menge und Vielfalt gesehen hatte, waren aufgetischt. Dezent reichte das Personal den Gästen diese Speisen und Getränke.

Echte Fröhlichkeit wollte sich jedenfalls anfänglich noch nicht so recht einstellen. Nennonkel Erich plauderte zwar mit Strickchens Vater über sein neues DKW-Motorrad, jener aber verstand von Motorrädern nichts, sagte gelegentlich, wenn es ihm so vorkam, dass der richtige Moment gekommen sein müsste, lächelnd mal „ja" oder mal „nein". Umgekehrt verstand Nennonkel Erich nichts von Architektur und antwortete Strickchens Vater einfach gar nicht, sondern setzte unverdrossen seine Erläuterungen über Zweitaktmotoren fort. Hingegen verstanden sich Hanna und Onkel Peter blendend, was Patentante Margot mit einem gewissen Argwohn verfolgte. Hanna, die modebewusste, sehr attraktive junge Dame, hatte mit Onkel Peter – er hätte ihr Vater sein können, sah aber immer noch blendend aus – jede Menge Gesprächsstoff, war dieser doch der Modebranche beruflich sehr verbunden. Auch zwischen Hannas Mann Otto und der immer noch wunderschönen Tante

Else entwickelte sich nach und nach eine leichte, fast ausgelassene Unterhaltung, und so kam im Laufe des Nachmittags und des frühen Abends schließlich doch eine überwiegend gesellige Stimmung zustande. Es wurde über alles Mögliche geplaudert, gelacht, und es wurde sich gegenseitig zugeprostet.

Einzig seine Eltern lieferten ausgesprochen wenige Beiträge zur Ausgelassenheit.

Seine Mutter Elfriede, inzwischen ausgebildete Krankenschwester, kam mit Tante Lotte, die in der evangelischen Fürsorge tätig war, ein wenig ins Gespräch, weil beide bereits Lazaretterfahrungen hatten. Das war aber ein eher ernster Gesprächsstoff, der sich nicht in die allgemeine Fröhlichkeit einzufügen vermochte. Sein Vater Herbert hingegen blieb weitgehend teilnahmslos. Selbst mit seinem Sohn, den er immer noch „Bub" nannte, wechselte er den ganzen Tag über kaum mehr als fünf Worte; beide wussten eigentlich so gut wie nichts mehr voneinander. Und er war überhaupt nicht daran interessiert, seine alten Kindheitswunden wieder aufzureißen; er ging seinem Vater deshalb einfach aus dem Weg.

Gegen Mitternacht schließlich löste sich die Gesellschaft langsam auf. Nennonkel Erich, Otto, aber auch Onkel Peter waren ein wenig betrunken und der Bräutigam konnte seine Gangart nur noch mit Mühe kontrollieren. Dagegen hatten sich die Damen überwiegend unter Kontrolle, auch Strickchen und Hanna, die beide allenfalls einen leicht beschwipsten Eindruck hinterließen. Strickchen hatte es von jeher geliebt, Feste zu feiern, sie war auch perfekt in der Vorbereitung und Gestaltung. Ihre Hochzeit hatte alles bisher Dagewesene übertroffen. Aber es hatte auch etwas Gewagtes, fast Peinliches, in dieser aufkommenden Katastrophe so zu feiern. Es sollte für viele Jahrzehnte ihr letztes großes Fest gewesen sein. Erst in den 1980er-Jahren, also im Alter – die Kriegswirren, die furchtbare Nachkriegszeit, das Ende ihrer großen Liebe zu ihm, all das hatte sie lange hinter sich – begann sie noch einmal, in ihrem bayerischen Zuhause Feste zu geben, in Erinnerung an ihre Jugend, die am 9. März 1940 ihr jähes Ende gefunden hatte.

6. KAPITEL:

Im Krieg

Im Juni 1940 haben die deutschen Truppen Frankreich besiegt. Er erlebte seinen ersten Fronteinsatz, seine erste unmittelbare Begegnung mit dem Tod, dem Tod in den eigenen Reihen; Kameraden, mit denen man eben noch hatte lachen, scherzen, reden können, als wäre nichts, als gäbe es keine Lebensgefahr, als habe Krieg nichts mit Tod und Vernichtung zu tun, diese Kameraden lagen plötzlich zerfetzt irgendwo, mit starrem Blick. Aber auch das Bewusstsein, dass sich das Gleiche auch auf der anderen Seite der Front abspielte, war etwas unerwartet Neues für ihn, obgleich er nie oder besser gesagt eher selten erfahren würde, ob, und wenn ja, wen er oder wer auch immer auf der anderen Seite gerade getroffen haben würde. Es gab sie auch, die Fälle, in denen er genau das hatte erfahren müssen, und das war entsetzlich. Und auch: Der Frankreichfeldzug war im Vergleich zu dem, was ihm in den folgenden Kriegsjahren noch bevorstehen würde, eher harmlos, soweit dieser Ausdruck bei der Beschreibung von kriegerischen Handlungen überhaupt erlaubt ist.

Er war dabei, als Paris kampflos den deutschen Besatzern überlassen wurde. Die deutsche Propaganda schäumte im Übermut, als sei man bereits auf dem besten Wege, die Weltmacht zu erobern, als sei die französische Nation eine Nation der Versager, der Feiglinge, die nur gut essen sowie trinken könnte und Frauen im Sinn hätten Deutsche Offiziere bevölkerten die Nobelhotels, Unteroffiziere und Mannschaften, zu denen auch er gehörte, hausten zum Teil in den weniger privilegierten Unterkünften, auch in Pensionen, Privathaushalten, Schulen und Turnhallen. Nachdem der Waffenstillstandsvertrag mit Frankreich unterzeichnet war, konnten sich etliche Unteroffiziere und auch Mannschaften zu einem Heimaturlaub melden; davon machte auch er Gebrauch, es war sein erster.

Es war Frühsommer. Längst waren die Erinnerungen an die Wintertage mit ihren kalten Stürmen, den Eisblumen an den Fenstern, den Schneeverwehungen auf den Straßen und Wegen und den nasskalten, ungeheizten Schlafzimmern, wo man nur durch dicke Federbetten vor der großen Kälte geschützt war, verflogen. Mild hüllte die Junisonne die Landschaft in sanftes Grün. Der Höhepunkt der Obstbaumblüte war bereits überwunden und das Getreide auf den Feldern wogte im lauen Wind und stand bereits halbhoch. Die Vögel hatten ihre erste Brut schon aufgezogen und Wald und Flur wurden von den ersten Rehkitzen, Rotwildkälbern, Jungfüchsen und Junghasen bevölkert. Eine erwartungsvolle Stimmung unter den Dorfbewohnern ließ den nahen Hochsommer mit seinen heißen Tagen und lauen Nächten erahnen.

Strickchen hatte viel im Garten ihres Vaters und ihrer Mutter auf Vordermann gebracht. Und so zog sich ein Band von neu gepflanzten Rosen quer durch die Rasenfläche neben dem Weg vom Haus zur alten Laube; die ersten Rosen fingen schon an zu blühen. Auf der gegenüberliegenden Obstwiese, wo ein Teil für Strauchobst abgetrennt worden war, wuchs jetzt auch Gemüse.

In eleganter Ausgehuniform tauchte er, man könnte fast sagen, unerwartet Ende Juni im heimischen Dorf bei Dresden auf. Es sollte eine Überraschung werden, Strickchen war darauf nicht vorbereitet. Aber als sie ihn die Dorfstraße entlangkommen sah, von ihrem Küchenfenster aus, da fing sie an zu jubeln, war nicht mehr zu halten, rannte zur Haustür hinaus, durchs Gartentörchen auf die Straße, den Mühlgraben entlang, zur Holzbrücke, auf der er stand und sie mit einem nicht enden wollenden Kuss begrüßte. Fest umschlungen gingen sie beide den Weg zum Haus, wo auch Strickchens Mutter inzwischen im Eingang wartete und ihn, ihren geliebten Schwiegersohn, der jetzt für Deutschland kämpfte, für Aufschwung, für Arbeitsplätze, für eine große Zukunft, in die Arme schloss.

Er brachte Strickchen eine „Jaeger Le Coultre"-Armbanduhr mit, die er als deutscher Besatzungssoldat in Paris relativ preisgünstig hatte erwerben können. Es war jenes Modell, das damals sehr in Mode stand, eine silberne Sportuhr, die man umklappen konnte, um sie bei sportlichen Übungen zu schützen, mit einem schwarzen Lederarmband. Strickchen wird diese Uhr ihr Leben lang tragen, über alle künftigen Enttäuschungen hinweg, und sie wird sich nicht nur, aber auch dadurch, ihr Leben lang an dieses erste Wiedersehen während des Krieges erinnern, dieses Wiedersehen mit seinen nahezu unbeschreiblichen Glücksmomenten, in denen man die ganzen bereits spürbar gewordenen Kriegseinschränkungen und alle Katastrophenvorahnungen für eine Weile vergessen konnte, dieses Wiedersehen, bei dem sie aber auch spürte, dass er sich verändert hatte, dass er offenbar ein Stück seiner Unbeschwertheit dort im noch fernen Krieg gelassen haben musste. Sie wird diese Uhr 66 Jahre später an ihre Tochter Ada vererben, die während dieses Fronturlaubes auf die Lebensreise geschickt wurde und die dann im April des Folgejahres, also 1941, zur Welt kam.

Die letzten Wochen vor der Geburt waren für Strickchen beschwerlich. Nicht nur die ständige Übelkeit – ein unsympathischer Begleiter bei vielen Schwangerschaften – mit der sie zu kämpfen hatte, nein, auch die zunehmende Angst um ihn, von dem sie immer seltener Feldpost bekam, obwohl sie ihm regelmäßig jede Woche, manchmal auch zweimal die Woche schrieb. Das zerrte an ihren Nerven, auch wenn ihre Eltern alles aufboten, damit sie bei Kräften bleiben sollte. Auch, dass draußen der Frühling begann, im Garten die Tulpen zur Blüte kamen, während die Schneeglöckchen ihren Höhepunkt bereits hinter sich hatten, die ersten wirklich warmen Tage die Stimmung hätten erhellen können. All das half nichts, sie fühlte sich schlecht, elend und keineswegs so stark, um ein Baby zur Welt bringen zu können. Dennoch, am 22. April 1941 war es geschafft. Ihr erstes Kind, ihre Tochter, war da. Sie nannte sie Ada. Die Nachricht ging per Feldpost an ihn und nach einigen Tagen, endlich, kam auch Antwort von ihm, dem glücklichen Vater.

7. KAPITEL:

Todesangst

Wo er wohl jetzt war, fragte sie sich oft. Irgendwo im russischen Winter, und was er da draußen wohl durchmachen musste? Schnee ohne Ende, Eiseskälte und keine Winterausrüstung, Verzweiflung, wohin man sah, Verluste bei der Truppe, jetzt nicht mehr nur durch ausweglose Kampfhandlungen, sondern zunehmend auch infolge der arktischen Kälte und der mangelhaften Ausrüstung und Ernährung.

Immer wieder ging ihr dabei eine Geschichte durch den Kopf, mit der er sie, und ausschließlich nur sie, belastete, als er im März 1944 auf einen weiteren, kurzen Fronturlaub zu Hause war, abgemagert inzwischen, kränklich, teils verstört und gezeichnet von den schlimmsten und kaum vorstellbaren Kriegserlebnissen. Sie hatte jetzt das Gefühl, als sei er in den Jahren, die sie sich nicht mehr gesehen hatten, ein anderer geworden, als könne sie ihn nicht mehr verstehen, als würde sie ihn nicht mehr kennen.

Es war übrigens sein letzter Fronturlaub und nach Kriegsende sollte eine über vierjährige russische Gefangenschaft folgen, die in Teilbereichen noch unmenschlichere Ausmaße für ihn bereithalten würde als die Kriegszeit an der Front. Strickchen hat ihn von da an bis zu seiner Heimkehr nicht mehr gesehen und außerdem, und das war neu, auch über längere Zeiträume hinweg keinerlei Briefkontakt mehr zu ihm gehabt. Etwas aber gab es, das er bei seinem Urlaub gewissermaßen hinterlassen hatte: Schon bald nach seiner Abreise kündigte sich eine weitere Schwangerschaft an. Diese Schwangerschaft in der Endzeit des Krieges war das Schwierigste, das eine junge Frau in jener Zeit erleben konnte. Allen Entbehrungen zum Trotz stand sie die kommenden 9 Monate durch, und am 14.12.1944, ungefähr zwei Wochen später als erwartet, wurde ihr Sohn Axel, also ich, der Autor dieser Geschichte, geboren, viel zu schwer und außerdem krank und in der damaligen Zeit kaum überlebensfähig. Wie eine Frau mit gerade einmal einem Meter sechzig Größe und inzwischen unterernährt das auszuhalten vermochte, das war unglaublich. Und das, was sie danach mit mir, dem unter der damals in der Regel tödlich verlaufenden Ruhr leidenden Kind, durchzustehen hatte, übertraf alles bisher schon Dagewesene.

Aber zurück zu der Geschichte, die er bei seinem letzten Fronturlaub im März 1944 nur ihr zu erzählen vermochte und die ihn sein Leben lang verfolgen sollte:
„Also, es war vor gut einem Jahr", so begann er damals langsam und nachdenklich zu erzählen, „wir befanden uns auf dem Rückzug, irgendwo in den schier unendlichen Weiten Russlands, keinerlei Anzeichen von Zivilisation, 15 bis 20 Grad Kälte Tag für Tag, kniehoch der Schnee, und der Russe, der Feind, der mit solchen Verhältnissen viel besser zurechtkam als wir, konnte überall sein. Ich war zur Nachtwache eingeteilt. Da sah ich im Mondschein zwei Gestalten halb gebückt durch den Schnee stapfen. Ich zitterte, jetzt nicht nur vor Kälte, sondern auch vor Angst und verhielt mich dennoch so ruhig ich konnte, bis die beiden im Wald verschwunden waren. Ich habe sie an den Mützen erkannt, es mussten deutsche Kameraden gewesen sein, und ich ahnte auch, welche Kameraden, nein, eigentlich wusste ich es sogar, weil wir heimlich immer wieder über so etwas wie Flucht gesprochen hatten. Irgendwann wurde ich dann abgelöst und machte beim Wachhabenden, einem Leutnant, keine Meldung.
Am nächsten Morgen beim Appell fehlten zwei Gefreite und als Erstes musste ein Schuldiger her. Also wurde ich befragt. Erst habe ich geleugnet, jemanden gesehen zu haben, dann habe ich einfach gar nicht mehr geantwortet und natürlich war die Folge, dass mir nun Beihilfe zur unerlaubten Entfernung aus der Truppe vorgeworfen werden konnte. Ich war verzweifelt und wie gelähmt.
Deserteure wurden, wenn man sie kriegte, standrechtlich erschossen, was jeder wusste und was auch schon diverse Male passiert

war. Wie Beihilfe bestraft wurde, das war nicht so einheitlich geregelt, aber das konnte auch die Todesstrafe zur Folge haben, und so haben die mich kurzerhand zum Tode durch Erschießen verurteilt. Jetzt wurde mir klar, dass das mein Ende sein musste, keine Chance mehr, kein Zurück mehr, blanke Angst vor der Hinrichtung. Die folgende Nacht, eingesperrt, sie war grauenhaft und schien kein Ende zu nehmen. Und was mir da alles durch den Kopf gegangen ist, ich kann es nicht mehr beschreiben.

Vier Soldaten mit Gewehren, dazu ein Offizier mit Pistole im Halfter, das am Koppel befestigt war, führten mich am nächsten Tag mit auf dem Rücken gefesselten Händen ab. Ich vorneweg, die fünf anderen hinter mir her. Der Weg zog sich schier endlos hin, meine Angst steigerte sich, ich begann am ganzen Körper zu beben. Ich spürte meine vor Kälte fast erstarrten Füße nicht mehr, meine Zähne fingen an zu klappern und Tränen liefen mir übers Gesicht, an meinem Mantelkragen waren sie festgefroren. Irgendwann kamen wir an einem aufgeschütteten Erdwall an. Dort hatte ich mich hinzustellen, mit dem Gesicht abgewendet, hin zum Erdwall. In einiger Entfernung wurden die vier Soldaten aufgestellt. Ich spürte, wie ich einnässte, nichts war mehr zu halten. Der Hosenstoff sog sich mit der Nässe voll und es tropfte in die Knobelbecher. Das Beben am ganzen Körper hatte inzwischen so zugenommen, dass ich nicht mehr gerade stehen konnte, sondern mich leicht nach vorne krümmte. Ich war dann auch unfähig, meine Stimme zu beherrschen und heulte laut los. „Gewehre anlegen!", befahl der Offizier. „Haben Sie noch etwas zu sagen? Haben Sie vielleicht doch jemanden gesehen in der Nacht, als Sie Wache hatten?"

„Ja!", schrie ich.

„Und was haben Sie gesehen?"

Ich war nicht in der Lage, ganze Sätze zu sprechen, ich war eigentlich gar nicht mehr in der Lage, überhaupt noch zu antworten.

„Sie wollen also immer noch nicht antworten?"

Nach einer Weile: „Zwei Leute."

„Was für Leute? Waren es Soldaten?"

„Ja."

„Feindliche?"

„Nein."

„Also Deserteure?"

„Ja."

„Kannten Sie die beiden?"

„Ja."

„Die Namen? – Die Namen!!" Ich sagte die Namen.

„In welche Richtung haben sie sich entfernt?"

„Wald."

Daraufhin gab es eine Pause.

Dann sagte der Leutnant zu den Soldaten:

„Nehmen Sie die Gewehre runter und führen Sie den da zur Truppe zurück!"

Sie lösten dann meine Handfesseln. Einer fasste mich rechts unter dem Arm, einer links und zwei gingen hinter uns her. Der Offizier war alleine vorausgegangen.

Ich war auch auf dem Rückweg nicht mehr in der Lage, richtig zu laufen, vielmehr schleiften die mich den Weg entlang, es schüttelte mich, es liefen die Tränen, auch das Heulen hörte nicht auf, so sehr ich mich auch anstrengte. Die Soldaten blieben wortlos die ganze Zeit.

Zwei Tage später waren die nun von mir verratenen Kameraden gefasst und an eben dem Platz, an dem ich zuvor gestanden hatte, hingerichtet worden."

Als er mit der Erzählung zu Ende war, sah er auf, Entsetzen in den Augen, seine Hände zitterten, als hätte er das Ganze eben noch einmal erlebt, als sei er in Russland, als sei er gar nicht hier. Er stand auf und ging weg. Stunden später hatte er sich gefangen, hatte er versucht, wieder wie üblich zu reagieren, gelungen war ihm das nur schwer, eigentlich gar nicht.

Diese Folter und auch später jenes Schuldgefühl den verratenen Kameraden gegenüber, all das muss ihn verändert haben. Er hat sich von dieser unmittelbaren Todesnähe offenbar nie restlos erholen können. Er schien von da an traumatisiert und blieb es – wohl sein Leben lang.

8. KAPITEL:

... dann werde ich leben!

Das Kriegsende erlebte er in Russland. Diesem Krieg, dieser menschengemachten Katastrophe, die über 50 Millionen Todesopfer gefordert hat, folgte eine vorher nie da gewesene Flüchtlingsbewegung, gleichzeitig gebietsweise eine Hunger- und Elendszeit unvorstellbaren Ausmaßes. Aber immerhin, der Alptraum war für die Überlebenden, für die verbliebene Zivilbevölkerung, zu Ende. Und mancherorts machte sich schon bald, ganz allmählich wieder Hoffnung breit, weniger allerdings für die in Gefangenschaft geratenen Soldaten, am wenigsten für die in russische Gefangenschaft Geratenen, zu denen er gehörte. Es wird ein Rätsel bleiben, warum er, der als Unteroffizier nicht zu denen zu gehören schien, die die Russen als Kriegsverbrecher besonders hart bestrafen wollten, warum ausgerechnet er nach Sibirien geschickt wurde. Er hat später über die Hintergründe nie gesprochen und über das, was er dort erlebt hatte, wenn überhaupt, dann nur äußerst widerwillig und auch nicht in ganzen Zusammenhängen, sondern nur in Fragmenten.

Zu den besonders traumatischen Geschehnissen schien seine Zwangsarbeit in einem sibirischen Kohlebergwerk gehört zu haben. Dort wurden die Gefangenen nicht weniger schlimm behandelt, als es die Deutschen mit jenen Menschen in Konzentrationslagern gemacht hatten. Die Gefangenen wurden bei dünner Wirsingkohlsuppe und Brot und Wasser gehalten und durch Schläge zur Arbeit angetrieben. Wer nicht durchhielt und dabei verreckte, wurde einfach durch den Nächsten ersetzt, und es verreckten viele.

Eines Tages stürzte ein Stollen ein, in dem er gearbeitet hatte, und er und fünf weitere Kameraden waren dadurch verschüttet. Kälte, nichts zu essen und zu trinken, absolute Dunkelheit, nach Kurzem kein Zeitgefühl mehr und die Aussichtslosigkeit der Lage, wieder unmittelbar den Tod vor Augen, von dem keiner wusste, wann er kommen würde. Die Eingeschlossenen redeten in der Zeit wenig, nur das Notwendigste, und die menschlichen Bedürfnisse, deren sie sich in unmittelbarer Körpernähe nach und nach entledigen mussten, stanken nach kurzer Zeit so entsetzlich, dass man kaum noch atmen konnte. Und nun setzte etwas ein, das er aus Schützengräben kannte: Neben ihm der erste Tote, dann der zweite. Wer ist der Nächste? Wann werde ich dran sein? Wenn Zeit und Raum als Orientierung in dieser Lage fehlen, kann man später nicht mehr erzählen, was man wann gedacht oder gemacht haben mag.

Eine Woche dauerte es, bis schließlich Geräusche hörbar wurden, die ersten Hoffnungen aufkeimten, als hätte der Herrgott seine heimlichen Gebete doch erhört. An diesen Moment, und was er dabei dachte, erinnerte er sich später noch sehr genau: Sollte ich hier jemals wieder rauskommen, sollte ich diesen Abgrund überstehen, dann werde ich auch die Zwangsarbeit überstehen, dann werde ich auch eines Tages wieder in Deutschland sein, DANN WERDE ICH LEBEN!

Stunden später hatten sich andere Zwangsarbeiter durchgekämpft zu den Eingeschlossenen. Jene, die noch lebten, wurden rausgetragen, die Toten blieben liegen und ihre Überreste liegen wohl noch heute dort.

Und 1949 im Winter kehrte er heim und das Einzige, was er hatte, waren ein paar Würfelzuckerstücken in der rechten Jackentasche für seine beiden Kinder.

9. KAPITEL:

In der jungen DDR

Die amerikanische Autonobelmarke „Packard" hatte ihre Produktionsanlagen für ihr letztes Vorkriegsmodell komplett nach Russland verkauft. Dort wurde dieses Luxusgefährt dann als Staatskarosse nicht nur für den Eigenbedarf, sondern nach und nach auch für andere osteuropäische Länder weitergebaut. Stalin war in einem solchen Fahrzeug zur Konferenz nach Jalta chauffiert worden und Wilhelm Pieck, der Präsident der inzwischen gegründeten Deutschen Demokratischen Republik (DDR), die in Westdeutschland abschätzig als die „Ostzone" bezeichnet wurde, hatte also auch solch eine fast sieben Meter lange Limousine als Staatskarosse aus der Sowjetunion bekommen. Es war damals eines der wenigen Autos gewissermaßen mit amerikanischen Wurzeln, wenn nicht gar das Einzige überhaupt, das in der jungen DDR zugelassen war. Im Arbeiter- und Bauernstaat wurde jedoch mehr und mehr alles, was aus den USA kam, verteufelt und deshalb musste schließlich auch diese Staatskarosse wieder weg. Da fand sich eine Lösung: Auf Wegen, die heute nicht mehr restlos geklärt werden können, gelangte dieses Fahrzeug schließlich in den Fuhrpark eines der wenigen noch verbliebenen, aber schon sehr hochbetagten Privatunternehmers, Martin Schuhrag, der große traditionsreiche Fabrikanlagen zur Herstellung von Bändern und Gurten in einer Kleinstadt unweit von Dresden besaß und der nebenbei bemerkt eine kaufmännische Führungskraft suchte. Dieser wiederum war befreundet mit Strickchens Patentante, Tante Margot, und deren Ehemann Onkel Peter Wehn. Die beiden, die am 9. März 1940 zu Strickchens und seiner Hochzeitsgesellschaft gezählt hatten und auch Anfang der 1950er-Jahre trotz erheblicher Verluste durch die Nazizeit immer noch als außerordentlich wohlhabend galten, besaßen unter anderem ein reizendes Schlösschen in Dresden, am Käthe-Kollwitz-Ufer, mit Blick auf die Elbe. Vor dem Krieg gehörte ein amerikanischer Lassalle zu deren Fuhrpark, den Tante Margot gelegentlich höchst selbst chauffierte, und der war damals erlesener und teurer als jeder Rolls Royce. Nach dem Krieg mussten die beiden sich indessen mit Taxifahrten begnügen, aber es war immer das gleiche Taxi mit einem Stern auf dem Kühler und der Fahrer hatte standesgemäß weiße Handschuhe an und eine Chauffeursmütze auf. Wenn man weiß, wie Dresden noch Anfang der 1950er-Jahre vom Krieg und besonders vom Bombenangriff im Frühjahr 1945 gezeichnet war und mit welchen Entbehrungen die Bevölkerung in dieser Zeit noch zurechtkommen musste, dann war die Welt, in der Tante Margot und Onkel Peter Wehn lebten, so etwas von abgehoben, dass man sich bis heute fragt, wie das in diesem gerade neu gegründeten Arbeiter- und Bauernstaat mit all der Mangelwirtschaft und Gleichmacherei überhaupt möglich gewesen sein konnte. Aber es war so und die Frage nach den Hintergründen, den Verbindungen zwischen den Mächtigen dieses Staates und seinen wenigen trotz Krieg und trotz der darauffolgenden Enteignungen reich Gebliebenen, sie waren vermutlich an einer Hand abzuzählen, erübrigt sich, weil sie nicht mehr beantwortet werden kann, zumindest nicht ehrlich.

Genau diese Welt aber war es, an deren Toren er nun zu rütteln begann und zu der er künftig gehören wollte.

Nachdem er schon verschiedene berufliche Neustartversuche weniger erfolgreich hinter sich gebracht hatte, unter anderem im Hotelgewerbe in der Kleinstadt Köthen, zog es ihn mehr und mehr in die Nähe von Onkel Peter Wehn, der ihm schließlich auch eine Vertriebsposition in einer seiner Firmen im Handel mit edlen englischen Tuchen und Stoffen übertrug. Fortan bekam er auch Kontakte in den Westen und arbeitete sich vor allem durch sein stattliches Erscheinungsbild, seine blendenden Manieren und seine außergewöhnlich galante Sprechweise allgemein ganz gut und schnell ein.

Eines Tages lernte er durch Onkel Peter auch den hochbetagten Band- und Gurtfabrikanten Martin Schuhrag kennen und sehr bald war er mit Strickchen, seiner hübschen jungen Frau, in dessen Privatvilla gern gesehener Gast. Den überzeugte er schließlich auch von seinen kaufmännischen Fähigkeiten. Es dauerte indessen auch nicht lange, bis er die vakante kaufmännische Position im Band- und Gurtgewerbe übernahm, von dem er zwar wahrhaftig nichts verstand, aber das brauchte ja nicht jeder zu wissen, und die Grundkenntnisse konnte er sich relativ schnell aneignen.

Was viel wichtiger schien, waren seine inzwischen über Onkel Peter Wehn aufgebauten Kontakte in den goldenen Westen. Und was geradezu ein Traum war: Er durfte nun auch den Packard fahren, wenn nicht gerade ein Chauffeur den alten Herrn irgendwo hinzubringen hatte. Ihm stand nun außerdem eine Flotte von sehr schönen und ausgesprochen seltenen Autos zur Verfügung: Ein Vorkriegs-NSU Fiat 1100 Cabriolet mit Gläser-Karosserie, eine Vorkriegs-DKW Reichsklasse, ein Vorkriegs-Wanderer aus einer Vorserie, von der angeblich nur 12 Stück gebaut worden waren und dessen Konstruktion später mit die Grundlage für jene Fahrzeuge werden sollte, die bis Anfang der 1960er-Jahre im Osten unter IFA und im Westen erst unter DKW und später unter Autounion gebaut wurden.

Nun wollte er sich auch nicht mehr mit der Einzimmerwohnung in einem ehemals herrschaftlichen, aber durch Bomben stark beschädigten Haus in Dresden-Blasewitz begnügen. Dort war er mit uns hingezogen, nachdem es beruflich in dem Hotel in Köthen nicht geklappt hatte. In diesem einen Zimmer lebten wir zu viert; die elterliche Schlafstätte war vom übrigen Bereich durch eine auf einer Wäscheleine hängende Wolldecke aus ehemaligen Militärbeständen abgetrennt. Wir Kinder schliefen auf zusammenklappbaren Feldbetten. Als Küche diente eine einzelne elektrische Kochplatte und als Badezimmer eine Waschschüssel. Fließendes Wasser gab es draußen im Gang neben der Toilettentür. Die Toilette wurde auch von anderen Bewohnern mitbenutzt. Sauber gemacht hat sie keiner. Für die Nacht benutzten wir Töpfchen.

Noch hatten wir kaum genug zu essen und angezogen haben wir Hosen, Jacken und Schuhe, die nicht passten, und damit unterschieden wir uns von den anderen Kindern in dieser Gegend und in dieser Zeit überhaupt nicht.

Wie durch ein Wunder wurde plötzlich in einer der wenigen hochherrschaftlichen Villen, die den Krieg unversehrt überstanden hatte und die sich in der Nähe des großen Dresdner Waldparks befand, wenige Hundert Meter von Onkel Peters Schlösschen entfernt, eine ganze Etage frei. Die Villa stand (und sie steht noch heute) in einem parkähnlichen Grundstück mit einer alten Eiche, vielen meterhohen Rhododendren, bezaubernden Rosen und Azaleen.

„Strickchen", sagte er, „hier werden wir hinziehen. Endlich ist die Zeit der Entbehrungen hinter uns. Bald werden wir Geld haben, du wirst neue Kleider bekommen, eine Haushälterin, eine Kinderfrau, und wir werden mindestens vier Autos zur Auswahl haben, für jeden Anlass das Passende. Freust du dich? Ich liebe dich!"

„Ich liebe dich auch und du kannst mir glauben, dass auch ich von etwas Luxus träume, wie ich ihn viele Jahre als selbstverständlich erlebt habe, aber ich wäre im Moment auch schon mit weniger zufrieden. Lass uns doch erst mal mit genügend zu essen und mit allem, was die Kinder brauchen, anfangen."

„Strickchen, als ich in Sibirien im Kohlebergwerk verschüttet war und als ich nach vielen Tagen endlich die Retter gehört habe, da wurde mir klar, dass ich weiterleben werde, und da wurde mir auch klar, dass ich kämpfen muss und werde und will, so lange, bis ich Krieg und Gefangenschaft überwunden habe. Und dieses Ziel, glaube mir, ist jetzt ganz nahe. Zehn Jahre habe ich durch Krieg und Gefangenschaft verloren, zehn entsetzliche Jahre! Einfach weg, mal eben so! Weißt du, wie das ist, wenn man jede zweite Nacht im Traum Bomben und Granaten fliegen hört? Und die Todesangst hat mich in meinen Alpträumen bis jetzt immer noch voll im Griff, als ob es gestern gewesen wäre, als sei zwischen Krieg, Gefangenschaft und hier und jetzt überhaupt keine Zeit vergangen, als habe sich nichts verändert! Aber jetzt endlich sehe ich die Zukunft vor meinen Augen, unsere Zukunft. Und allmählich wird hoffentlich diese Zukunft die Alpträume verdrängen. Ich muss das alles hinter mir lassen, diese zehn verlorenen Jahre. Ich liebe dich doch!"

Und Tränen stiegen in seine Augen vor Erregung.

„Und da kommst du mit genügend zu essen und irgendwelchem Kinderkram daher! Das reicht nicht! Das muss mehr werden und glaube mir, das wird auch mehr!", fügte er noch hinzu.

Das Parterre in der neuen Villa wurde mit großem Aufwand für uns umgebaut. Jetzt gab es eine große Diele, einen Salon, ein Speisezimmer, ein elterliches Schlafzimmer, Kinderzimmer, eine überdachte Terrasse, von der eine Steintreppe hinab in den Park führte. Im Souterrain wurde eine Wohnung – natürlich viel bescheidener – für die Kinderfrau eingerichtet.

Als alles fertig war, wurde die ganze Etage mit jenen Möbeln und Bildern ausgestattet, mit denen Strickchen vor dem Krieg die Wohnung in ihrem Elternhaus eingerichtet hatte. Strickchens Eltern waren nicht sehr begeistert, dass das Elternhaus plötzlich zur Hälfte leergeräumt war. Aber in der neuen Wohnung kamen die wunderbaren und kostbaren Möbel natürlich noch besser zur Geltung.

Onkel Peter stiftete einen riesigen Messingkronleuchter für den Salon, in dem jetzt auch ein Bechstein-Flügel stand, an dem meine Schwester Ada Klavierunterricht von Nennonkel Erich bekam. Die Parkanlagen wurden in Ordnung gebracht, Rasenflächen wurden angelegt und Wege rundherum.

Zur Einweihung erschienen erlesene Gäste, unter anderem der Direktor des Parkhotels Weißer Hirsch, Ernstl Langner, mit dem er sich inzwischen angefreundet hatte und der unter anderem im staatlichen Kunsthandel eine Expertenrolle gespielt hatte, samt Ehegattin, Onkel Peter Wehn mit Tante Margot, Strickchens Eltern und seine Eltern mit Nennonkel Erich. Nicht zu vergessen war derjenige, dem der plötzliche Wohlstand zu verdanken war, der Band- und Gurtfabrikant Martin Schuhrag, ein sehr alter, bescheiden wirkender Herr, samt seiner Haushälterin, mit der ihn allerdings, unbestätigten Gerüchten zur Folge, mehr verband als nur dessen Haushaltsführung. Und noch etliche andere Persönlichkeiten aus der Privatwirtschaft waren da, von denen es allerdings zu der Zeit in Dresden nur noch sehr wenige und von der Politik äußerst argwöhnisch beobachtete gab. Zu ihnen gehörte auch das Ehepaar Hans Christian und Henriette Sparmann, denen ein sehr edles Juweliergeschäft in der Prager Straße gehörte. Henriette Sparmann, eine bemerkenswert schöne Mittvierzigerin, hatte sich schon seit einiger Zeit in seiner Nähe wohlgefühlt und machte auch kein Hehl daraus.

Was zu dieser Einweihung alles aufgefahren wurde, war gigantisch, und wo das alles herkam, war schleierhaft. Gegen Mitternacht verkrümelte sich die Gesellschaft langsam. Seine Eltern und Nennonkel Erich fuhren mit der Straßenbahn nach Dresden Strehlen, wo sie in der Franz List Straße 13 inzwischen eine gutbürgerliche Etagenwohnung bewohnten. Strickchens Eltern wurden in einem Gästezimmer untergebracht.

„Strickchen", sagte er, nahm sie in den Arm und drückte sie fest an seine Brust – er hatte an diesem Abend ziemlich viel Cognac getrunken, außerdem ungewöhnlich viel geraucht und er konnte sich nur noch mühsam aufrecht halten – „Strickchen, ich glaube, wir haben es geschafft, wir gehören dazu. Bist du glücklich?"

„Bist du es?", fragte sie.

„Ja!", meinte er.

„Ich bin froh, dass du glücklich bist", sagte sie ihm ganz leise ins Ohr.

Im Salon sah es toll aus. Überall standen Gläser, leere Flaschen und abgegessene Teller herum. Ein Teppich lag zusammengerollt in der Ecke, weil die Leute auf dem Parkett besser hatten tanzen können als auf dem Teppich. Das elektrische Grammophon hatte sich aus irgendeinem Grund nicht selber ausgeschaltet und deshalb jammerte die letzte aufgelegte Platte „Schau mich bitte nicht so an" immer wieder neu. Jetzt tanzten sie beide ganz langsam und er zog sie noch näher an seine Brust, sie legte beide Arme um seinen Hals und schloss die Augen und so hielten sich beide aneinander fest, bis die Platte erneut zu Ende war, und dann tanzten sie seitwärts ins Schlafzimmer und fielen rückwärts ins Bett und blieben aneinandergeschmiegt, bis sie am nächsten Morgen verstört aufwachten, weil das Grammophon im Salon immer noch „Schau mich bitte nicht so an" jammerte.

Am 27. Februar 1952 verstarb Strickchens Vater, mein Großvater Albert. Nach langer quälender Krankheit war Albert förmlich zum Skelett abgemagert und schließlich voller Sehnsucht, dass das Leid sein Ende finden möge. Noch im Sommer zuvor hatte er, mein Vater, den schon sehr gezeichneten Schwiegervater öfter als einmal mit dem Auto nach Dresden geholt und ihn behutsam aus dem Auto ins Haus getragen, wo eine Krankenschwester wartete, die ihn dann versorgte. Hier durchwanderte mein Großvater, Albert, immer wieder gemeinsam mit uns schweigend, denn sprechen konnte er nicht mehr, seinen berührenden Übergang vom Leben zum Sterben. Mir, der ich ein außergewöhnliches Verhältnis zu diesem Großvater hatte, wurde immer gesagt, dass es ihm nun schon viel besser ginge und er schon bald wieder gesund sein würde, obwohl jeder und schließlich auch ich wusste, dass es kein Zurück mehr geben würde und sein Ende unausweichlich bevorstand. Sein mildes Lächeln, das er uns allen, aber besonders mir, bis zuletzt zeigte, ist in meiner Erinnerung bis heute ebenso fest verankert wie sein Wesen, seine unendliche Gütigkeit, die er auch wortlos noch auszustrahlen vermochte. In der Einleitung zu dieser Geschichte habe ich meine tiefe Trauer, die eigenartigerweise bis heute anhält, schon erwähnt. Vermutlich hält diese Trauer auch deswegen an, weil ich damals über sein unausweichliches Ende von den Erwachsenen belogen wurde, weil ich ihn auf seinem letzten Weg nicht begleiten durfte und weil ich danach nie wieder einen Menschen von einem solchen Tiefgang kennengelernt habe.

Übrigens muss Albert auch bei ihm, meinem Vater, einen ganz tief bewegenden Eindruck hinterlassen haben. Die Hingabe, mit der er den Greis im Endstadium getragen hat, bleibt mir unvergessen.

Strickchen hatte ihre Trauer weitgehend mit sich selbst ausgemacht. Sie weinte nicht, wenn es um den Sterbenden ging, sie wurde schweigsam, und was tatsächlich in ihr vorgegangen sein mag, werden wir nie erfahren.

Diese Haltung hatte sie übrigens von ihrer Mutter geerbt. Die stand am Grab in einem bodenlangen dunklen Lodenrock, einer weißen Bluse, darüber eine Pelzjacke mit Fuchskragen und einem breitkrempigen Hut. Als sie einen kleinen Strauß Schneeglöckchen auf seinen Sarg herabschweben ließ, langsam und mit Bedacht, da flog ein Lächeln über ihr Gesicht, ein Lächeln, das Albert an ihr so sehr geliebt hatte.

10. KAPITEL

Ferien an der Ostsee

Es war Sommer 1952 und ich hatte mein erstes Schuljahr in der 63. Grundschule in Dresden hinter mir, meine Schwester Ada ihr drittes. Der „Bimbo", so nannten wir das Fiat Cabriolet, wurde vollgepackt mit Reiseutensilien. Auf der Rückbank befanden sich zwei Koffer, darüber eine Decke, und darauf hatten wir, meine Schwester und ich, Platz genommen. Wir ragten mit unseren Köpfen also um einiges über die beiden Erwachsenen, die vor uns saßen. Bei strahlendem Sonnenschein, mit offenem Dach, ging es los in Richtung Ostsee, genauer gesagt nach Heringsdorf. Dort hatte er ein Sommerquartier in der Strandvilla des Kurdirektors Bobby Scholz gebucht. Bobby Scholz, einen eher zierlichen, mittelalten Herrn mit dunklem, schon ein wenig schütterem, gelocktem und glänzend nach hinten gekämmtem Haar und einer Hakennase, hatte er vor einiger Zeit im Dresdener Parkhotel Weißer Hirsch kennengelernt. Bobby Scholz war, genauso wie mein Vater, befreundet mit Ernstl Langner und wohnte gelegentlich in jener Nobelherberge auf dem Weißen Hirsch, zusammen mit seiner über 80-jährigen Mutter und deren Dackel und zwar, wie sich das unter Freunden gehörte, kostenlos. Wir Kinder hatten im offenen Auto jeder eine Tüte mit Kirschen in die Hand bekommen und nahmen die Kirschkerne zwischen Daumen und Zeigefinger und schnipsten sie gezielt auf die vorbeifahrenden Autos, von denen man Anfang der 50er-Jahre auf der holprigen Autobahn allerdings nur selten welche sah. Und wenn doch, dann haben wir meistens nicht getroffen, gelegentlich aber schon, und dann gab es zwischen uns ein riesiges Gelächter. Die Erwachsenen vor uns schwiegen die meiste Zeit. Strickchen ging es seit geraumer Zeit ziemlich schlecht. Einige Monate zuvor hatte sie eine Fehlgeburt erlitten. Das vor allem von ihr so ersehnte dritte Kind hatte sich im vierten Monat verabschiedet und der damit verbundene mehrwöchige Krankenhausaufenthalt hatte sie richtig niedergeschmettert. Im Krankenhaus hatte man bei Strickchen darüber hinaus einen Herzfehler festgestellt; das war übrigens auch die Ursache, weshalb sie schon seit Jahren und zuletzt immer häufiger ohne jede Vorwarnung einfach umgefallen war. Anfänglich hatte sie sich wenig daraus gemacht und auch nicht darüber gesprochen und schon gar nicht mit ihm. Irgendwann aber bemerkte auch er dieses Problem. Zunächst haben sie das dann beide auf die Schwangerschaft geschoben. Im Krankenhaus jedoch stellte sich schnell heraus, dass das mit der Schwangerschaft nichts zu tun hatte, vielmehr eben die Folge eines angeborenen Herzfehlers war, und eine Behandlung war zur damaligen Zeit kaum möglich, jedenfalls nicht in der jungen DDR. Also auch längere Autofahrten machten ihr zunehmend Probleme, vor allem dann, wenn er forsch und hektisch fuhr, was er ausgesprochen gerne tat, und da nahm er meistens auch keine Rücksicht auf ihr Befinden. Mir hat es indessen immer imponiert, wenn er ein Auto riskant überholte, dem dann den Weg abschnitt und den Fahrer auch noch als langsamen Trottel beschimpfte.

Gegen Abend erreichten wir Heringsdorf und dort die Strandvilla von Bobby Scholz. Wir wurden schon erwartet und mit herzlichen Gesten begrüßt. Strickchen erhielt einen Handkuss von Bobby Scholz und uns Kindern streichelte er liebevoll über den Kopf, meiner Schwester gefiel das gar nicht. Nicht lange danach war das Auto leergeräumt und unsere Sachen in der schönen Ferienwohnung verstaut. Strickchen und er hatten ein Schlafzimmer mit Balkon, es gab ein Wohnzimmer, ein Bad, und meine Schwester und ich hatten gemeinsam unser eigenes Kinderzimmer.

Nicht lange nach unserer Ankunft wurden wir zum Abendessen gerufen und danach machten wir noch einen ersten Spaziergang am Strand. Ein Andenkenladen war noch geöffnet und dort gab es kleine Seemöwen, die man sich an der Jacke anstecken konnte, aus einer Art weißem Kunststoff, der mit Phosphor versetzt war, sodass die Seemöwen bei Dunkelheit zu leuchten begannen. Wir bekamen jeder eine solche Möwe und waren glücklich.

Das Strandleben Anfang der 1950er-Jahre war an der Ostsee schon wieder ziemlich fröhlich und lebendig. Nicht sehr weit draußen an der Küste sah man die alten, hölzernen, dick mit Teer bestrichenen Fischerboote entlangtuckern, mit ihren einzylindrigen, großvolumigen Motoren, wie sie in den 1920er und 1930er-Jahren üblich waren. Einige davon lagen auch am Strand, wo die Fischer dann ihren Fang in Kisten ausluden und zu den kleinen in Strandnähe befindlichen Räuchereien trugen. Von dort kam dann nach einiger Zeit der geräucherte Aal oder Hering wieder zurück zu den Strandbuden, an denen die Leute Schlange standen, um sich ihren Räucherfisch, eingepackt in Zeitungspapier, für das Strandmittagessen zu sichern. Den trugen sie dann zu ihren Strandkörben, die häufig in einer Sandburg standen, und verzehrten ihn mit etwas Brot. Als Nachtisch gab es häufig eine Kugel Eis, das die Eismänner, die mit ihren großrädrigen Eiswagen auch zum Strandbild gehörten, zu zehn Pfennigen die Kugel anboten. Ich habe immer noch den damaligen Strandgeruch in Erinnerung, eine Mischung aus Teer, Öl, Rauch und Fisch.

Wir kauften selten solchen Fisch, denn um die Mittagszeit pflegte Bobby Scholz, der ja auch Kurdirektor war, durch die Strandlautsprecheranlage, die eigentlich hauptsächlich für Durchsagen gedacht war, welche im Zusammenhang mit Notfällen oder Sturmwarnungen stand, uns zu Tisch zu rufen:

„Strickchen, das Essen ist angerichtet, wir bitten zu Tisch!"

Wir erhoben uns dann aus unseren Strandkörben oder wo wir uns sonst gerade aufhielten, verließen unter Applaus der übrigen Strandbesucher den Strand und strebten der Villa von Bobby Scholz entgegen. Dort servierte dann Fräulein Mia, eine der Angestellten, mit einer gewissen Regelmäßigkeit ein mehrgängiges Menü und häufig nahmen auch der Hausherr samt seiner hochbetagten Mutter und deren Dackel daran teil. Den Nachmittag verbrachten wir dann überwiegend wieder am Strand und nicht selten auch den Abend, bis wir Kinder zu Bett gebracht wurden, und die Eltern noch die Geselligkeit in irgendeinem Restaurant oder einer Bar genossen.

Aber Strickchen genoss diese Geselligkeiten immer seltener, weil sie sich elend fühlte, und sie blieb häufiger abends zu Hause, während er dann die ganze Nacht von Bar zu Bar zog, auch Bekanntschaften machte und manchmal erst am zeitigen Morgen angetrunken zurückkehrte.

Irgendwann ging das so nicht mehr und er brachte Strickchen in ein nahegelegenes Sanatorium. Bis zuletzt hatte sie das abgelehnt, aber nachdem sie jetzt häufiger umgefallen war und er sich nicht mehr zu helfen gewusst hatte, erklärte sie sich schließlich bereit, für eine Weile dort hinzugehen. Wir Kinder bekamen von den ganzen Diskussionen um den Sanatoriumsaufenthalt gar nichts mit, sondern plötzlich war sie einfach nicht mehr da und uns wurde erzählt, dass sie bald wiederkommen würde. Wir vermissten sie sehr.

Zu seinen näheren Bekanntschaften zählte auch Fräulein Mia. Sie war eine schlanke, blonde, kurzhaarige, junge Frau, etwa Mitte zwanzig, hatte sehr tiefliegende, blaue Augen, mit denen sie ihn gelegentlich, nein eigentlich immer häufiger, verfolgte. Das merkte er irgendwann natürlich und wenn sich ihre Blicke trafen, schaute sie anfangs verschämt zur Seite, was er wiederum aufregend fand, und was ihn dann zum Schmunzeln brachte.

Eines Tages wachte ich morgens auf, während meine Schwester noch schlief. Aus Langeweile verließ ich mein Bett und ging durch die Tür, den Gang entlang zu seinem Schlafzimmer, um nachzusehen, ob er vielleicht auch schon wach sei. Als ich die Tür öffnete, sah ich Fräulein Mia in Strickchens Bett und in seinen Armen. Als sie mich bemerkte, schrie sie laut, verließ das Bett, rannte splitternackt an mir vorbei, den Gang entlang, vorbei an meiner Schwester, die inzwischen auch aufgewacht war und im Türrahmen stand, sie rannte weiter, die Treppe rauf, wo ihr Zimmer war, und schlug hinter sich mit lautem Knall die Türe zu. Ich war ziemlich erschrocken und konnte mit der ganzen Sache nicht so recht etwas anfangen und ob meine Schwester, weil sie ja vier Jahre älter war als ich, mehr von dieser Situation verstanden hat als ich, weiß ich nicht. Jedenfalls schloss ich einfach hinter mir seine Schlafzimmertür, ging zu meiner Schwester zurück und fragte:

„Warum hat Fräulein Mia denn nichts an und warum hatte sie es denn so eilig?"

Meine Schwester sagte:

„Es ist ja schon sehr warm heute Morgen, deshalb hat sie einfach alles ausgezogen, und losgerannt ist sie deshalb so schnell, weil sie ja auch noch in anderen Zimmern viel zu arbeiten hat und eben einfach wenig Zeit hat."

Ganz genügte selbst mir, mit meinen gerade mal sieben Jahren, diese Erklärung zwar nicht, aber ich fragte nicht mehr weiter, sondern beließ es dabei.

Von ihm gab es zu diesem Vorfall nie eine Erklärung und Fräulein Mia machte erst mal einen großen Bogen um meine Schwester und mich.

Die Wochen vergingen und die Abreise rückte näher. Eines Tages fuhr er in das Sanatorium, um Strickchen abzuholen. Er hatte sie davor hin und wieder mal besucht und tatsächlich hatte sich ihr Zustand etwas stabilisiert, wenn auch von richtig gesund keine Rede sein konnte. Strickchen hatte schon ihre wenigen Sachen, die er ihr nach und nach ins Sanatorium gebracht hatte, gepackt und los ging es, zurück in die Strandvilla, wo wir uns alle glücklich und erleichtert in die Arme schlossen.

Tags darauf wurde der Bimbo vollgepackt; wir hatten nun mehr mitzunehmen als das, womit wir Wochen zuvor angekommen waren, weil Strickchen von ihm hübsche Kleider, neue Hosen, Blusen und was nicht alles bekommen hatte. Auch wir Kinder waren mit allerlei Kram ausgestattet worden, vor allem mit jeder Menge an Spielsachen für den Strand. Also musste alles gut verstaut werden und das gelang schließlich auch. Irgendwann war der Bimbo reisefertig, das Dach wurde aufgeschlagen, weil das Wetter herrlich war, und die Rückreise begann.

11. KAPITEL:

Weihnachten 1952

Der Herbst war in jenem Jahr kühl und regnerisch und unsere Besuche bei Strickchens Mutter Dora wurden seltener und wenn ja, dann konnten wir nicht so häufig im Garten spielen wie in früheren Jahren, weil es einfach zu nass war. Öfter dagegen wurden wir zu seinen Eltern nach Dresden Strehlen gebracht; Strickchen war in dieser Zeit dann häufig allein, weil er sich die ganze Woche auf Reisen befand. Das Geschäft mit Gurten, Riemen und Bändern aus der Band- und Gurtweberei in Richtung Westen und im Gegenzug mit den ständig aus dem Westen benötigten Ersatzteilen für die Fabrikationsanlagen, aber auch mit edlen Stoffen englischer Herkunft und nicht zuletzt auch mit Ersatzteilen für den inzwischen in die Jahre gekommenen Packard forderte einen immer aufwendigeren Einsatz von ihm. Indessen fing Strickchen bei Zeiten, schon im Oktober, mit Weihnachtsvorbereitungen an. Sie stellte sich diesmal ein Weihnachtsfest vor, das alles bisher Dagewesene übertreffen sollte, ein Fest, in dem der von ihr so sehnlich herbeigewünschte Familienfrieden, vor allem der Frieden mit ihm im Vordergrund stehen sollte. Strickchen fing an, mit bezaubernden Scherenschnitten Adventskalender herzustellen, sie bemalte weißes Kartonpapier mit kindlich weihnachtlichen Szenen, die wurden dann zu einem Rund zusammengeklebt, in das man eine Kerze hineinstellen konnte, sodass die Bemalung im Licht der Kerze erstrahlte. Alle Erzgebirgsfiguren wurden, sofern sie des Alters wegen kaputt waren, geklebt, neu bemalt, auch die Räuchermännchen und die ganze Sammlung von Nussknackern wurden restauriert. Und so rückte die Adventszeit näher, die sie mit uns Kindern sehr feierlich gestaltete. Draußen lag Anfang Dezember bereits dicker Schnee und meine Schwester Ada und ich fuhren mit der Drahtseilbahn vom Körnerplatz auf den Weißen Hirsch hinauf und dann mit dem Schlitten den kilometerlangen Fußweg wieder hinunter, was streng verboten war, uns aber nicht weiter störte. Andere Kinder machten das auch und es war ein Riesenspaß.

Rechtzeitig vor Weihnachten ließ Strickchen eine bis zur sehr hohen Zimmerdecke des Salons reichende, riesige Blautanne anliefern. Von da an durften wir Kinder dann nicht mehr den Salon betreten. Die Tanne wurde von ihr mit an die hundert Kerzen geschmückt, jede Kerze erhielt am Fuß eine rote Schleife, sodass man den Kerzenhalter nicht sah. Dazu kamen Mengen an Lametta, bunten Glasvögeln, violetten Glaskugeln, Erzgebirgsengeln und so weiter, was zur Folge hatte, dass man schließlich vor lauter Schmuck kaum noch Nadeln sehen konnte. Dann wurde jedes Gemälde an den Wänden mit einem Tannenzweig geschmückt, an dem ebenfalls Lametta und eine violette Glaskugel angebracht war. Auch der schwere Messingkronleuchter, der mitten im Salon von der Decke hing, erhielt eine Fülle von Weihnachtsdekoration. Auf dem Flügel wurde eine etwa fünfzigköpfige Erzgebirgsengelschar samt dirigierendem Petrus und diversen Räuchermännchen aufgestellt und im ganzen Raum verteilt standen die frisch restaurierten Nussknacker, kaum also eine Stelle, die nicht mit weihnachtlichem Schmuck versehen war. Zum Salon gab es drei Eingangstüren. Am Haupteingang war es eine Doppelflügeltür, die beiden anderen waren Doppelschiebetüren. Über allen Türen wurden nun große Mistelzweige angebracht.

Auch im übrigen Wohnbereich außerhalb des Salons war alles in ähnlicher Weise festlich geschmückt, sodass die ganze Etage im weihnachtlichen Glanz erstrahlte.

Für Heiligabend hatte Strickchen ihre Mutter und seine Eltern mit Nennonkel Erich schon zum Nachmittagskaffee eingeladen. Die trafen auch alle pünktlich gegen drei Uhr ein. Die Kaffeetafel war diesmal im Flur vorbereitet, weil der Salon von uns Kindern ja erst zur Bescherung betreten werden durfte. So nahm die Familie Platz und wartete auf ihn. Er hatte Strickchen hoch und heilig versprochen, diesmal einigermaßen pünktlich zu sein, doch er kam nicht. Es kam auch kein Anruf von ihm, dass er sich verspäten würde. So verging eine Stunde nach der anderen mit gedämpfter Unterhaltung und weil das Warten auf ihn für Strickchen eine sich ständig wiederholende und inzwischen nahezu unerträglich gewordene Strafe war, sie ihre Verärgerung aber unseretwegen unterdrücken wollte, schwieg sie einfach; und wenn sie so schweigsam nur da saß, den Blick in die Ferne gerichtet, wussten wir Kinder, wie sehr sie litt, und wir litten mit ihr. Gegen sechs Uhr klingelte es und er stand voll beladen mit Paketen in der Haustür, stürmte herein, legte seine Pakete ab und wollte sie umarmen und um Verzeihung bitten, was sie aber nicht zuließ.

„Ich bin so traurig, dass ich dir das gar nicht sagen kann!", sagte sie, indem sie sich aus seiner Umarmung löste.

„Strickchen, ich bin einfach zu spät aus dem Werk weggekommen und dann habe ich noch Weihnachtsgeschenke abgeholt, und jetzt bin ich doch da. Bitte sei nicht mehr traurig, heute ist doch Weihnachten, alle sollten fröhlich sein, du auch, bitte!"

„Ich habe mich so auf diesen Tag gefreut", meinte sie. „Seit Wochen habe ich versucht, alles so schön wie möglich zu machen. Du weißt, wie verzweifelt ich bin, wenn du nicht zur vereinbarten Zeit kommst und es dich auch nicht interessiert, dass es ein Telefon gibt. Alle warten immer und immer auf dich, warum machst du seit Langem alles kaputt? Und wir wissen beide, dass du die Unwahrheit sagst, immer öfter! Weißt du eigentlich, was du da allmählich zerstörst?"

Er antwortete nicht, er ließ sie los und sah sie dabei an, als sähe er durch sie hindurch, als sähe er mit einem Mal alles Glück dahingehen, als stünde gerade eine Fremde vor ihm. Dann wendete er sich ab von ihr und ging aus dem Raum.

Sie bemühte sich danach wirklich, ihre Traurigkeit zu verbergen und sich wieder zu fassen, vor allem für uns Kinder, aber es gelang ihr nicht und jeder merkte das auch.

Dann kam die Bescherung. Strickchen ließ im Salon ein leises Glöckchen erklingen und öffnete sodann die Salontür, und die ganze Familie ging, „Stille Nacht" singend, hinein. Die Blautanne erstrahlte in ihrem Lichterglanz und auch sonst standen überall

brennende Kerzen, es war ein Traum. Jeder von uns hatte seinen eigenen Tisch, auf dem seine Geschenke lagen, großzügig mit weißen Bettlaken abgedeckt, sodass man nicht gleich sehen konnte, was sich darunter verbarg. Als die letzte Strophe von „Stille Nacht" gesungen war, durften alle die Bettlaken von den Geschenktischen entfernen, und dann offenbarten sich Weihnachtsgeschenke in einer Fülle, wie sie für uns kaum vorstellbar waren. Ich war mit meinen Blechspielzeugautos, meinem alten Schaukelpferd, das Strickchen wieder restauriert hatte, mit meiner neuen Armbanduhr mit schwarzem Ziffernblatt und Leuchtziffern und vielem mehr beschäftigt. Neben dem Tisch stand ein Holländer, das ist ein Wagen, auf den man sich draufsetzen kann. Er hat einen langen Holzgriff, den man hin- und herzieht, sodass sich der Wagen dann in Bewegung setzt, und mit den Füßen lenkt man. Für die Schule gab es einen echten Füllfederhalter und einen Drehbleistift, beides in einem Lederetui. Die Armbanduhr hatte er im Juweliergeschäft von Hans Christian und Henriette Sparmann besorgt, ebenso eine Goldkette mit einem Herzchen daran für meine Schwester und diverse Schmucksachen für Strickchen. Diese Einkäufe hatte er übrigens mit einem Weihnachtsbesuch bei Henriette Sparmann in deren Privatwohnung am heutigen Vormittag verbunden. Als er Strickchen ein Paar Ohrringe überreicht hatte und gerade das nächste Schmuckschächtelchen für sie aus seiner Jackentasche zog und er sich jetzt sehr nahe vor sie stellte, fragte sie ihn sehr leise:
„Liebst du mich eigentlich noch?"
Und er antwortete: „Zweifelst du daran?"
„Ja, sehr!", sagte sie, indem sie einen Schritt zurücktrat. „Können wir das noch retten? Bitte lass es uns versuchen, wenn es noch geht, bitte!"
„Ich habe bisweilen Angst vor mir selber", erklärte er nach einer Weile. „Bitte hilf mir, diese Angst zu überwinden und vielleicht ein bisschen auch mein Verlangen nach immer mehr", fügte er hinzu.
„Nein", sagte sie leise, aber bestimmt. „Dein Leben kommt mir vor wie auf einer Wendeltreppe. Alles dreht sich, du drehst dich

auch. Aber die Wendeltreppe führt nicht nur nach oben, sondern auch nach unten. Bist du schon oben angekommen und schon wieder auf dem Weg nach unten? Das genau musst du prüfen. Und wenn du oben bleiben möchtest, dann bin ich dabei, dann kann ich dir helfen. Bitte versuche es herauszufinden, bitte!" Er hatte nichts von dem verstanden, was sie ihm vermitteln wollte. Er ging einfach weg.

Die angespannte Stimmung zwischen beiden übertrug sich auf uns Kinder, vor allem auf mich, trotz aller weihnachtlicher Atmosphäre, die durch Strickchens Vorbereitungen entstanden war, und trotz all der vielen Geschenke, die zum Teil noch gar nicht ausgepackt waren. Ich fing an, traurig zu werden, legte meinen Kopf auf einen gepolsterten Hocker und begann zu weinen. Da bekam ich von irgendjemandem einen kleinen Klaps auf den Hintern und weil ich annahm, dass das meine Schwester gewesen sein könnte, die mich vielleicht ärgern wollte, trat ich mit dem Fuß zurück in die Richtung, aus der ich glaubte, dass der Klaps gekommen sei, und traf meinen Vater am Schienbein. Er wurde wütend und ließ nun seinen ganzen aufgestauten Zorn über mich ergehen. Er schlug auf mich ein, immer unkontrollierter, wahllos, er traf mich mit seinen Fäusten am ganzen Körper. Ich schrie. Er schlug weiter. Schließlich musste ich wohl ohne Bewusstsein aufgehört haben, zu schreien. Da packte er mich mit beiden Händen und warf mich weg, als sei ich ein Gegenstand, den man einfach nur wegzuwerfen brauchte, als sei ich zu nichts mehr nütze.

Alle standen um diese Szene herum, fassungslos. Keiner wagte es, einzugreifen. Er ging zur Tür hinaus, zog seinen Mantel an und verließ das Haus. Nun setzte er sich in sein Auto und fuhr los, die verschneite Prellerstraße entlang, und fuhr einfach weiter, immer weiter. Er wusste nicht wohin, aber er fuhr und fuhr. Ich erwachte in den Armen von Strickchens Mutter Dora. An Kopf, Armen und Beinen blutete ich. Sie hielt mich fest, als gelte es, mich weiter zu beschützen, als sei die Gefahr noch nicht vorüber. Ich sehnte meinen geliebten Großvater herbei, der meinen Kopf in seiner Hand halten und mich sanft streicheln würde. An der Tür gelehnt stand Strickchen mit ängstlich weit aufgerissenen Augen. Meine Schwester war weggerannt in ihr Kinderzimmer und hatte sich unter der Bettdecke versteckt, und seine Eltern sowie Nennonkel Erich standen abseits. Alle schwiegen. Da machten seine Eltern den Anfang, gingen hinaus, zogen ihre Mäntel an und verließen das Haus, um mit der Straßenbahn nach Hause zu fahren. Alles geschah wortlos, auch kein „Auf Wiedersehen", nichts. Strickchen kam nach einer Weile zu mir und nahm mich vom Schoß ihrer Mutter, die immer noch wie erstarrt da saß. Sie zog mich vorsichtig aus, versuchte, so gut sie konnte, meine Platzwunden, die inzwischen aufgehört hatten zu bluten, zu verbinden. Sie konnte immer noch nicht sprechen, aber sie gab mir durch ihre Zärtlichkeit ein Gefühl der Sicherheit, ein Gefühl der Geborgenheit. Dann trug sie mich vorsichtig in ihr Bett. Nun kam auch meine Schwester aus ihrem Zimmer dazu. Strickchen legte sich zwischen uns, schloss uns fest in ihre Arme, als gelte es, uns nie wieder hergeben zu dürfen. Strickchens Mutter zog sich in das Gästezimmer zurück.

Das Weihnachtsfest, von dem Strickchen monatelang geträumt hatte, das zum Versöhnungsfest mit ihm werden sollte und in das sie so viel Hoffnung gesetzt hatte, war zum Alptraum geworden.

12. KAPITEL:

Die Flucht 1953

Das Frühjahr begann relativ spät. Zäh und unbeugsam zog sich der Winter mit seinen Eis- und Schneemassen bis tief in den März hinein, und nur zögerlich kamen dann allmählich die vom Krieg nahezu zerstörten Straßen mit ihren riesigen Löchern in noch schlimmerem Zustand unter der nach und nach schwindenden Schneedecke wieder zum Vorschein. Auch die vielen Ruinen, die der Krieg hinterlassen hatte und die vom Weiß des Winters gnädig für eine Weile zugedeckt waren, traten grau und hässlich wieder zutage. Die alten Straßenbahnzüge aus der Vorkriegszeit, die in der Eis- und Schneezeit geräuschloser gefahren waren, lärmten und quietschen jetzt wieder.

Im zeitigen Frühjahr 1953 war der sowjetische Machthaber Jossif W. Stalin gestorben. Damit war aber der Stalinismus keineswegs überwunden, vielmehr setzte sich der Personenkult um diesen furchtbaren Diktator unvermindert weiter fort. Die DDR erstarrte in tiefer Trauer. Wir Kinder erfuhren in der Schule von unserer Lehrerin, Fräulein Wiesenhöfer, was Stalin für die „große Mutter Sowjetunion" und im Besonderen auch für die DDR alles Gutes getan habe, und wir mussten in der Schule, anlässlich der Überbringung seines einbalsamierten Leichnams in das Mausoleum, stehend seinersgedenken.

Zu dieser Zeit begannen sich auch bereits die ersten Anzeichen von Unruhen anzukündigen, die dann später in den Arbeiteraufstand um den 17. Juni 1953 münden sollten, der schließlich mit Hilfe von Panzern der „großen Mutter Sowjetunion" niedergeschlagen werden konnte.

Diese zunehmend unruhigeren Zeiten führten auch dazu, dass die eigentlich streng verbotenen Geschäfte mit dem Westen immer häufiger als schwere Devisenvergehen geahndet wurden, von den Ausnahmen abgesehen, in denen der Staat beziehungsweise einige seiner korrupten Vertreter selber ihre schmutzigen Finger im Spiel hatten.

Die Geschäfte mit dem Westen wurden also auch für ihn, meinen Vater, immer riskanter.

Er saß in seinem Fiat und befand sich auf der Autobahn von Dresden nach Berlin. Er hatte seinen Wintermantel an, fror aber trotzdem, denn der Wagen hatte keine Heizung, lediglich eine kleine Heizscheibe, die im Winter hinter der Windschutzscheibe angebracht war, damit diese bei Frost nicht zufror.

Er wurde von einem tschechischen Tatra überholt, der sich dann vor ihn setzte, und kurz vor dem nächsten Parkplatz kam aus dem rechten Fenster eine rote Kelle heraus, die ihm bedeutete, auf den Parkplatz zu fahren. Dort angekommen stiegen drei Herren aus dem Tatra und kamen auf ihn zu. Er drehte die Seitenscheibe herunter. Einer der drei Männer trat an ihn heran, die beiden anderen blieben mit einigem Abstand stehen und richteten ihren Blick sehr fest auf ihn.

„Papiere!", sagte der, der an ihn herangetreten war.

Er erwiderte: „Worum handelt es sich?", und zog seine Brieftasche aus der Innentasche seines Mantels, entnahm den Führerschein, den Fahrzeugschein und seinen Pass und reichte die Unterlagen heraus.

„Bitte stellen Sie keine Fragen und warten Sie!", bekam er barsch als Antwort, während der Mann zu seinen Kollegen ging. Dort beugten sich alle drei über seine Papiere. Danach trug einer der Männer diese Unterlagen in den Tatra, die beiden anderen gingen zurück zu seinem Wagen und bedeuteten ihm, auszusteigen.

„Bitte geben Sie den Autoschlüssel meinem Kollegen und folgen Sie mir in den Tatra."

„Ich möchte wissen, was hier vorgeht!", sagte er, während er in den Tatra gedrängt wurde und sich die Tür hinter ihm schloss, aber er bekam keine Antwort. Einer der Männer setzte sich neben ihn, der andere setzte sich hinter das Lenkrad des Tatra und fuhr los, und der dritte setzte sich in den Fiat und fuhr damit hinterher.

„Hab ich nicht irgendwie ein Anrecht darauf, zu erfahren, was Sie hier mit mir machen, und was Sie weiter vorhaben?", fragte er den neben ihm sitzenden Mann.

Der sagte nur: „Sprechen Sie nicht während der Fahrt, Sie erfahren alles Weitere in Leipzig!"

Nach rund zwei Stunden kamen sie in Leipzig vor dem Polizeihauptquartier an; dort wurde von einem uniformierten Mann die Wagentür aufgerissen, es wurde ihm befohlen, auszusteigen und unmittelbar dem Uniformierten zu folgen. Der Weg führte an einem von einer uniformierten Frau besetzten Empfangstresen vorbei, durch eine Doppeltür hindurch und einen Gang entlang. An dessen Ende blieb der Uniformierte stehen und auch er. Der Uniformierte klopfte rechts an eine Tür und oberhalb des Türrahmens leuchtete ein weißes Kästchen auf mit der Aufschrift „Eintreten". Der Uniformierte und er traten ein. In dem Raum befand sich ein großer Schreibtisch, hinter dem ein zivilbekleideter, dickleibiger, nahezu kahlköpfiger Funktionär saß und eine Zigarette rauchte. Hinter ihm befanden sich die Fahnen der DDR und der Sowjetunion. Neben einem Berg von Akten lagen auf dem Schreibtisch nun auch seine Papiere, und etwas weiter rechts stand ein überfüllter Aschenbecher. Vor dem Schreibtisch befand sich in T-Aufstellung ein länglicher Tisch mit sechs Stühlen. Der Funktionär deutete mit der Hand auf einen der Stühle, und er setzte sich, während der Uniformierte zackig grüßte und den Raum verließ.

Nun öffnete sich die Tür erneut und herein kam jene uniformierte Frau, die zuvor hinter dem Empfangstresen gesessen hatte, in der Hand einen Stenoblock und einen Bleistift. Sie setzte sich ebenfalls auf einen der Stühle, legte ihren Block auf den Tisch, nahm den Bleistift in die rechte Hand und war nun darauf vorbereitet, über das folgende Gespräch ein Wortprotokoll anzufertigen.

Der Funktionär zog an seiner Zigarette und atmete den Rauch in seine Richtung aus. Dann musterte der Funktionär ihn eine Weile und suchte schließlich Blickkontakt zu ihm und sagte: „Sie wissen, warum Sie hier sitzen?"

Seine Antwort war: „Nein."

Darauf der Funktionär: „Sie ahnen es auch nicht?"

Darauf er nach einigem Zögern: „Es kann viele Gründe geben, weshalb man in diesem Staat plötzlich festgesetzt werden kann." Das „in diesem Staat" in seiner Antwort hätte er besser weggelassen.

„So, so, in diesem Staat?", wiederholte der Funktionär jetzt zornig und blies ihm erneut seinen Rauch ins Gesicht. „Der gefällt so jemandem wie Ihnen wohl gar nicht? Aber dieser Staat hat einen langen Arm mit einer eisernen Faust daran, mit der er erbarmungslos zuschlägt, wenn solche Leute wie Sie die Gesetze nicht beachten und diesen Staat versuchen, zu betrügen! Soll ich Ihnen bei der Beantwortung meiner Fragen etwas helfen?"

„Ich wäre Ihnen dankbar, wenn Sie mir jetzt freundlicherweise erklären könnten, was Sie mir vorzuwerfen haben", versuchte er nun betont höflich einzulenken.

„Sie wissen allen Ernstes nichts von unerlaubten Grenzübertritten in den Westen? Sie wissen nichts von verbotenen Westgeschäften oder damit verbundenen Devisenvergehen? Sie werden jetzt Gelegenheit bekommen, in Ruhe darüber nachzudenken, damit Sie mir morgen weiterführende Antworten geben können." Der Funktionär drückte auf einen Knopf unter seiner Schreibtischplatte und die Tür öffnete sich. Herein kam der Uniformierte, der sich mit erneut zackigem Gruß vor den Funktionär stellte. Der Funktionär machte mit dem Kopf eine seitliche Bewegung in Richtung Tür, was wohl so viel wie „abführen" bedeutete.

Der Uniformierte fasste ihn an der Schulter an und sagte: „Mitkommen!"

Beide gingen nun den langen Gang zurück, er voran, der Uniformierte hinterher, sie bogen an dessen Ende nach rechts ab in einen weiteren Gang, auf dessen rechter Seite sich eine Stahltür neben der anderen befand, alle mit großen eisernen Riegeln und Sicherheitsschlössern versehen. Vor der fünften Tür sagte der Uniformierte: „Stehen bleiben!"

Der Uniformierte schloss nun die Tür auf, schob den Riegel zur Seite, öffnete die Stahltür und gab ihm von hinten einen Schubs, und er betrat die Zelle, die sich erwartungsgemäß hinter der Tür befand. Daraufhin fiel die Stahltür mit lautem Krach in ihr Schloss, der Schlüssel wurde umgedreht und der Riegel vorgeschoben, und dann war alles still, sehr still.

Die Zelle weckte schreckliche Erinnerungen in ihm, Erinnerungen an Phasen seiner Gefangenschaft, in denen er erwartet hatte, dass die Tür plötzlich aufgeschlossen würde, und er abgeführt werden sollte zur Hinrichtung. Diese Erinnerungen hatte er ja inzwischen schon etwas verdrängt, aber da waren sie wieder, als sei die Gefangenschaft erst gestern gewesen, als seien zwischen dem russischen Grauen von damals und heute nicht Jahre vergangen, sondern Stunden.

Wie angekündigt, folgte am nächsten Tag ein weiteres, diesmal etwas ausführlicheres Verhör und die Frau mit ihrem Schreibblock saß auch wieder am Tisch:

„Nun, was haben Sie mir heute zu sagen?", begann der Funktionär.

„Ich habe nachgedacht und ich möchte Ihnen einen Vorschlag machen", antwortete er, wobei er sich sehr bemühte, ruhig und sachlich zu sprechen und sich durch die angespannte Stimmung nicht aus dem Konzept bringen zu lassen.

„Einen Vorschlag möchte er machen? Ich erwarte keine Vorschläge, ich erwarte ein Geständnis von Ihnen, haben Sie das verstanden?", schrie der Funktionär jetzt, während sein Gesicht sich deutlich rötete und bei jedem Wort Zigarettenrauch aus seiner Lunge drang.

„Und wenn Sie mich doch anhören? Bitte geben Sie mir einige Minuten Zeit und wenn das, was ich Ihnen vorschlagen möchte, für Sie nicht infrage kommt, können Sie es ja immer noch verwerfen. Also?", antwortete er betont ruhig, obwohl er innerlich so aufgeregt war, dass er seine Stimme kaum unter Kontrolle halten konnte.

„Na gut, ich gebe Ihnen fünf Minuten", war die barsche Antwort.

Dann erklärte er:

„Ich arbeite für eine große Weberei in der Nähe von Dresden. Dort werden Bänder, Gurte, Riemen und so weiter hergestellt, die in der DDR für den Aufbau der Wirtschaft dringend benötigt werden. Die Technik in der Fabrik, also vor allem die Webstühle, stammt zum Teil noch aus den 1920er und 1930er-Jahren. Viele der ständigen Pannen und Ausfälle werden von den Werktätigen selber repariert, manches lässt sich aber nicht reparieren und dann benötigen wir Ersatzteile, die es in der DDR leider nicht gibt, wohl aber im Westen. Wir führen also einen Teil der Produktion in den Westen aus, bauen uns dort ein Devisenguthaben auf, mit dem wir dann die Ersatzteile, die zum Aufrechterhalt der Produktion benötigt werden, bezahlen können."

„Weshalb kaufen die im Westen unsere Waren überhaupt? Haben die nicht selber genug davon?", unterbrach der Funktionär. Er fuhr fort: „Wir müssen unsere Ware natürlich so billig anbieten, dass das für die da drüben interessant ist. Und außerdem haben wir eine bessere Qualität als die."

„Aha! Unsere guten Produkte werden also nach drüben verschleudert und Ihr Werksinhaber macht sich auf Kosten unserer Werktätigen verbotenerweise die Taschen mit Devisen voll?", fuhr der Funktionär dazwischen. „Und wo bleibt endlich Ihr Vorschlag?"

„Der Vorschlag wäre: Natürlich ist da ein Devisenpolster im Westen für das Werk entstanden, weil die Deviseneinnahmen zum Teil höher sind als die Ausgaben für Ersatzteile, und dieses Polster ist bisher vom Werksbesitzer abgeschöpft worden. Ich könnte dafür sorgen, dass dieses Devisenpolster ständig wächst und künftig in Ihre Richtung beziehungsweise in Richtung des DDR-Staates fließt. Das würde aber voraussetzen, dass das Geschäft so wie bisher, also unvermindert, weiterläuft."

Nach einer Weile des Schweigens sagte der Funktionär:

„Und Sie glauben allen Ernstes, dass sich der Arbeiter- und Bauernstaat auf so etwas einlässt?"

„Ich weiß, dass ich mit meiner jetzigen Antwort ein Risiko eingehe, ein Risiko, dass Sie sich provoziert fühlen könnten, was ich überhaupt nicht beabsichtige, aber ich sage Ihnen ganz ehrlich, ich glaube das nicht, ich weiß es, denn in anderen Bereichen machen Sie das ja auch!"

„Donnerwetter!", schnaubte der Funktionär jetzt. „Sie haben vielleicht Mut! Und jetzt sage ich Ihnen etwas, ebenfalls ganz ehrlich: Ich glaube, dass Sie nach der unmittelbar bevorstehenden Untersuchungshaft und nach einer rechtsstaatlichen Verurteilung für viele Jahre ins Gefängnis gehen werden und nicht nur Sie, sondern auch Ihre ganzen Hintermänner, die wir alle kennen, und ich glaube es nicht nur, ich weiß es! Und noch etwas, ich werde nicht über Ihren Vorschlag nachdenken, sondern Ihnen morgen ein schriftliches Geständnis vorlegen, das Sie unterzeichnen werden."

Damit war das Gespräch beendet, aber aufgefallen war ihm, dass der Funktionär sehr aufmerksam zugehört hatte und trotz der gewagten Provokation relativ ruhig geblieben war.

Der Funktionär drückte wieder auf den Knopf unter seiner Schreibtischplatte und die Tür öffnete sich; herein trat der Uniformierte, grüßte und führte ihn ab, während die uniformierte Frau ihren Bleistift zur Seite legte, mit dem sie alles mitstenografiert hatte, ihren Block nahm und ebenfalls wortlos ging.

Mit seiner Bemerkung „Ich weiß es" hatte er gezielt alles auf eine Karte gesetzt. Entweder die beißen jetzt an oder sie werfen mich tatsächlich ins Zuchthaus, mit oder ohne Urteil, dachte er, als er wieder in seiner Zelle saß, die nur durch eine herabhängende 25er-Birne beleuchtet war, einen Lichtschalter gab es keinen. Um 10 Uhr erlosch die Birne und eine lange, schlaflose Nacht lag vor ihm.

Am nächsten Tag, nachmittags, folgte wie angekündigt eine weitere Besprechung, diesmal war die uniformierte Frau nicht dabei. Vor dem Funktionär lag ein kleiner Stapel Papier.

„Wir haben, entgegen meiner gestrigen Ankündigung, doch über Ihren Vorschlag nachgedacht", begann der Funktionär nun seine Ausführungen, „weil völlig unerwartet inzwischen von Ihrer Frau, mit der wir Kontakt aufgenommen haben, ein einmaliger Zahlungsvorschlag in Devisen vorlag, in einer Höhe, die für uns akzeptabel erscheint. Wir betrachten das keineswegs als Lösegeld, sondern vielmehr als eine Art Rückzahlung von Aufwendungen, die durch Ihr Verhalten gegenüber unserem Staat entstanden sind."

Er unterbrach den Funktionär: „Ich habe keine Ahnung, woher meine Frau Devisen für eine solche Zahlung haben sollte."

Der Funktionär erwiderte: „Das glaube ich Ihnen nicht; wir jedenfalls wissen, woher dieser Geldbetrag stammt, und im Übrigen habe ich soeben erfahren, dass die Zahlung heute Vormittag bereits eingegangen ist. Und nun weiter zur Sache: Ich habe hier, wie ich Ihnen gestern schon angekündigt hatte, ein umfängliches Geständnis zur Unterschrift für Sie vorbereitet. Wenn Sie das unterzeichnet haben, würden die Dinge ihren Lauf nehmen, in der Richtung, die ich Ihnen gestern auch schon erklärt habe. Ich habe also darüber hinaus noch ein weiteres Papier, das Sie ebenfalls unterschreiben können, was ich Ihnen auch sehr empfehle, und wenn Sie das unterzeichnet haben, würden sich die Dinge für Sie grundlegend ändern. Also, hier ist zunächst das Geständnis, bitte unten rechts."

„Ich möchte den Text in Ruhe lesen, bevor ich unterzeichne", sagte er.

„Das wird nicht nötig sein oder glauben Sie, wir haben da etwas hineingeschrieben, das nicht der Wahrheit entspricht?", war die Antwort des Funktionärs.

„Und was soll ich da noch unterzeichnen?", fragte er.

„Das erkläre ich Ihnen, wenn das Geständnis unterzeichnet ist", sagte der Funktionär, noch mit ruhiger Stimme. „Und jetzt verzögern Sie die Sache nicht weiter!", dann in deutlicherer Tonlage. Beide schwiegen einen Moment und sahen sich fest in die Augen. Er zögerte.

Der Funktionär holte seine Zigarettenschachtel hervor, entnahm eine Zigarette, hielt ihm die Schachtel hin und sagte: „Nehmen Sie eine Zigarette?"

Er nahm eine Zigarette, zündete sie mit dem auf dem Schreibtisch liegenden Feuerzeug an, atmete den Rauch gierig ein und fragte: „Ich habe offenbar keine andere Wahl, als dieses sogenannte Geständnis zu unterzeichnen, ganz gleich, ob das, was da drin steht, von mir so gesagt worden ist oder nicht?"

„So ist es!", war die unmittelbare und knappe Antwort.
Er nahm den bereitliegenden Füllfederhalter und unterzeichnete das ungelesene Protokoll.

„Gut so, und nun zu dem anderen Papier", sagte der Funktionär jetzt in wesentlich ruhigerem Ton. „Sie haben mit der Unterzeichnung des anderen Papiers die Möglichkeit, sich zur Zuarbeit für das Ministerium für Staatssicherheit zu verpflichten, das heißt: Sie wären ab sofort frei, zunächst einmal bis zum Beginn Ihres Prozesses. Das Geschäft, das Sie mir gestern beschrieben haben, würde erst einmal so weiterlaufen wie bisher, allerdings würden Sie dafür sorgen, dass die Devisenüberschüsse nicht mehr, wie gegenwärtig praktiziert, abgeschöpft werden, das hatten Sie gestern ja so vorgeschlagen. Wie diese Devisenüberschüsse dann in die Staatskasse fließen, das wird gesondert von uns geregelt. Sie berichten uns ferner regelmäßig über alles, wonach wir fragen, vor allem über Ihre Hintermänner. Sie sind sich darüber im Klaren, dass Sie sofort festgesetzt würden, wenn Sie irgendeine Anweisung von uns missachten oder gar einen Fluchtversuch unternehmen sollten. Der Ablauf des Prozesses, der möglicherweise schon im April oder Mai dieses Jahres beginnen wird, und natürlich auch das endgültige Urteil werden wesentlich davon abhängen, wie erfolgreich Sie die Zusammenarbeit mit uns gestalten. Das ist in Kurzform der Inhalt des Vertrages, der vor Ihnen liegt. Sie haben jetzt die Möglichkeit, diesen Vertrag zu lesen, gegebenenfalls Fragen zu stellen und ihn dann zu unterzeichnen."

Der Funktionär schob ihm nun die drei Seiten Papier näher hin, und er begann zu lesen, schnell, flüchtig, unkonzentriert, mit den Gedanken woanders.

Nach zehn Minuten war er fertig und sagte: „Ich habe keine Fragen, Sie hatten mir ja vorher alles schon erklärt und meine Situation lässt mir ja auch gar keine andere Wahl, als das zu unterzeichnen."

„Und sich auch exakt an das zu halten, was Sie da freiwillig und ohne jeden Druck unterschreiben werden", ergänzte der Funktionär, der sich jetzt ein leichtes Lächeln nicht verkneifen konnte.

Er nahm nun erneut den Füllfederhalter und unterzeichnete auch dieses Papier.

„Darf ich eine Zweitschrift von beidem mitnehmen?", fragte er nun.

„Ich wüsste nicht, was Sie damit wollen. Natürlich nicht!", sagte der Funktionär betont freundlich, dann standen beide auf. Der Funktionär reichte ihm die Hand und sagte: „Sie haben gerade die Seiten gewechselt und Ihrem Eintritt in die SED steht jetzt nichts mehr im Wege. Regeln Sie das in den nächsten Tagen und herzlichen Glückwunsch, Sie haben das einzig Richtige getan." Der Funktionär drückte nun kein Knöpfchen mehr und es erschien auch kein Uniformierter, um ihn abzuführen, stattdessen wurde er betont höflich verabschiedet und er ging den Gang entlang bis zum Empfang, wo die uniformierte Frau saß. Von ihr nahm er die wenigen persönlichen Sachen entgegen, die man ihm abgenommen hatte, unter anderem seine Papiere und seine Autoschlüssel, und danach verließ er das Gebäude durch den Haupteingang.

Nicht weit entfernt am Straßenrand stand sein Fiat. Er öffnete die Tür, stieg ein und verharrte eine Weile. Es war kalt, aber zum Glück hatte er seinen Wintermantel an und auch Handschuhe. Langsam beschlugen die Fensterscheiben, das nahm er erst wahr, als er gestartet hatte und losfahren wollte. Er wischte sich mit dem Handschuh ein kleines Sehfeld an der Windschutzscheibe frei, schaltete die Heizscheibe ein und fuhr schließlich los.

Zu Hause in Dresden angekommen, fielen sich er und Strickchen in die Arme. Sie hielten sich lange fest, länger als sonst bei Begrüßungen, wenn er etwa am Freitagabend vom Werk nach Hause kam, und auch inniger, so, als wäre alles wieder so wie früher, so, als würde nichts zwischen ihnen liegen. Sie gingen Arm in Arm ins Haus, er zog seinen Mantel aus und lehnte sich mit dem Rücken gegen den Kachelofen im Salon, während Strickchen sich in einen Sessel fallen ließ, die Beine lang machte und die Augen schloss.

„Es war die Hölle!", begann er nach einer Weile. „Es war alles so, wie ich es in der Gefangenschaft erlebt hatte." Und er erzählte

Strickchen, was sich in den letzten Tagen alles zugetragen hatte, und er schloss damit:

„Dann wendete sich das Blatt und der wurde freundlicher und erzählte was davon, dass du Geld bezahlt hättest, und dann musste ich diese verdammten Unterlagen unterschreiben und schließlich ließen die mich wieder laufen. Aber jetzt haben sie mich fest im Griff und vorbei ist das bisschen Freiheit, das ich mir in der letzten Zeit erarbeitet habe. Verstehst du, Strickchen, aus und vorbei! Und überhaupt, wo hattest du das Geld her?"

„Ich hatte Besuch von zwei Männern", antwortete sie. „Die haben mir erzählt, dass du in Leipzig im Gefängnis sitzt und dass man dir irgendwelche Verbrechen gegen den Staat vorwirft. Ich hab doch gar keine Ahnung von dem, was du genau machst, und ob das alles stimmt, was die dir vorwerfen. Jedenfalls kamen die dann mit dem Vorschlag, dass man deine Lage mit einem größeren Geldbetrag positiv beeinflussen könne. Und die haben mir eine Summe genannt, da bin ich fast umgefallen, und sie würden morgen wiederkommen, um das Geld abzuholen."

„Wie groß war die Summe denn?", unterbrach er.

„Fünfzigtausend, und zwar nicht in Ostmark, sondern in Westgeld. Und als ich sagte, dass ich das gar nicht hätte, da sagte einer von ihnen: „Ich garantiere Ihnen, dass Sie das bis morgen beschaffen können, andernfalls bleibt Ihr Mann nämlich im Gefängnis, und fragen Sie nicht, für wie lange!"

„Also", sagte Strickchen weiter, „bin ich erst mal zu Ernstl Langner gegangen und habe ihm das alles erzählt. Der hat mich dann beruhigt und er hat mich dann nach Hause begleitet, ich hatte solche Angst, weil immer Männer um das Grundstück herumliefen oder standen. Unterwegs sagte Ernstl Langner mir dann, er wird einen Weg finden, um an das Geld heranzukommen, und morgen, im Laufe des Tages, würde er es, wenn alles gut geht, vorbeibringen. Und tatsächlich, gestern Vormittag stand Ernstl Langner mit einem Köfferchen voller Scheine vor der Tür und ich fragte ihn nicht, wo er das her hatte. Und weißt du, was das Verrückteste war, nachdem er sich wieder verabschiedet hatte, dauerte es keine zehn Minuten und die beiden Männer, die mich am Tag zuvor besucht hatten, waren auch schon da. Sie gingen einfach an mir vorbei in die Wohnung und setzten sich in den Salon und sahen mich schweigend an. Einer von beiden nahm seinen Hut ab, der andere nicht. Ich wusste gar nicht, was ich sagen sollte, und nach einer Weile fragte ich: „Darf ich Ihnen etwas anbieten?" Der eine, ohne Hut, sagte: „Ja, eine Zigarette von der noblen Sorte dort drüben wäre nicht schlecht." Der andere meinte: „Nein danke, nicht nötig, Sie wissen ja, weshalb wir hier sind."

Ich bot dem einen also eine von deinen Zigaretten an und der sagte dann, während er missmutig zu seinem Kollegen schaute: ‚Nein danke, lieber doch nicht.'

‚Nun, was können Sie uns berichten?', fragte der mit dem Hut. Ich wusste gar nicht, was ich berichten sollte, und sagte: ‚Ich habe das Geld und ich hole es jetzt, aber ich wäre Ihnen dankbar, wenn Sie mir irgendwie eine Bestätigung oder eine Quittung oder so etwas geben könnten.'

‚Bitte holen Sie Ihr Geld, jetzt', sagte der mit dem Hut, der andere schwieg und sah sich sehr interessiert im Raum um, vor allem unsere Bilder schienen ihm sehr zu gefallen.

Ich holte also das Köfferchen und übergab es. Der öffnete das Köfferchen und begann, die Scheine zu zählen. Er schien darin sehr geübt zu sein und war also nach wenigen Minuten fertig und schloss das Köfferchen.

Ich fragte erneut nach einer Empfangsbestätigung. Da fingen beide an zu lächeln und der mit dem Hut sagte:

‚Glauben Sie allen Ernstes, dass ich Ihnen den Geldempfang schriftlich bestätige? Was glauben Sie, was hier gerade geschehen ist?'

Die beiden erhoben sich, gingen zur Tür, lächelten und verschwanden grußlos.

Ich hatte den Eindruck, dass die draußen irgendwo schon gewartet hatten, als Ernstl Langner mit dem Köfferchen gekommen war, und vielleicht genau wussten, was der da gebracht hatte. Ich habe solche Angst! Ständig laufen da Leute rum und ich fühle mich die ganze Zeit beobachtet. Ich kann nicht mehr richtig schlafen. Was sind das denn für Sachen, in die du da verstrickt bist?"

Er nahm sich eine Zigarette aus der großen, braunen, handgeschnitzten Kiste, die auf dem Rauchtischchen stand, und einen Cognac aus dem Schrank, trank einen Schluck, setzte sich neben Strickchen und sagte:

„Strickchen, höre mir einmal genau zu. Ich arbeite sehr hart dafür, dass wir uns das alles hier leisten können, und manchmal muss ich eben auch Dinge tun, die diesem Staat nicht gefallen, damit wir an Westgeld kommen, mit dem wir uns dann das eine oder andere kaufen können, das andere Menschen in diesem Land so nicht haben. Ich bin also relativ häufig in Westberlin, wo ich Zugang zu einem Konto habe. Genügt dir das?"

„Nein, das genügt mir überhaupt nicht!", antwortete sie. „Aber das müssen wir ja nicht jetzt besprechen. Nun geht es doch darum: Wie soll das weitergehen? Wo kommt das Geld her, das Ernstl Langner da gestern angebracht hat, und vor allem, wie sollen wir das je zurückzahlen? Und was ist mit dir? Du bist doch in großer Gefahr, nicht wahr?"

Es verging eine kurze Zeit des Schweigens.

„Ich bin wirklich in Gefahr und ich habe etwas unterschreiben müssen, das ich gar nicht kenne, nämlich ein Geständnis, das mich offenbar hinter Schloss und Riegel bringen kann. Und dann habe ich etwas unterschrieben, dass ich mit denen ab sofort zusammenarbeiten muss, das heißt, dass ich zum Beispiel Ernstl Langner oder Martin Schuhrag oder Peter Wehn bespitzeln muss, also über alles, was ich von denen weiß oder erfahre, Bericht erstatten muss. Strickchen, hörst du? Das kann ich doch gar nicht. Ich kann doch nicht meine Freunde, die mich bis hierher gebracht haben, einfach verpfeifen!"

„Warum hast du das dann unterschrieben?", fragte sie.

„Ohne diese blöde Unterschrift und ohne deine Zahlung säße ich jetzt immer noch im Gefängnis und vermutlich für sehr, sehr lange Zeit. Hättest du das lieber gewollt?", entgegnete er.

„Wie kannst du so etwas fragen! Aber ich bin ratlos und ich habe solche Angst und ich will nie wieder solche Angst haben müssen, verstehst du? Wie soll das bloß weitergehen?"

Er trank den Rest seines Cognacs aus und schenkte sich einen neuen ein, diesmal einen doppelten, und sagte: „Ehrlich gesagt, ich weiß es nicht, Strickchen, ich kann das alles nicht, ich fühle mich am Ende, so habe ich mich schon lange nicht mehr gefühlt. Lass uns schlafen gehen, ich kann einfach nicht mehr!"

Er trank hastig seinen Cognac aus und nahm sie lange in den Arm; sie weinte ganz leise und er auch, und so saßen sie noch eine ganze Zeit, bis es spät genug war, um ins Bett zu gehen. Aber schlafen konnten sie beide nicht, lange nicht. Erst am frühen Morgen glitt er schließlich in einen unruhigen Dämmerzustand ab, sie lag die ganze Zeit hellwach neben ihm, als gelte es, ihn zu beschützen, vor wem oder vor was auch immer.

Am nächsten Tag fand eine Besprechung im Parkhotel Weißer Hirsch statt. Er, mein Vater, ging den Weg von der Prellerstraße zum Hotel zu Fuß. Peter Wehn fuhr mit dem Taxi und Martin Schuhrag ließ sich vom Chauffeur Vogt mit dem Packard hinbringen. Ernstl Langner, der auch teilnahm, hatte ein kleines Nebenzimmer reservieren lassen, von dem er wusste, dass man wirklich ungestört und auch ohne Abhöreinrichtungen sprechen konnte.

„Ich möchte zunächst hören, was vorgefallen ist", eröffnete Martin Schuhrag sehr förmlich das Gespräch.

Und dann erzählte er, was er in Leipzig erlebt hatte, auch, was er unter Zwang unterzeichnet hatte und wie er aufgrund der Zahlung des Lösegeldes, denn nichts anderes war das ja, vorläufig wieder freigekommen war.

Martin Schuhrag sagte: „Das ist furchtbar! Ich will mich bekanntlich aufgrund meines Alters eigentlich langsam zurückziehen und keine derartigen Aufregungen mehr erleben und dann das, furchtbar!"

Ernstl Langner meinte dann: „In der geschilderten Situation blieb gar nichts anderes übrig, als das Lösegeld hinzublättern.

Und was die alles tatsächlich über unsere Geschäftsverbindungen wissen, das ist völlig ungewiss. Immerhin wären sie ja nicht so hinter einem zusätzlichen Spitzel her, wenn sie schon alles wüssten, und wenn sie denn alles wüssten, hätten sie bereits früher zugeschlagen. Die wissen einiges, aber längst nicht alles."

„Und was bedeutet das nun für uns?", fragte Peter Wehn.

Und so ging das eine Weile zwischen den Teilnehmern hin und her, ohne dass aber irgendein Beschluss über künftige Strategieänderungen oder dergleichen gefasst werden konnte, außer, dass er seinen geplanten Besuch in Westberlin, zu dem es ja nun nicht gekommen war und bei dem er routinemäßig die westlichen Geschäftspartner treffen sollte, auf jeden Fall kurzfristig nachholen müsse.

Während man sonst in dieser Runde gewöhnlich einen halben Tag zusammensaß, dauerte das Gespräch diesmal nicht länger als eine gute Stunde, und die Stimmung war auch nicht annähernd so gelöst, wie das sonst üblich war.

Einige Wochen später besuchte Strickchen ihre Mutter. Wir Kinder waren inzwischen bei den Großeltern väterlicherseits untergebracht, weil Strickchen auf keinen Fall wollte, dass wir von der angespannten Lage etwas mitbekommen sollten.

Strickchens Mutter nahm sie liebevoll in die Arme; sie stand etwas abseits, der Kamin brannte, auch, um die Stimmung etwas angenehmer zu gestalten. Eine Kanne Tee stand bereit und etwas Gebäck, und Strickchen setzte sich auf einen Jagdsessel, der neben dem Billardtisch stand, und begann:

„Ich bin länger nicht hier gewesen und die Kinder haben Sehnsucht nach dir, und die habe ich aber jetzt erst mal nach Strehlen zu den Schwiegereltern gebracht. Es ist einiges passiert in der Zwischenzeit, das ich dir nur persönlich erzählen kann."

Und sie erzählte und erzählte und ihre Mutter hörte schweigend zu, bis Strickchen endete:

„Weißt du, das Schlimmste ist, ich weiß überhaupt nicht, wo er jetzt ist. Am Tag nach der Besprechung im Parkhotel sagte er nur, dass er jetzt ins Werk fahren müsse. Dort ist er aber nie angekommen und seitdem, seit Wochen, fehlt jede Spur von ihm. Und unentwegt laufen draußen vor dem Haus irgendwelche Leute, wechseln sich ab, beobachten mich ständig und ich vermute, dass auch hier schon irgendwelche Spitzel rumlaufen. Ich weiß überhaupt nicht mehr, was ich machen soll, ich kann nicht mehr."

Strickchens Mutter ging nach einer Weile zu ihrer Tochter, legte ihre Hand auf deren Kopf, wie sie es immer tat, wenn sie ihr ohne Worte Behutsamkeit zeigen wollte, und sagte ein wenig später: „Wenn Albert noch leben würde, hätte er jetzt gesagt: ‚Strickchen, sei nicht verzweifelt, ich bin bei dir, ich bin dein Halt, du kannst immer auf mich zählen.' Aber er ist nicht mehr da und deshalb sage ich dir das, und noch etwas:

Albert ist nun schon seit über einem Jahr nicht mehr bei mir. Ich vermisse ihn so! Ich bin gerade mal fünfundsechzig Jahre alt und fühle mich, als wenn ich achtzig wäre und ziemlich krank, und ich bin sehr allein und ich habe Angst, dass du und die Kinder auch nicht mehr lange da sein werdet. Und manchmal frage ich mich: Denkt eigentlich jemand einmal daran, dass ich hilfsbedürftig werde oder vielleicht schon bin? Ich kann mit meinen zittrigen Händen nichts mehr machen, nicht mehr das Haus sauber halten, nicht mehr im Garten arbeiten, nicht einmal mehr schreiben, und ich bin auf fremde Hilfe angewiesen. Eine Weile wird das Geld vielleicht noch reichen, um Hilfe für das Nötigste zu bezahlen, aber wenn es zu Ende ist, was dann? Ich möchte dieses Haus, Alberts Haus, nicht verlassen, nie verlassen, solange ich lebe.

Aber dennoch sage ich dir, Strickchen: Sei nicht verzweifelt, ich bin bei dir, ich bin dein Halt. Du kannst immer auf mich zählen."

Und nach einer weiteren Pause:

„Damals, als ich in die Nazipartei eingetreten bin, hinter Alberts Rücken, war ich überzeugt, dass diese Leute, von denen ich erst viel später merkte, dass sie Verbrecher waren, dass diese Leute für die Armen, für die Arbeitslosen, für die Hungernden und Elenden etwas Gutes bewirken würden, und dein Bruder hat mich darin bestärkt. Wie furchtbar ich mich getäuscht habe und mit mir viele andere auch, das habe ich zu spät bemerkt. Und als ich hätte austreten müssen aus dieser Verbrecherpartei, da war es zu spät, da hätte ich euch alle ins Unglück gestürzt. Aber warum erzähle ich dir das? Geht es den Menschen heute besser als damals? Meiner Meinung nach hat sich wenig geändert. Die Jugend marschiert genauso wie seinerzeit. Soldaten, so weit das Auge reicht! Hunger, Armut, Elend, mehr denn je! Auch Kriege, denke nur an Süd- und Nordkorea! Was sich gewandelt hat, ist die Farbe; sie ist nicht mehr braun, sondern rot! Das alles ist nicht mehr meine Welt. Was sie deinem Mann angetan haben und vielleicht noch antun werden, hätte genauso in der Nazizeit passiert sein können. Von daher habe ich ein gewisses Verständnis für seine verzweifelten Versuche, Not und Elend endlich hinter sich zu lassen. Ein gewisses Verständnis. Ich glaube allerdings, dass er vieles falsch macht. Die Reihenfolge ist falsch, die Schwerpunkte sind falsch, aber im Kern, glaube ich, ist er ein guter Mensch. Stehe ihm bei, hörst du, auch, wenn das bedeuten sollte, dass ich dich verliere, vielleicht für immer!"

Strickchen sagte nur: „Du hast recht, es kann sein, dass ich mit den Kindern nicht mehr lange da sein werde. Ich liebe ihn immer noch so sehr, dass ich überall hingehen würde, wo er ist, überall hin, wenn ich wüsste, wohin." Und dann fügte sie hinzu: „Du bist eine so starke Frau, du bist mein Vorbild, und wo immer ich landen werde, du wirst mir immer nahe sein. Ich wünschte, ich könnte so stark sein wie du!"
Das war Strickchens letzte Begegnung mit ihrer Mutter, sie sollte sie nie wiedersehen.

Strickchen bekam erneut Besuch von den Männern, die vor Kurzem das Geld abgeholt hatten.
„Wir müssen mit Ihnen reden, bitte lassen Sie uns herein."
Strickchen trat zur Seite und die Männer gingen durch den Flur in den Salon und setzten sich.

„Bitte setzen Sie sich auch", sagte der, der auch beim vergangenen Besuch das Wort geführt hatte, während der andere teilnahmslos im Raum umherblickte.

Strickchen setzte sich und bemühte sich, ihre Angst niemandem zu zeigen.

„Wir wissen, dass Ihr Mann nach seinem ersten Besuch in Westberlin nicht zum vorgesehenen Zeitpunkt zurückgekehrt ist. Seitdem hat sich seine Spur verloren, vorübergehend, denn wir finden diese Spur wieder, aber wenn Sie uns dabei helfen, wird es für alle Beteiligten, also auch für Sie, weniger unangenehm werden. Also: Wo ist er?"

„Ich weiß es nicht", antwortete sie.

„Sie lügen!", sagte der Mann jetzt sehr energisch.

„Ich weiß es wirklich nicht!", platzte es aus ihr heraus und fast schreiend fuhr sie fort: „Glauben Sie mir, denn ich bin in heller Aufregung darüber, dass ich es nicht weiß, und diese Ungewissheit macht mich rasend. Und jetzt unterstellen Sie mir noch, dass ich Sie anlüge? Was glauben Sie eigentlich, was gerade in mir vorgeht? Helfen Sie mir lieber, meinen Mann zu finden, anstatt mich weiter zu quälen!"

Der Mann schrie zurück: „Wir finden heraus, dass Sie lügen, und wir finden Ihren Mann und was dann passiert, möchte ich Ihnen heute lieber noch nicht sagen! Und Sie verlassen ab sofort die Stadt Dresden nicht mehr und Sie haben sich bis auf Weiteres einmal in der Woche auf Ihrer zuständigen Polizeidienststelle zu melden, verstanden? Wenn Sie das nicht strikt befolgen, wandern Sie erst mal ins Gefängnis und Ihre Kinder ins Heim, verstanden? Und wir kommen wieder und dann sagen Sie uns die Wahrheit!"

Sie nickte kaum merkbar, die Männer erhoben sich und verschwanden grußlos.

Nicht lange danach machte sie sich auf ins Parkhotel, wo sie Ernstl Langner antraf. Der hörte ihr geduldig zu und als sie ihm alles über den Besuch der beiden Männer erzählt hatte, schwiegen beide eine Weile.

Dann sagte Ernstl Langner: „So, wie ich die Sache jetzt einschätze, ist er wohl drüben in Westberlin geblieben und untergetaucht und offenbar hat ihn die Staatssicherheit bisher noch nicht gefunden. Das ist der Wahnsinn! Und wenn nicht bald etwas passiert, dann gehen die auf dich richtig los und auf die Kinder, denn das ist dann das nächste Druckmittel. Und über kurz oder lang werden die natürlich auch auf uns losgehen. Das ist wirklich der Wahnsinn! Also, wir müssen ihn finden." Und nach einer Denkpause fügte er hinzu: „Wir müssen vielleicht deine, eure Flucht vorbereiten, bist du damit einverstanden, ich meine, bist du dazu überhaupt bereit? Das würde nämlich bedeuten, dass du hier alles stehen und liegen lassen müsstest, um quasi bei Nacht und Nebel zu verschwinden, mit dem Risiko, dass du trotz aller Vorbereitungen, die ich jetzt für dich treffen müsste, doch erwischt wirst, und was dir dann blüht, das weißt du ja. Bist du dazu wirklich bereit, Strickchen?"

„Ich glaube ja", antwortete sie zögerlich und sehr leise, kaum hörbar und mit Blick in die Ferne gerichtet, ins Nichts.

Ernstl Langner nahm ihre Hand, gab ihr einen Handkuss, führte sie nach draußen und sagte:

„Von jetzt an können wir nicht mehr telefonieren. Alles, was es zu besprechen gibt, werden wir jetzt persönlich austauschen, hörst du? Du wirst alle paar Tage hier ins Hotel kommen müssen und dann halte ich dich auf dem Laufenden. Und wenn du das Gefühl hast, dass jemand dich verfolgen könnte, tust du so, als gingest du spazieren und gehst wieder nach Hause, hörst du? Und, ich bewundere dich!"

„Ja!", entgegnete sie nur, dann ging sie.

Nach zwei Tagen fand ein weiteres Treffen zwischen Strickchen und Ernstl Langner statt, in dessen Verlauf er ihr sagte, dass ein Freund von ihm, der in Westberlin wohnt, da gewesen sei und dieser nun den Auftrag habe, ihn in Westberlin zu finden, falls er überhaupt noch dort sei.

Dieser Freund war nach einer weiteren Woche erfolgreich und das erste Kontaktgespräch in Westberlin, in dem mein Vater informiert wurde, was Strickchen inzwischen erlebt hatte, endete mit dessen Vorschlag:

„Wenn meine Frau tatsächlich den Mut hat und das Risiko eingeht, in der jetzigen Situation mit den Kindern zu fliehen, dann sollte sie drüben an der U-Bahn-Haltestelle Friedrichstraße einsteigen und ich würde sie etwa um 17 Uhr an der U-Bahn-Station Bahnhof Zoo, und zwar am 17. Juni, erwarten. Aber eigentlich würde ich ihr das nicht raten, das ist doch viel zu gefährlich!“

„Ich werde ihr das zukommen lassen und wenn Sie nichts mehr von mir hören, dann wird sie es entweder geschafft haben und Sie können sie am 17. Juni gegen 17 Uhr in die Arme schließen und auch Ihre Kinder, oder aber es hat nicht geklappt, gar nicht auszudenken, was dann geschieht, auch mit ihr und Ihren Kindern.“

Beim nächsten Treffen erfuhr Strickchen durch Ernstl Langner von diesem Vorschlag und von diesem Termin und Ernstl Langner sagte am Ende fast beschwörend: „Strickchen, ich habe lange nachgedacht und ich rate dir, dieses Risiko doch nicht einzugehen. Die Chance, dass das gut geht, ist nicht groß genug. Bitte überlege dir das gut. Du hast ja bis zum 17. Juni noch fast zwei Wochen Zeit.“

„Und was, wenn ich es nicht mache?“, fragte sie und sah ihn entsetzt an.

„Dann seid ihr erst mal getrennt!“, sagte Ernstl Langner. „Und wie das weitergeht, weiß niemand. Erwischen sie ihn, sitzt er hier natürlich im Gefängnis für viele Jahre. Seine einzige Möglichkeit ist dann, dass er sich aus Westberlin nach Westdeutschland absetzt, dort werden sie ihn kaum verfolgen können. Und wenn du erwischt wirst, na, das brauche ich dir nicht zu sagen, was dann passiert, das weißt du ja!“

„Ich brauche keine zwei Wochen, um zu überlegen!“, sagte Strickchen, und: „Trotz allem, was er mir angetan hat, und das meiste davon weißt du ja, ich gehöre immer noch zu ihm und er gehört immer noch zu mir und zu den Kindern. Ich werde ihn niemals verlassen und schon gar nicht so. Und wenn es schiefgeht, sitzen wir vielleicht beide im Gefängnis. Aber um der Kinder willen, es darf nicht schiefgehen! Ich nehme allen Mut zusammen und mache es, es muss klappen, Ernstl, es muss!"

In den Tagen bis zum 17. Juni hatte Strickchen versucht, sich so unauffällig wie möglich zu verhalten. Sie hatte sich weisungsgemäß bei der zuständigen Polizeidienststelle gemeldet, sie hatte die Stadt nicht verlassen, nur war sie gelegentlich bei Dunkelheit nach Dresden Strehlen zu ihren Schwiegereltern gefahren und zu uns Kindern. Sie hatte bei der Gelegenheit heimlich ihren ganzen Schmuck und ihre persönlichen Wertsachen dort hin verbracht, auch einige der wertvollen Gemälde, soweit es Ölbilder auf Leinwand waren, die man aus dem Keilrahmen schlagen und zusammenrollen und gut versteckt transportieren konnte. Sie hatte natürlich die Schwiegereltern über ihre Pläne informiert und selbstverständlich nicht uns Kinder. Sie hatte in dieser Zeit unvorstellbare Ängste ausgestanden und das kannte sie ja noch aus der unmittelbaren Nachkriegszeit, auch wenn das damals ganz andere Ängste gewesen waren, das war noch gar nicht so lange her. Sie hatte nachts nur mit Schlaftabletten etwas Ruhe finden können und hin und wieder war sie tagsüber infolge von zu schwachem Blutdruck einfach umgefallen und keiner war dann da gewesen, um ihr wieder auf die Beine zu helfen, und manchmal hatte sie eine Viertel- oder eine halbe Stunde nur so da gelegen, irgendwo auf dem Fußboden, bis sie wieder zu sich gekommen war. Draußen hatten sich derweil ständig irgendwelche Leute beim Überwachen des Hauses abgelöst, aber zum Glück hatte sie in dieser Zeit keinen Besuch mehr von irgendwelchen Herren gehabt und so hatte auch niemand bemerkt, dass an den Wänden einige Lücken klafften, wo früher Bilder gehangen hatten.
Am 16. Juni kam sie abends wieder bei den Schwiegereltern vorbei, mit der letzten Einkaufstasche, die erneut angefüllt war mit Kleinigkeiten, die ihr wichtig waren. Zu diesen Kleinigkeiten gehörte zum Beispiel eine silberne Zuckerdose, die sie einst von Albert, ihrem Vater, zum Geburtstag geschenkt bekommen hatte, oder ein Mokkaservice aus Messing mit dazu passender

Kaffeemühle und Tablett, Dinge, die ihre Mutter damals auf der Flucht aus dem Baltikum mitgenommen hatte, oder ein silbernes Glöckchen, mit dem schon in ihrer Kindheit die Weihnachtsbescherung eingeläutet worden war, oder ein silbernes Zigarettenetui mit Familienwappen, das von ihrem leiblichen Vater stammte, und einiges mehr. Sie leerte die Tasche aus, stellte die Gegenstände der Reihe nach auf den Esstisch und sagte: „Das sind noch einige Sachen, die mir besonders am Herzen liegen. Ich bitte euch innig, bewahrt sie gut auf. Irgendwann werden wir uns ja vielleicht wiedersehen, wann oder wo oder ob überhaupt, wissen wir nicht, aber wenn doch, dann sind diese oder einige andere Sachen von denen, die ich zu euch gebracht habe, vielleicht oder hoffentlich noch da und dann könnte ich sie ja wieder zurückbekommen. Und wenn nicht, dann war mir der gefahrvolle Versuch, einiges zu retten, die Sache wert. Ich danke euch von Herzen, dass ihr mich bis hierher begleitet habt. Ich bin so müde und kaputt!“

Dann wischte sie ihre Tränen ab, kam in das Zimmer, in dem wir zum Schlafen untergebracht waren, versuchte, ein strahlendes Lächeln aufzusetzen, und erzählte uns:

„Ich habe eine große Überraschung für euch. Morgen möchte ich mit euch gemeinsam mit der Eisenbahn nach Berlin fahren. Ihr wisst doch, wir haben dort Freunde, die wir letztes Jahr in Heringsdorf kennengelernt haben, und die haben uns für ein paar Tage nach Berlin eingeladen. Ist das nicht großartig?“

„Ja, wir finden das toll und wir freuen uns, aber was ist mit der Schule?“, fragte meine Schwester verwundert.

„Ich habe euch dort abgemeldet für die Zeit, in der wir in Berlin sein werden“, war Strickchens hastige Antwort, die aber keineswegs der Wahrheit entsprach. „So, und nun schlaft beide schön, morgen hole ich euch gegen Mittag ab und dann gehts los, ich freue mich so sehr auf ein paar schöne Tage mit euch in Berlin bei unseren Freunden.“

Danach gab sie jedem von uns einen Kuss auf den Mund, der mir eigenartigerweise etwas salzig vorkam, verabschiedete sich immer noch fröhlich lächelnd und fuhr schließlich mit der Straßenbahn zurück bis zum Schillerplatz und ging das letzte Stück in die Prellerstraße zu Fuß, vorbei an fremden Männern, die vor dem Grundstück zu zweit auf- und abliefen.

Ihre letzte Nacht in diesem Haus war sehr unruhig. Sie ging spät zu Bett, nahm Schlafmittel, diesmal eine Tablette mehr als sonst, dennoch konnte sie nicht zur Ruhe kommen. Zweifel quälten sie, ob das Ganze gut gehen würde, und wenn nicht, was mit den Kindern passieren würde. Sie dachte an ihn. Liebte er sie überhaupt noch? Wenn ja, warum war er dann in den Westen geflohen? Warum hat er zum Beispiel nicht einfach das gemacht, was diese Staatssicherheitsleute ihm aufgegeben hatten, und gut? Steht es wirklich dafür, hier alles aufzugeben, auch ihre geliebte Mutter, die Schwiegereltern, die ihr in den letzten Wochen doch so selbstverständlich beigestanden hatten, Onkel Peter Wehn, Tante Margot, die sie beide so geliebt hatte – vielleicht sieht man sich ja nie wieder, was heißt vielleicht? Wohl mit Sicherheit! Und doch einfach hierbleiben? Er drüben, sie selbst vielleicht für Jahre im Gefängnis, die Kinder in einem Heim? Nein, das ginge gar nicht!

Jetzt verließ sie ihr Bett und wanderte in ihrem Nachthemd bei Dunkelheit aus dem Schlafzimmer in den Salon, blieb eine Weile stehen, als wenn sie dieses Zuhause, in das sie so viel Hoffnung gesteckt hatte, nicht loslassen könne, ging schließlich langsam weiter in das Esszimmer, öffnete dort die Terrassentür, durch die ein kühler Wind zu ziehen begann, und trat hinaus auf die Terrasse. Es war eine klare Nacht und der Halbmond tauchte den Park mit der großen alten Eiche mittendrin in ein fahles Licht. Hier stand sie lange Zeit, hing ihren Gedanken und ihren Erinnerungen nach. Im Hintergrund hörte man das sanfte Rauschen der nur wenige Hundert Meter entfernten Elbe. Am Gartenzaun glomm ein kleines rotes Licht auf, wohl eine Zigarette von einem, der das Grundstück bewachte. Dieses Licht riss sie aus ihren Gedanken und sie ging wieder ins Haus und schloss lautlos die Terrassentür hinter sich. Vorbei, alles vorbei, dachte sie. Nie wieder wird es wohl so sein, wie es hier einmal war!

Am nächsten Vormittag verließ sie das Haus – zum letzten
Mal. Sie schloss die Haustür ab, ging durch das Gartentor auf
die Straße, wendete sich noch einmal um und ging dann mit
Tränen in den Augen, die sie hinter einer großen Sonnenbrille
verborgen hielt, aber schließlich doch mit festem Schritt zur
Straßenbahnhaltestelle am Schillerplatz, während die Männer,
die das Grundstück bewachten, ihr nachsahen. Sie hatte keine
Einkaufstasche mehr dabei, lediglich ihr kleines ledernes Hand-
täschchen, und sie war auch nicht wie sonst geschminkt. Ihren
hellbeigefarbenen leichten Mantel ließ sie offen, auch den blauen
Seidenschal, denn es war sommerlich warm.
In Dresden Strehlen in der Franz List Straße 13 bei unseren
Großeltern und uns Kindern angekommen, bemühte sie sich
krampfhaft um ein fröhliches Mienenspiel und darum, Vorfreude auf die Reise nach Berlin zu verbreiten. Auch die Großeltern bemühten sich in der Absicht, dass wir Kinder um keinen
Preis den tatsächlichen Hintergrund der Reise erfahren sollten.
Die Koffer waren gepackt, ein etwas größerer lederner Koffer,
den Strickchen trug, und je ein kleinerer, den meine Schwester
und ich zu tragen hatten. In den Koffern waren ausschließlich
Sachen zum Anziehen und das Wichtigste zur Körperpflege,
sonst nichts.
Nachdem wir bei den Großeltern noch zu Mittag gegessen hatten,
verließen wir alle gemeinsam die Wohnung, gingen durch die
Bahnunterführung zur Straßenbahnhaltestelle, stiegen kurze
Zeit später ein und fuhren zum Hauptbahnhof. Unter dem riesigen eisernen Bahnhofsgewölbe befanden sich zahllose Gleise, an
denen wir vorbeigingen, bis wir an das letzte Gleis kamen; dort
stand der D-Zug nach Berlin. Strickchen hatte große Angst, dass
uns jemand gefolgt sein könnte und nun beobachtete, wie wir
in diesen Zug einstiegen, was Strickchen ja strengstens unter-
sagt war. Jeden Moment konnte also jemand auftauchen, der
uns abführen würde.
Wir verabschiedeten uns von den Großeltern mit Küsschen und
stiegen ein. Die Großmutter reichte uns die Koffer nach und
hatte Tränen in den Augen, der Großvater stand etwas abseits,

gestützt auf seinen Gehstock, mit versteinertem Blick, neben ihm Nennonkel Erich, der seine Brille absetzte und mit dem Taschentuch seine Augen rieb. Wir gingen in ein Abteil und Strickchen wuchtete die Koffer in die Ablage. Dann öffnete sie das Fenster und da standen die Großeltern und Nennonkel Erich, alle drei mit geröteten Augen, mühsam lächelnd. Jetzt erschallte die Trillerpfeife des Schaffners mit seiner dunkelblauen Uniform und seiner roten Mütze und langsam setzte sich der Zug in Bewegung. Die Großeltern winkten, wedelten mit Taschentüchern, bis wir sie nicht mehr sahen, denn große schwarze Rauchwolken von der Dampflokomotive hatten sich bei der Abfahrt unter dem Eisengewölbe des Bahnhofs gefangen.

Ich fragte meine Mutter, warum die Großeltern so traurig gewesen seien, wo wir doch in ein paar Tagen wieder da sein würden. Meine Mutter überlegte einen Moment und sagte dann mit einer abwehrenden Handbewegung:

„Die sind doch nicht traurig, warum auch! Die haben beim Verabschieden direkt in die Nachmittagssonne geschaut und sind geblendet worden, und da kommen einem schon mal die Tränen."

Meine Schwester meinte nur: „Das glaube ich nicht!"

Meine Mutter sagte: „Du musst es mir glauben, es gibt keine andere Erklärung, hörst du!"

Jetzt öffnete sich die Schiebetür zum Abteil. Herein kam ein älterer Herr. Nachdem er seinen braunen Hut abgenommen und höflich gegrüßt hatte, legte er seinen schwarzen Ledermantel ab, hängte ihn an den Haken und setzte sich neben Strickchen. Wir saßen ihr gegenüber. Strickchen erstarrte und vermochte ihr Entsetzen kaum zu unterdrücken. Da wandte sich der Mann an sie:

„Na, junge Dame, sind Sie mit Ihren Kindern auch unterwegs nach Berlin?"

Strickchen schwieg.

Ich sagte: „Ja, wir fahren zu unseren Freunden, bei denen wir ein paar Tage bleiben wollen; wir freuen uns schon so!"

Der Mann sagte, zu Strickchen gewandt: „Verzeihen Sie bitte, ich wollte Sie mit meiner Ansprache nicht belästigen oder gar erschrecken."

„Sie haben mich nicht erschreckt!", antwortete sie knapp.

„Na gut!", sagte der Mann und fügte hinzu: „Ich hatte den Eindruck, aber ich dachte nur, es wäre doch nett, wenn wir uns die zwei Stunden bis Berlin etwas unterhalten. Da geht doch die Zeit viel schneller rum."

„Bitte haben Sie Verständnis, dass ich mich nur mit meinen Kindern unterhalten möchte", war ihre knappe Antwort. Sie sah ihn dabei an und war nun etwas beruhigt, als er höflich nickte und danach eine Zeitung aus der Innentasche seines Mantels zog und zu lesen begann.

Während der Mann las, kramte auch Strickchen ein Buch aus ihrer Handtasche. Es war ein Buch, das sich mit indischen Tempeltänzen beschäftigte. Strickchen war seit jeher fasziniert von dieser ausdrucksstarken Kunst, hatte sich schon früher eine Menge Fachwissen darüber angelesen und konnte die Bedeutung der einzelnen Bewegungen und Gesten erklären. Sie war stets wie in einer anderen Welt, wenn sie von indischen Tempeltänzen erzählte, als sei sie in einem früheren Leben selbst eine Tempeltänzerin gewesen, und die meisten Ausdrücke aus dieser Kunst vermochte sie selbst in harmonische Bewegung umzusetzen. Aber heute konnte sie sich auf dieses Thema überhaupt nicht einlassen oder konzentrieren. Die Buchstaben flossen an ihren Augen vorbei, ohne dass sich ihr deren Sinn erschlossen hätte. Aber mit dem geliebten Buch schien sie etwas in ihren Händen zu haben, woran sie sich festhalten konnte, und indem sie las, auch ohne zu verstehen, was sie las, hörte sie wenigstens auf zu grübeln über das, was sie gerade dabei war zu hinterlassen, und über das, was ihr und uns allen noch bevorstehen könnte. Und gleichzeitig verbarg sie damit auch ihre Angst, dass der Mann neben ihr vielleicht doch ein Sicherheitsbeamter sein könnte, der sie samt ihren Kindern in Berlin festsetzen würde.

In Berlin am Hauptbahnhof angekommen, bot sich der Mann an, ihr beim Herunternehmen der Koffer behilflich zu sein. Sie sagte höflich:

„Danke vielmals und auf Wiedersehen."

„Auf Wiedersehen und eine gute Zeit in Berlin!", antwortete der Mann ebenso höflich, setzte seinen Hut auf, nahm seinen Leder-mantel über den Arm und verließ als Erster vor uns das Abteil. Gegen sechzehn Uhr dreißig kamen wir mit der Straßenbahn am Bahnhof Friedrichstraße an. Wir gingen eine Treppe hin-unter zu den S-Bahngleisen. Strickchen hatte in der Aufregung vergessen, welches Gleis zum Bahnhof Zoo in Westberlin füh-ren würde. Aber in der Nähe stand eine Schaffnerin, klein und etwas untersetzt, mit Schiffchen auf dem Kopf, dunkelblauer Uniform und strengem Blick.

Strickchen sagte zu ihr:

„Ich kenne mich in Berlin nicht so gut aus und habe auch ver-gessen, wie der Stadtteil heißt, in den ich fahren muss. Können Sie mir freundlicherweise sagen, wohin diese Gleise hier füh-ren? Ich hoffe, dann wird mir der entsprechende Stadtteil auch wieder einfallen."

Die Schaffnerin machte ein Gesicht, als käme ihr die Fragestel-lerin nicht ganz normal vor, und gab ein wenig zögerlich die entsprechenden Auskünfte und ergänzte:

„Das Gleis Nummer sieben dürfen Sie natürlich nicht nehmen, denn das führt nach Westberlin."

Genau das war die Auskunft, die Strickchen haben wollte.

Auf den verschiedenen Gleisen fuhren S-Bahnzüge ein und sie fuhren auch wieder ab, ohne dass wir eingestiegen wären. Jetzt fuhr auch auf Gleis sieben ein Zug ein. Die Schaffnerin stand immer noch da und blickte zu uns. Da sagte Strickchen zu uns:

„Los, los, Kinder, da drüben ist der richtige Zug. Schnell, bevor er wegfährt! Los, schnell! Los, schnell!"

Schon erschallte die Trillerpfeife für den Zug auf Gleis sieben. Da erreichten wir den Zug. Aus den Lautsprechern rief eine Stimme:

„Nicht mehr einsteigen, der Zug fährt ab!"

Aber die Türen standen noch offen und wir rannten in den Zug. Unmittelbar hinter uns schloss sich die Tür automatisch. Mein Mantel hatte sich in dem Türspalt verfangen und klemmte fest, weil ich nicht schnell genug in den Zug gesprungen war. Durch das Türfenster konnte man sehen, wie die Schaffnerin zum Stationstelefon ging, den Hörer abnahm und dann in Blickkontakt mit meiner Mutter geriet, als der Zug sich schließlich in Bewegung setzte. Nun begann ein wüstes Gezerre an meinem Mantel, dessen unteres Ende wir mit vereinten Kräften aus dem Türspalt bekamen. Freundliche Passanten hatten dabei geholfen. Die Fahrt dauerte etwa zwanzig Minuten und an vier Stationen hielt der Zug. An jeder von ihnen konnte ein von der Schaffnerin informierter Sicherheitsbeamter einsteigen und uns festnehmen, zumal die Schaffnerin ja ganz offensichtlich mitbekommen hatte, was hier gerade ablief.

Strickchen setzte sich auf eine der Holzbänke, neben ihr saß eine ältere Dame, auf die andere Seite setzte sich meine Schwester. Ich stand neben meinem Köfferchen und hielt mich an einer dafür vorgesehenen Stange fest, weil kein weiterer Platz mehr frei war. Strickchen verbarg jetzt ihr Gesicht in ihren Händen. Die Dame neben ihr öffnete ihre Handtasche, holte ein weißes Papiertuch hervor, gab es Strickchen und fügte ganz leise hinzu: „Ich kenne das, was Sie jetzt durchmachen, man erlebt das auf dieser Strecke jetzt fast jeden Tag und nicht immer klappt es. Ich bete für Sie, dass es gut geht. Viel Glück für Sie und Ihre Kinder!" Strickchen antwortete nicht und sah auch nicht auf, und inzwischen schien es so, als wüsste wohl auch jeder im Abteil, außer uns Kindern, was hier geschah.

Jetzt bekam Strickchen einen Anfall von Schüttelfrost, den sie mit aller Kraft zu unterdrücken versuchte, was ihr aber nicht gelang. Erst als sie die Hand meiner Schwester ergriffen hatte, legte sich das Zittern etwas, wenn auch nicht vollständig.

Einer von den Männern, die neben mir standen, langte in seine Jackentasche, holte ein in Papier eingewickeltes Bonbon heraus und gab es mir wortlos. Ich nahm es und sagte: „Danke!", wickelte es aus und steckte es in den Mund. Ich sah dabei meine Mutter an. Ich hatte Angst vor ihr. Nur selten zuvor hatte ich sie so erstarrt ins Leere blicken sehen wie in diesen Minuten. In den Jahren unmittelbar nach dem Krieg, wenn sie von den „Hamstertouren" und den Begegnungen mit russischen Soldaten heimgekommen war, mit diesem angsteinflößenden, starren Blick, da hatte sie Zuflucht in den Armen ihrer Mutter gefunden. Aber hier und jetzt, da gab es niemanden, in dessen Arme sie sich hätte fallen lassen können.

Jedes Mal, wenn der Zug hielt, richtete Strickchen ihren Blick auf die Tür, die sich öffnete, Menschen heraus- und hereinließ und sich wieder schloss. Doch der von ihr so befürchtete Beamte, der uns aus dem Zug holen und abführen würde, er kam nicht, und die Schaffnerin am Bahnhof Friedrichstraße hatte offenbar ein gutes Herz gehabt und uns doch nicht verraten. Irgendwann erreichten wir Bahnhof Zoo in Westberlin und die Dame neben Strickchen murmelte leise: „Sie haben es geschafft, Gott wird auch weiter seine Hand über Sie halten, viel Glück!"

Strickchen gab ihr wortlos und spontan einen Kuss auf die Wange, stand auf, nahm mit der einen Hand ihren Koffer, mit der anderen Hand meine Schwester mit ihrem Köfferchen und sagte: „Kommt schnell raus, schnell, schnell!"

Als wir drei draußen vor dem Zug standen, nahm sie uns beide in den Arm und drückte uns fest an sich, als gelte es, immer noch panikartig zu flüchten, aber dieser Teil der Flucht war ja jetzt überstanden. Doch dieser Teil der Flucht hatte eine gravierende Panik in ihr ausgelöst, die sie für den Rest ihres Lebens nicht mehr loswerden konnte.

13. KAPITEL:

Wiedersehen und der Mann mit dem Hut

Ich fragte meine Mutter, wo wir jetzt wären, und sie sagte: „Wir sind jetzt in Westberlin; und wenn alles richtig gelaufen ist, dann werden wir jetzt gleich euren Vater wiedersehen und dann wollen wir euch gemeinsam erzählen, was diese Fahrt zu bedeuten hat."

Wir gingen eine breite Treppe hinauf, bogen dann nach rechts ab und gelangten in eine große Bahnhofsvorhalle. Ein Strom von Menschen schob sich in alle Richtungen und in diesem Menschenstrom erblickte Strickchen einen Mann mit dunklem Ledermantel, Hut und mit einem Lächeln im Gesicht, das auf sie gerichtet war, und den sie von der Fahrt nach Berlin schon kannte. Also doch!, dachte sie und erstarrte fast, löste schnell den Blick von diesem Mann und ganz weit hinten sah sie dann, aus der Menschenmenge herausragend, ihn stehen, meinen Vater, erst noch mit suchendem Blick, bis er uns entdeckt hatte und dann auf uns zukam. Er hatte eine dunkelbraune kragenlose Cordjacke an, ein schwarzes Hemd mit heller Krawatte, eine hellbeige Hose und rotbraune Schuhe mit Kreppsohlen, die damals modern waren. Sein gewelltes, kastanienbraunes Haar war streng nach hinten gekämmt und sein Oberlippenbärtchen war perfekt getrimmt; er sah sehr elegant aus.

Wir gingen auf ihn zu, erst schnell, dann langsamer werdend, und er kam auf uns zu, Strickchen jetzt fest im Blick. Wenige Meter voneinander entfernt blieben beide stehen, wir, meine Schwester und ich, etwas hinter Strickchen. Ganz langsam nun näherten sie sich einander an, bis sie unmittelbar voreinander standen. Da ergriff er Strickchen, drückte sie fest an sich und sie ließ es geschehen. So standen sie endlose Minuten fest umschlungen und merkten nichts um sich herum und standen nur, und wir Kinder standen auch, etwas abseits. Sie sprachen nicht.

Irgendwann lösten sie sich voneinander und er hielt sie dennoch fest mit seinem Arm um ihre Schulter. Sie sah nur zu Boden und er sagte zu uns: „Kommt, Kinder, eure Mutter hat im Moment keine Kraft zu reden, wir müssen gehen."

Dass er uns gar nicht begrüßt hatte, war ihm wohl in diesem Moment nicht aufgefallen, wir indessen vermissten seine Begrüßung und Umarmung doch sehr. Und der Mann mit dem Ledermantel und seinem Hut stand immer noch abseits und lächelte.

Die nächsten Wochen verbrachten wir bei der Familie von Onkel Bernd, einem Neffen von Großvater Albert, der mit seiner Familie in Berlin-Siemensstadt lebte und auch bei Siemens als Ingenieur tätig war. Seine Frau, Tante Rose, hatte kurz zuvor Onkel Bernd mitsamt ihren Kindern verlassen, warum, haben wir nie erfahren, jedenfalls führte das dazu, dass wir erst einmal Platz in Onkel Bernds Haus fanden.

Es war ein kleines Siedlungshaus mit einem hübschen Gemüsegarten darum und auch einem Hühnerstall dahinter; das war zu dieser Zeit in fast allen Siedlungshäusern üblich. Man versorgte sich mit Eiern, Kaninchenfleisch, Obst und Gemüse selber. Frühmorgens kam der Milchmann und stellte zwei Flaschen Milch vor die Tür, den Liter für 20 Pfennige. Er klingelte nicht, sondern rief „Milali", dann gingen die Leute, auch Onkel Bernd, raus und zahlten und nahmen dann die Milch mit rein. Für die Hühner durften wir Kinder Maikäfer sammeln, die diese begierig aufpickten. Die Maikäfer taten uns anfänglich leid, aber nach und nach gewöhnten wir uns daran, dass sie aufgepickt wurden, es waren ja genügend da.

Anfang Juli 1953 waren die Aufregungen um den Aufstand der DDR-Bürger vom 17. Juni gegen ihr Regime zwar noch nicht vergessen, aber es brodelte nicht mehr im Arbeiter- und Bauernstaat und es hatte den Anschein, als wenn sich die politische Lage wieder normalisiert hätte. Über die Anzahl der Todesopfer, der Verletzten und der Gefangenen wurde gegenüber der Bevölkerung striktes Stillschweigen bewahrt. Es hieß, der brutale Einfluss des Westens habe den Aufstand ausgelöst und das dankenswerte Eingreifen des brüderlichen, sowjetischen Militärs habe Schlimmeres verhindert und den Frieden gerettet. Geglaubt haben das die Wenigsten, aber die Bürger waren ruhig und gingen wieder ihrer Wege.

Auch im Polizeihauptquartier in Leipzig waren wieder Ruhe und Ordnung eingekehrt. Der Funktionär, der unter anderem für Devisenvergehen und Republikflüchtlinge zuständig war, saß wieder hinter seinem Schreibtisch, eingehüllt in Berge von Akten, und hatte heute die Akte „Band- und Gurtweberei" aufgeschlagen. Vor ihm saß ein älterer Mann mit grauen Haaren, er hatte seinen dunklen Ledermantel und seinen Hut neben sich über die Lehne eines weiteren Stuhles gehängt. Beide rauchten und hatten einen halb gefüllten Cognacschwenker vor sich stehen. „Nun erzählen Sie mal, wie weit Sie bisher gekommen sind", sagte der Funktionär zu dem Mann.

Der antwortete: „Also, dass wir ihn vorübergehend aus den Augen verloren hatten, das wissen Sie ja. Aber wir haben ihn wieder und das ging so:

Wir wussten ja um die Fluchtpläne seiner Frau und deshalb habe ich mich einfach an deren Fersen geheftet, saß mit ihr im gleichen Abteil, als sie mit ihren Kindern von Dresden nach Berlin fuhr, und ‚begleitete' sie auch auf dem Weg bis nach Westberlin, Bahnhof Zoo. Alle zuständigen Beamten waren vorab informiert, dass sie mit ihren Kindern unbehelligt in Westberlin ankommen sollte. Und dort wartete dann zu unserer Freude auch ihr Mann. Jetzt wissen wir, dass der sich mit Familie zurzeit in Siemensstadt aufhält, bei irgendeinem Verwandten, wo wir ihn ständig observieren können."

„Wie konnte das passieren, dass Sie ihn verloren haben, ist da irgendeine undichte Stelle unter Ihren Leuten?", fragte der Funktionär.

„Das halte ich für ausgeschlossen!", antwortete der Mann. „Wie das passieren konnte, ist mir allerdings selber schleierhaft", fügte er mit fragendem Blick in Richtung Zimmerdecke noch hinzu.

Der Funktionär schob jetzt seinen Kopf so weit wie möglich über seinen Schreibtisch in die Richtung des Mannes und sagte leise, aber mit deutlich erhobener Stimme: „Sie würden sich in die übelste Situation bringen und mich dazu, wenn das ganze Vorhaben am Ende durch irgendwelche Unachtsamkeit oder gar durch den Einsatz der falschen Leute misslingen sollte. Also, so was darf sich auf keinen Fall wiederholen, haben Sie verstanden?"

„Ja, klar!", war die Antwort mit leichtem Schulterzucken.

„Und, wie geht das nun weiter? Was ist der nächste Schritt?", fragte der Funktionär, indem er sich wieder bequem auf seinen Stuhl setzte und an seiner Zigarette zog.

„Wir bleiben jetzt erst einmal ständig an ihm dran. Dabei wechseln wir regelmäßig die Leute aus, die ihn observieren, damit er davon möglichst nichts mitbekommt. Irgendwann wird er ja wohl hoffentlich mal zu der gesuchten Bank gehen, um Geld abzuheben, und dann sind wir schon am Ziel, dann wollen wir zuschlagen. Das ist der Plan", antwortete der Mann betont ruhig, nahm seinen Cognacschwenker und leerte ihn in einem Zug. Der Funktionär tat das Gleiche. Dann stand der Mann auf, nahm seinen Ledermantel und seinen Hut, verabschiedete sich kurz, zackig und höflich und entfernte sich.

14. KAPITEL

Flug von Berlin nach Nürnberg

Strickchen deckte den Frühstückstisch. Meine Schwester half ihr dabei und man konnte an ihrem Gesicht sehen, dass sie es nicht übermäßig gerne tat.

„Es ist ganz normal, dass du deiner Mutter etwas zur Hand gehst, zieh nicht ein solches Gesicht dabei!", sagte mein Vater zu meiner Schwester.

Onkel Bernd setzte sich wie immer an das Kopfende des Tisches, mein Vater saß ihm gegenüber, ich saß auf der einen Seite und meine Schwester und Strickchen auf der anderen Seite des Tisches. Das Frühstück war nicht besonders üppig, es gab Graubrot, Margarine, eine Sorte Marmelade und Lindenblütentee. Aber wir konnten gut satt werden. Nur Strickchen saß teilnahmslos da und aß nichts. Dann wurden wir Kinder in den Garten geschickt.

„Ich will heute zum Flüchtlingsamt gehen und die Ausreise nach Westdeutschland beantragen", sagte er nach einer Weile und fügte hinzu: „Das Problem ist, wie ihr wisst, dass ich damit rechnen muss, laufend beschattet zu werden. Und wenn die rausbekommen, dass wir nach Westdeutschland wollen, dann setzen die mich mit Sicherheit fest. Ich werde also Umwege fahren in der Hoffnung, dass ich diese Drecksäcke abschütteln kann."

„Ich glaube nicht, dass die dich so ohne Weiteres festsetzen werden, das hätten die schon längst tun können, wenn die das gewollt hätten. Und wenn die das vorhaben, dann vermutlich nicht ohne Strickchen und die Kinder. Aber es ist richtig, sei vorsichtig, sei auf der Hut!", meinte Onkel Bernd.

„Und da ist noch etwas", fuhr mein Vater fort. „Ich habe gehört, dass Martin Schuhrag hier in Westberlin ist, den muss ich unbedingt treffen. Das will ich morgen versuchen. Also, je nach Lage der Dinge kann es sein, dass ich die kommende Nacht woanders verbringen muss. Ich werde mich aber, sobald ich hier weg bin, alle zwei Stunden von irgendeiner Telefonzelle aus melden, das Telefon zwei Mal klingeln lassen und dann auflegen. Solange das geschieht, läuft alles planmäßig. Wenn ich nicht anrufe, ist irgendwas passiert. Aber dann müssen Strickchen und die Kinder untertauchen, bloß, wo sollen die dann hin?", fragte er.

Onkel Bernd sagte nach einer Weile: „Für den Fall habe ich einen Freund in der Firma, bei dem die drei vorübergehend erst mal Unterschlupf finden würden, aber wie gesagt, nur vorübergehend."

„Woher weißt du, dass Martin Schuhrag in Westberlin ist, und warum musst du den unbedingt sehen?", fragte Strickchen.

„Ich sage dir das später, wenn alle Gefahr vorüber ist, jetzt nicht, nur soviel: Wir brauchen ja Geld und das muss ich besorgen, verstehst du?", sagte er.

„Ich verstehe gar nichts mehr. Du bringst uns alle in eine derart gefährliche Lage. Wenn das nur dich und mich betreffen würde, dann wäre das irgendwie vielleicht noch zu verstehen, aber da sind deine Kinder, das ist doch alles Wahnsinn. Dass denen was passiert, das würde ich nicht ertragen, hörst du, das wäre dann zu viel, ich würde es nicht ertragen!", erklärte sie sehr laut und bestimmt.

Strickchen stand auf, fing an, den Tisch abzudecken, spülte danach das Geschirr und sagte nichts mehr, auch nicht, als er sie fragte, ob sie ihn denn überhaupt noch lieben würde. Wenn sie sich besonders verzweifelt fühlte und das war nach dem gerade überstandenen ersten Teil der Flucht immer häufiger der Fall, suchte sie sich irgendeine Hausarbeit, antwortete nicht mehr, sondern schwieg und aß nicht. Das machte alle anderen, auch uns Kinder, dann sehr betroffen und manchmal dauerte es Stunden, zuweilen den ganzen Tag, bis sich irgendwann ihre Anspannung etwas legte.

Onkel Bernd verließ das Haus, um seiner Arbeit bei Siemens nachzugehen. Er, mein Vater, verließ das Haus, ohne sich von Strickchen oder uns Kindern zu verabschieden.

Wir Kinder saßen im Garten auf der Mauer, die das Grundstück vom Nachbargarten abgrenzte, aßen die ersten noch unreifen Pflaumen und bespuckten uns gegenseitig mit der Haut jener grünen Früchte, die noch sehr zäh und besonders sauer war. Wir fanden das äußerst lustig, wenn einer den anderen mal getroffen hatte.

Er, mein Vater, hatte, offenbar unbehelligt, das Flüchtlingsamt erreicht, dort alle Formalitäten für die Ausreise per Flugzeug nach Westdeutschland, genauer in ein Flüchtlingslager bei Nürnberg, erledigt. Auch der Termin, wann der Flug vom Flughafen Berlin-Tempelhof per Air France nach Nürnberg stattfinden sollte, stand nun fest und eine Bescheinigung, dass das Flüchtlingsamt für die Flugkosten aufkommen würde, die man am Abflugtag am Ticketschalter vorzulegen hatte, bekam er auch gleich mit. Er traf auch, offenbar immer noch unbehelligt, am nächsten Tag mit Martin Schuhrag zusammen.

Das Gespräch war sehr kurz und kühl und Martin Schuhrag warf ihm vor, dass er nicht nur ihn, sondern auch Peter Wehn und Ernstl Langner in große Gefahr gebracht habe. Um noch Schlimmeres zu vermeiden, sei ab sofort seine Vollmacht für das Westberliner Devisenkonto gestrichen. Auf die Frage, wovon er nun die auf ihn zukommenden Kosten bezahlen solle, hob Martin Schuhrag die Schultern und sagte:

„Ich habe mich getäuscht in Ihnen. Selten in meinem langen Leben ist mir eine derartige Fehleinschätzung unterlaufen, die mich nicht nur eine Menge Geld, sondern vor allem auch viel Kraft gekostet hat. Dennoch wünsche ich Ihnen viel Glück!"

Dann verließ er grußlos den Treffpunkt, stieg in ein wartendes Taxi und verschwand.

Am Tag vor dem Abflug von Berlin-Tempelhof nach Nürnberg wurden die wenigen Habseligkeiten in zwei Köfferchen verpackt, die klein genug waren, damit man sie mit in die Flugkabine nehmen konnte und nicht umständlich als Reisegepäck aufgeben musste. Ich schlief in der Nacht in Vorfreude und vor Aufregung auf meine erste Reise mit einem großen Passagierflugzeug kaum. Ich stellte mir die Welt von oben in 4000 m Höhe vor, über den Wolken in ungehindertem Sonnenschein und auch grenzenlos. Meine Schwester Ada konnte ich nicht mit meinen Träumen und Fantasien mitreißen, die hatte Angst vor diesem Flug. Strickchen und mein Vater kannten das Fliegen in Verkehrsmaschinen von den Reisen, die sie gelegentlich per Flugzeug vor dem Krieg schon gemeinsam gemacht hatten, und er kannte das Gefühl des Fliegens außerdem auch von den Militärtransporten, die er während des Krieges miterleben musste; das waren keine sehr angenehmen Reisen gewesen.

Am Morgen des letzten Tages in Berlin wurde uns Kindern beiläufig erklärt, dass er, der Vater, nicht mit uns gemeinsam zum Flughafen fahren würde, sondern dass wir uns mit ihm erst im Flugzeug wiedersehen würden. Warum wurde uns nicht gesagt. Als die beiden sich voneinander verabschiedeten, hatte Strickchen wieder den gleichen angstvollen Gesichtsausdruck wie auf der U-Bahnfahrt von Ostberlin Friedrichstraße nach Westberlin, Bahnhof Zoo. In der Straßenbahn nach Tempelhof sprach sie nicht mit uns, hielt ihr Gesicht in den Händen verborgen oder sah ins Leere. Nur hin und wieder blickte sie um sich, als suche sie irgendjemanden, als fühle sie sich verfolgt. Endlich waren wir am Flughafen angekommen. Wir folgten dem Menschenstrom in Richtung einer Absperrung, an der sich das Ganze staute; dort fand eine Passkontrolle statt. Nachdem wir diese hinter uns hatten, sah man in Strickchens Gesicht eine gewisse Erleichterung, aber immer noch schwieg sie. Dann verteilten sich die Menschen. Wir folgten einer kleinen Gruppe, die sich auf ein zweimotoriges Flugzeug zu bewegte, auf dem „Air France" stand. Wir gingen eine schmale Eisentreppe hinauf zum Eingang und wurden dort von einer Stewardess sehr freundlich auf unsere Plätze verwiesen. Ich durfte am Fenster sitzen. Von ihm, meinem Vater, jedoch war weit und breit nichts zu sehen. Erst im allerletzten Moment, als das Flugpersonal bereits dabei war, Vorbereitungen zum Schließen der Tür zu treffen, kam er als Einzelner angerannt, die Treppe hinauf, durch die Tür hindurch, die sich unmittelbar hinter ihm schloss, von der Stewardess zu dem einzigen noch freien Platz neben Strickchen geleitet, dort in den Sitz fallend, völlig außer Atem. Sie gaben sich wortlos die Hand und ließen sich nicht mehr los während des ganzen Fluges. Das Wenige, das sie miteinander geredet hatten, konnten wir Kinder nicht verstehen, denn jetzt setzten die Motoren ein und machten einen solchen Lärm, dass man nichts anderes mehr hörte. Noch lauter wurde es dann, als das Flugzeug die Startbahn entlangfuhr, sich langsam der hintere Teil der Maschine vom Boden löste und schließlich das Ganze zu schweben begann. Für meine Schwester war der Flug furchtbar. Nicht nur, dass sie große Angst hatte, sondern sie musste sich auch ständig übergeben. Dafür gab es Papiertüten, auf die auch zahlreiche andere Passagiere zurückgreifen mussten. Sehr bald hatte sich in der Kabine ein entsprechender Geruch verbreitet. Aber mich störte das nicht sonderlich. Ich genoss den Blick nach draußen und plötzlich wurde alles grau um uns. Das blieb eine Weile so, bis auf einmal Sonnenschein in die Kabine drang, der nicht nur die Kabine etwas aufhellte, sondern auch die Stimmung unter den Passagieren. Nun sah ich die Wolkendecke unter uns und den blauen Himmel über uns. Während des Fluges kamen heftige Turbulenzen auf, die zahlreiche Reisende – mich nicht – in übelste Situationen brachten. Nach gut einer Stunde setzten wir in Nürnberg auf und die Reise war vorbei. Strickchen hatte noch immer seine Hand festgehalten und nichts gesagt. Nun ließ sie langsam los, denn sie wusste, hier hatte nun endgültig der „lange Arm der DDR Staatssicherheit" sein Ende gefunden. Kein Zurück mehr ins Gefängnis für sie und ihn, keine Gefahr mehr für die Kinder, dass sie in ein Heim müssten, keine Angst mehr vor fremden Leuten, die einen beschatten könnten, keine Angst mehr vor freundlichen Herren in Ledermänteln und Schlapphut, die immer da auftauchten, wo man sie am wenigsten erwartete. Alles roch jetzt nach Freiheit, auch wenn nun erst mal das Flüchtlingslager kommen würde, mit allen Einschränkungen, mit doppelstöckigen Eisenbetten in Schlafsälen, mit Gemeinschaftsduschen, mit Schlangen vor der Essensausgabe, das Essen auf Blechtellern, die Löffel ebenfalls aus Blech und ohne einen Pfennig Geld in der Tasche.

15. KAPITEL:

Ankunft in Oberbayern

Strickchens Studienfreundin Hanna, seit Mitte der 1930er-Jahre verheiratet mit Otto Rosenmann, den sie liebevoll Bär oder Bärchen nannte, lebte seit Kriegsende mit ihrer Familie in der Nähe der deutsch-österreichischen Grenze, also nicht weit von Salzburg entfernt. Dort hatte Onkel Otto, wie wir ihn später nennen durften, in der Nähe eines ehemaligen Militärflugplatzes ein kleines Furnier- und Sperrholzwerk aufgebaut, daneben ein schönes Holzhaus, in dem er mit Hanna und inzwischen fünf Töchtern ein, gemessen an den Verhältnissen von Anfang der 1950er-Jahre, schon recht feudales Leben führte. In dem Holzhaus war auch ein Bürotrakt untergebracht, in dem inzwischen eine Chefsekretärin, eine Buchhalterin und ein junger Prokurist namens Heinz Raboschowsky tätig waren. Das Furnier- und Sperrholzwerk florierte gut. Es wurden zum Beispiel hölzerne, klappbare Gartentische und passende Klappstühle hergestellt, außerdem Sperrholzplatten in so ziemlich jeder Größe für Möbeltischlereien, also alles Artikel, die in der allmählich beginnenden Wirtschaftswunderzeit recht begehrt waren. Otto hatte gerade einen neuen Ford Lkw gekauft und einen Lkw-Fahrer eingestellt, um die Belieferung der Kunden zu optimieren. Bisher war hierfür eine Spedition eingesetzt worden, aber die Kundenbelieferung mit eigenem Lkw konnte schneller und besser auf die Kundenwünsche abgestimmt und auch billiger erfolgen. Die älteste Tochter war mit gerade einmal siebzehn Jahren bereits als kaufmännische Mitarbeiterin in die Firma eingebunden. Die anderen Töchter waren fünfzehn Jahre, dreizehn Jahre und ein Zwillingspaar acht Jahre alt und alle noch schulpflichtig. Der Kontakt zwischen Strickchen und Hanna war während des Krieges nie ganz abgebrochen, obwohl die beiden sich zunächst nur noch selten und später praktisch gar nicht mehr sehen konnten. Nach dem Krieg war Strickchen ja im Osten, aber Hanna bereits im Westen Deutschlands. Damit waren Begegnungen der beiden Freundinnen praktisch nicht mehr möglich. Aber sie schrieben sich in Abständen. Natürlich hatte Strickchen nichts über Fluchtabsichten oder dergleichen schreiben können, weil man ziemlich sicher sein konnte, dass die Post von der Staatssicherheit geöffnet und gelesen würde. Aber weil die beiden ihren Kontakt eben nie abgebrochen hatten, war es auch naheliegend, dass Strickchen sich nach der Flucht von Nürnberg aus bei Hanna telefonisch meldete. Die war sehr überrascht zu erfahren, dass Strickchen samt Familie nun im Westen war, und bot sofort an, dass wir erst mal in ihrem Haus Aufnahme finden könnten. Alles Weitere würde man dann sehen, wenn wir erst einmal da wären. Also beschlossen wir, mit der Bahn nach Oberbayern zu reisen, zumal uns die Kosten für die Bahnfahrt erstattet wurden.

Die Ankunft auf dem Bahnhof, der eigentlich nur eine Haltestelle mit einem kleinen Bahnwärterhäuschen war, fanden wir ziemlich ernüchternd. Strickchen hatte sich auf das Wiedersehen mit Hanna so sehr gefreut. Stattdessen erschien die älteste Tochter mit einem alten blauen Fahrrad und verkündete uns, dass die „Mami" verreist sei. Genauer, dass sie nicht allein verreist sei, sondern mit dem Prokuristen Raboschowsky und zwar nach Hamburg und außerdem für immer. Niemand hatte wohl zuvor bemerkt, dass sich zwischen Hanna und Raboschowsky ein Liebesverhältnis entwickelt hatte. Bärchen hatte all die Jahre zuvor eine Menge mit dem Aufbau des Furnier- und Sperrholzwerkes zu tun gehabt und daher war immer weniger Zeit für seine Familie übrig. Und Raboschowsky, der verheiratet war und ebenfalls zwei Töchter hatte, war wie vom Donner gerührt gewesen, als Hanna begonnen hatte, ihm Avancen zu machen, und nach sehr kurzem Zögern hatte er diese auf das Herzlichste erwidert. Und so hatten die beiden beschlossen, wenige Tage vor unserer Ankunft zusammen bei Nacht und Nebel nach Hamburg zu reisen und nicht mehr zurückzukehren. Für Onkel Otto, so durften wir Kinder Bärchen später nennen, der auf so etwas völlig unvorbereitet war, brach eine Welt zusammen, für seine Kinder auch, und nun, zu all dem noch wir, diese vierköpfige Familie aus der Ostzone! Als wir das auf dem Fußmarsch von der Bahnhaltestelle zum Wohnhaus der Rosenmanns in Kurzform erfuhren, war Strickchen platt. Mein Vater indessen hatte seine Fassung schneller wiedergefunden und es entfuhr ihm: „Dann muss sich Strickchen eben im Haushalt nützlich machen und wenn wir alle zusammenhelfen, wird es schon irgendwie klappen."

Und das tat es auch; das Haus war groß genug, sodass wir separat ein Zimmer für unsere Familie bekamen. In dem Zimmer standen vier Feldbetten aus der Kriegszeit, ein alter zweitüriger Kleiderschrank und ein Esstisch mit vier Stühlen. Strickchen regelte den Haushalt für nunmehr zehn Personen; das hatte sie zuvor auch noch nie gemacht, aber sie kam gut zurecht und wir Kinder halfen alle mit, so gut es ging. Onkel Otto und mein Vater freundeten sich sehr schnell an, waren von Anfang an per Du und mein Vater entwickelte alsbald große Pläne für die Erweiterung der Produktpalette im Furnier- und Sperrholzwerk und für dessen Ausbau. Onkel Otto, der zuvor alles mit eigenem Geld finanziert hatte und aus Sicht der Sparkasse solide und auch kreditwürdig dastand, war begeistert von den Plänen meines Vaters, die Bank auch, und so keimte in ihm, meinem Vater, die Hoffnung auf, dass er den Prokuristen Raboschowsky schnell ersetzen könne. Luftschlösser entwickelten sich in seiner Fantasie. Alles, was mit der Flucht zu tun hatte, war ja geglückt, war ja überstanden, es winkte abermals eine Zukunft in Wohlstand nun hier im Westen. Nachdem er also erneut einen Neustart vor sich hatte, erschien es ihm als ein Leichtes, zusammen mit Onkel Otto in der Holzbranche Fuß zu fassen, von der er zwar keine Ahnung hatte, aber das bisschen Fachwissen, das man brauchte, um mitreden zu können, würde er sich wohl schnell aneignen können. Holz sei ja nun wirklich keine schwierige Materie.

16. KAPITEL

Ich erzähle nicht ...

An diesem Punkt, an dem die eigentliche Flucht zu Ende war mit ihren unmittelbaren Folgen, nicht jedoch mit den mittelbaren Langzeitfolgen für ihn und für uns alle, möchte ich in der Erzählung einen Schnitt machen. Würde ich hier der Kontinuität folgend weitererzählen, dann würde man sich schließlich fragen, weshalb ich viele Jahrzehnte später in der Lage gewesen bin, trotz aller Widrigkeiten, aller Enttäuschungen, aller Katastrophen, die noch folgen sollten, trotz allem Schlimmen, was er, mein Vater, meiner Mutter angetan hat, trotz allem, was er uns Kindern angetan hat, ganz besonders mir, am Ende mit ihm meinen Frieden zu suchen.

Also erzähle ich nicht, wie es kam, dass das Sperrholzwerk nach Kurzem so überschuldet war, dass Onkel Otto in seiner Verzweiflung es schließlich anzündete, um von der Versicherung entsprechend Geld für einen Neuanfang zu erhalten, und auch nicht, wie er, Onkel Otto, dabei ums Leben kam.

Ich erzähle auch nichts über die Holzhandelsgesellschaft, die er, mein Vater, kurz danach gründete und einige Zeit danach „in den Sand setzte".

Ich erzähle ebenso nichts darüber, wie er danach, erneut mit fremdem Geld, ein Fuhrunternehmen aufmachte, das es ebenfalls schon bald nicht mehr gab, während sein Schuldenberg immer größer wurde und auch der Zorn seiner Gläubiger.

Ich streife auch nur am Rande, wie er als Nächstes eine kleine regionale Malerfirma als deren Geschäftsführer in den Ruin trieb, indem er durch niedrigste Angebotspreise die Konkurrenz ausschaltete, Großaufträge an Land zog, die der kleine Laden gar nicht bewältigen konnte.

Ich gehe schließlich auch weitestgehend darüber hinweg, dass er immer öfter für längere Zeit abwesend war, dass keiner, auch nicht meine kränkelnde Mutter, wusste, wo er sich aufhielt und ob und wenn ja, wann er wiederkommen würde, eine Familie hinter sich lassend, ohne Geld, ohne alles. Für einen großen Teil des Lebensunterhaltes haben in dieser Zeit wir Kinder gesorgt, Unkraut jätend in einer Gärtnerei, für zwanzig Pfennige die Stunde nach der Schule. Meine Mutter hat damals bisweilen kleine Bildchen mit Sonnenblumen gemalt. Hin und wieder hat ihr ein anderer Kunstmaler eines davon für ein paar Mark abgekauft, um es dann mit seinen eigenen Gemälden an Touristen weiterzuverkaufen.

Auch darauf, was das alles für uns Kinder bedeutete und mit uns gemacht hat und vor allem mit meiner immer kraftloseren und mutloseren Mutter, gehe ich hier nicht weiter ein. Vielleicht nur so viel: Mitte der 1950er-Jahre war das Wirtschaftswunder bei den meisten Menschen irgendwie angekommen, nicht bei uns. Bei uns gab es stattdessen immer noch Hunger, Verzweiflung, nichts Passendes anzuziehen, bis die evangelische Kirche auf uns aufmerksam wurde, und wir über Spenden aus den USA und aus Kanada Pakete bekamen, zum Beispiel mit riesigen Dosen an Trockenmilch, Käse und anderen haltbaren Lebensmitteln,wie Reis, außerdem gebrauchte Winterkleidung. Es war wieder wie zehn Jahre zuvor, zum Kriegsende, nein, es war schlimmer, denn 1945 ging es allen in der russischen Besatzungszone schlecht, Mitte der 1950er-Jahre waren wir in dieser Situation mit unserem Hunger und unserem Elend ziemlich einzigartig.

Ich behandle auch nicht tiefergreifend das Verbrechen, das er, mein Vater, meiner Mutter, seinem ehemals geliebten Strickchen, angetan hat, indem er einen „windigen Dreckskerl" in die Familie einschleuste mit dem Auftrag, ihm einen Scheidungsgrund zu liefern, damit er nach einer vermeintlich „schuldlosen" Scheidung keine Unterhaltzahlungen an meine Mutter zu leisten haben würde. Dieser „Dreckskerl" hat meine Mutter erniedrigt und geschlagen und mit dem Tode bedroht, er kam aber dem eigentlichen Ziel kein Stückchen näher. Meine Mutter war in dieser Zeit abermals, ähnlich wie unmittelbar nach dem

Kriege, in Lebensgefahr, nicht nur durch diesen Mann, sondern weil sie nun auch zunehmend suizidgefährdet war.

Inzwischen lebte er, mein Vater, einige Zeit nach der Scheidung (1957) mit seiner neuen Frau und später mit zwei weiteren Kindern, meinen Halbgeschwistern, anfänglich in Würzburg, wo er eine Versicherungsagentur gründete und diese kurz darauf in den Konkurs führte, dann kurz als kaufmännischer Klinikdirektor auf der Prominenteninsel Sylt, später als erfolgloser Finanzmakler in Hamburg, wo er danach ein Büroreinigungsunternehmen in die Pleite führte. Aber er lebte stets auf großem, nein, auf größtmöglichem Fuß auf Kosten anderer.

Auch all das und vieles mehr, und vor allem die zahlreichen Affären, die er in jener Zeit auch hatte, sollen in dieser Erzählung keine über die Andeutung hinausgehende Bedeutung haben.

Jahrzehnte später, lange nach seinem Tode, erfuhr ich durch Zufall, dass eine dieser Affären Folgen gehabt hatte. Eine Halbschwester, die entgegen seiner Anweisung von ihrer Mutter nicht abgetrieben, sondern nach der Geburt zur Adoption freigegeben worden war, lernte ich kennen, als sie gut dreißig Jahre alt war. Mit einem zauberhaften kleinen Sohn war sie eine großartige Frau, von der später noch die Rede sein wird.

Aber erwähnen möchte ich an dieser Stelle, dass er bei alldem ein tiefgläubiger Mensch gewesen sein muss, der fast jeden Sonntag in irgendeiner Kirche zu finden war, der regelmäßig das Abendmahl entgegennahm und der gebetet hat. Es wird für immer ein Rätsel bleiben, wie er das eine mit dem anderen zusammengebracht hat.

Auch dass meine Mutter Anfang der 1960er-Jahre das große Glück hatte, einen Mann, Jörg, kennenzulernen, der für sie wie für uns alle über sehr lange Zeit große Bedeutung haben würde, soll hier erwähnt, aber nicht näher beschrieben werden. Dessen überwiegend sehr positive Geschichte würde ein eigenes Buch ergeben. Er wurde zur zweiten großen Liebe für meine Mutter, die wir nun nicht mehr „Strickchen", sondern „Nina" nannten. Mir ist er zum wertvollen, eigentlichen Vater geworden.

Meinen leiblichen Vater habe ich in dieser Zeit indessen „ausgeblendet". Dennoch hat er mich ja ein Stück weit geprägt. So war ich besessen von dem Bestreben, und bin es wohl bis heute, alles anders zu machen, besser zu machen als er.

Noch nicht ganz einundzwanzigjährig, habe ich meine erste große Liebe geheiratet. Wir beide, die wir unsere Kindheit und Jugend in sehr schlimmen familiären Verhältnissen zugebracht hatten, wollten da raus, wollten alles besser machen, was uns aber, wie sich Jahre später herausstellte, leider auch nicht gelang. Mitte der 1960er-Jahre begann ich, frisch verheiratet, mein Studium unter denkbar ungünstigen Voraussetzungen, vor allem unter erheblichen finanziellen Problemen; und aus dieser Zeit greife ich die nachfolgende Erzählung heraus, die ich damals, vor rund fünfzig Jahren, geschrieben habe, romanhaft, nur phasenweise autobiografisch, die in manchen Passagen von meinen Wunschvorstellungen aus der damaligen Zeit durchzogen ist und auch ein Bild abgeben soll, wie ich die 1960er-Jahre erlebt und gesehen habe, und mit der ich damals versucht habe, mich ein Stück weit frei zu schreiben. Ob es mir damals gelungen ist? Eher nicht!

II. TEIL

17. KAPITEL:

Der Lkw-Unfall

Es war gegen acht Uhr morgens. Die Straßen der Kleinstadt, irgendwo im Norden Bayerns, genauer gesagt im Fränkischen, waren – wie immer um diese Zeit – hoffnungslos verstopft, sie waren längst zu schmal, schon zu alt und zu schlecht und schienen daher überhaupt nicht mehr den Anforderungen des modernen Verkehrs gewachsen zu sein, auch nicht denen der 1960er-Jahre, in denen diese Geschichte spielt.

Wie immer würde auch heute wieder eine Stunde später kaum noch jemand über die Stadtvertreter schimpfen, die absolut nicht sehen wollten, dass hier seit Jahren etwas hätte getan werden müssen, die immer nur darauf bedacht waren, dass ja keine ihrer geliebten Barockvillen oder Rokokohäuschen den modernen Verkehrserfordernissen zum Opfer fallen würden, denn eine Stunde später war das übliche Verkehrschaos ja vorbei.

Die Leute liebten ihre Stadt so, wie sie war, wie sie im Grunde genommen schon Jahrhunderte vor sich hingeträumt hatte, und sie sollte, wenn möglich, auch so bleiben. Die Jüngeren unter den Stadtvertretern erreichten schließlich irgendwann, dass eine schon in den 1950er-Jahren geplante und seither immer wieder aufgeschobene Umgehungsstraße nunmehr endlich in Angriff genommen werden konnte. Eine seit Langem unbewohnte, ursprünglich unter Denkmalschutz stehende Hausruine aus dem 16. Jahrhundert, die der künftigen Trassenführung im Wege stand, durfte nach langem Hin und Her am Ende abgerissen werden. Die lokalen Tageszeitungen „weinten" wochenlang darüber, die Leute nahmen nur wenig Notiz davon, vor allem jene, die vornehmlich mit ihrem persönlichen Wirtschaftswunder beschäftigt waren; es gab auch andere.

Ich saß in einem Café im zweiten Stock eines kleinen Mode-hauses, das sich in der Hauptgeschäftsstraße befand, und ich schaute dem Treiben da unten eine Weile zu; ich dachte nach.

Ich hatte für die Semesterferien auf einem großen Schrottplatz mit angeschlossenem Fuhrunternehmen eine Anstellung gefunden, und zwar als zweiter Mann auf einem Baulastzug. Ich wurde zwar nur geringfügig besser als ein Hilfsarbeiter bezahlt, aber, indem ich ohne Ende Überstunden machen konnte, erhoffte ich mir schließlich doch so viel Bares, dass ich wieder ein weiteres Semester würde überstehen können. Und diesen „Traumjob" war ich vermutlich gerade losgeworden, und das kam so:

In der vergangenen Nacht hatten die Bremsen unseres Lastzu-ges versagt. Das Geschütz raste infolgedessen in der Gegend von Amberg, mit 25 Tonnen Eisenoxyd beladen, ungebremst einen Berg hinunter, fuhr – unten angekommen – in einer Linkskurve einen starken Betontelegrafenmasten um und überschlug sich daraufhin mehrmals.

Fred Raumann, der es lediglich versäumt hatte, mich in der Nacht zu Hause aufzulesen, und auf den ich daher verständ-licherweise zunächst mal eine fürchterliche Wut hatte – es ging ja um mein Geld und ich konnte deswegen nun einen gan-zen Tag nicht arbeiten, wenn er mit dem Lastzug alleine weg war –, also Fred Raumann, der, anstatt mit mir zusammen, nun alleine im Führerhaus gesessen hatte, musste von der Feuerwehr mit dem Schweißbrenner aus dem eingedrückten Führerhaus befreit werden. Er war dort so eingeklemmt, dass keine Maus mehr neben ihm Platz gehabt hätte. Wie hätten wir wohl ausgesehen, wenn wir zu zweit da drinnen gesessen hätten! Ich war nun bei diesem Gedanken eigentlich auch nicht mehr zornig auf Fred, denn immerhin bin ich, sind wir beide, durch seine Vergesslichkeit mit heiler Haut und dem Leben davongekommen.

Verdammte Karre, dachte ich dennoch, da wird gefahren und gefahren und keiner aus der firmeneigenen Werkstatt schaut mal nach dem Nötigsten, bis es irgendwann kracht! Und nun hast du wegen dieser Idioten mit ziemlicher Wahrscheinlichkeit deinen Job verloren! Aber immerhin, du bist noch am Leben!

Ich zahlte und ging ins Personalbüro, um zu hören, was nun mit Fred wäre und ob es für mich nicht vielleicht doch noch etwas zu arbeiten gäbe.

„Fred geht es wohl soweit ganz gut", meinte Ina, die Tochter des Chefs, die für den Bürokram zuständig war. „Er hat lediglich eine fünfmarkstückgroße Brandwunde am Bein. Da hat wohl der Feuerwehrmann, der ihn aus dem Führerhaus geholt hat, beim Auseinanderschweißen nicht aufgepasst."

„Die Brandwunde geschieht ihm recht", sagte ich, „man vergisst nicht einfach, seinen Kollegen mitzunehmen, auch, wenn es nur ein dusseliger Student ist, aber immerhin hat er ein gewaltiges Glück gehabt. Wird denn die Versicherung zahlen?"

„Ich hoffe schon", erwiderte Ina, „aber es wird Wochen dauern, bis ein neuer Lastzug da ist. Was meinst du, was bis dahin an Verdienst verloren geht! Du hast keine Vorstellung, wie der Alte tobt!"

„Kann ich verstehen", sagte ich, „aber er kann doch froh sein, dass das Ganze so abgegangen ist. Stell dir vor, wir hätten da beide drin gesessen, da wären jetzt zwei Beerdigungen fällig! Und was wird jetzt, wie ich nun noch lebend und unversehrt so vor dir stehe, aus mir? Kannst du mich nicht auf einen anderen Lastzug setzen?"

„Die anderen Lastzüge sind alle belegt", antwortete sie, „das weißt du doch, mein Lieber! Um es klar und ohne Umschweife zu sagen: Du bist jetzt erst mal deinen Job los, Fred Raumann übrigens auch!"

„Und was soll ich jetzt machen?", fragte ich. „Mir fehlen noch ... Ach, was soll's, du kannst mir auch nicht helfen, und selbst wenn, du würdest es ohnehin nicht tun! Gib mir mein Geld und ich hau ab und versuche, was anderes zu finden!"

„Red nicht so dumm!", antwortete Ina. „Natürlich würde ich dir helfen, wenn ich das könnte, aber was soll ich denn machen? Wenn ich keine Arbeit für dich habe, kann ich dir auch keine geben! Also, hier ist deine Lohntüte! Sieh nach, ob es stimmt!"

„Worauf du dich verlassen kannst!", erwiderte ich. „Du weißt, dass ich in solchen Sachen schneller rechnen kann als die meisten anderen Kameraden. Es stinkt dir wohl immer noch, dass ich dir vorige Woche aus Versehen 20 Mark zu wenig reingelegt habe, was?", fragte Ina.

„Wenn ich es nicht nachgerechnet hätte, hättest du es bestimmt in die eigene Tasche gesteckt!", warf ich in gereiztem Ton zurück.

„Halts Maul und geh!", fauchte Ina jetzt.

„Hoffentlich hält dir einer das Maul mal so richtig in den Dreck, damit du merkst, wie und wo es manchmal stinkt!", sagte ich noch ziemlich wütend, während ich mich umdrehte und ging, aber dann zurückblickend etwas gemäßigter: „Ciao, Ina, grüß den Alten und sag ihm, dass ich dankbar bin, dafür, dass er mich gegen deinen Willen eingestellt hat."

„Ciao, du Student!", rief Ina mir nach und lächelte dabei.

18. KAPITEL:

Marion

Zunächst, dachte ich, ist es möglicherweise das Beste, mal diese Marion zu besuchen, die ich flüchtig kannte; sie machte vielleicht noch einen guten Kaffee. Frank Thoma hatte mir auf der Arbeit erzählt, dass sie oft einen Schuss Slibowitz hineintut, wenn sie welchen hat, wenn nicht, dann nimmt sie irgendeinen anderen Schnaps, den Frank am Abend zuvor übrig gelassen hat, und der tut es dann auch.

Marion, eine große, schlanke, dunkelblonde Frau von etwa vierzig Jahren, lebte zusammen mit Frank Thoma, einem Arbeitskollegen von mir, oder besser gesagt, einem ehemaligen Arbeitskollegen, denn inzwischen war ich ja entlassen worden. Sie war immer freundlich zu mir gewesen, wenn sie gelegentlich ihren Frank bei der Arbeit besuchte, um ihm irgendwas zu essen oder zu trinken mitzubringen; vor allem das zu trinken war wichtig für ihn. Vielleicht war sie die, die mir jetzt helfen konnte. Wie, wusste ich selbst nicht, aber nur bei irgendjemandem zu sein, würde mich vielleicht auf einen Gedanken bringen, zum Beispiel, wie ich am besten noch zu etwas Geld käme. Ich hatte in dieser Stadt ja keinen Bekanntenkreis außerhalb der Baufirma, in der ich gearbeitet hatte. Es gab abgesehen von ihr also niemanden, den ich dort sonst kannte. Vielleicht wusste sie sogar einen Job für mich. Geh mal hin, dachte ich, selbst eine Tasse Kaffee kann dir jetzt helfen. Wo Frank mit seiner Marion wohnte, hatte ich mir mal vor längerer Zeit auf einen Zettel geschrieben, den ich in meiner Geldbörse wiederfand; dort gewesen war ich noch nie. Mein Weg führte mich durch eine alte Kastanienallee, an deren Ende sich ein Barackenlager befand von der Sorte, wie man sie nach dem Krieg fast an jedem Stadtrand zur Aufnahme von Flüchtlingen gesehen hatte. Ich war erstaunt, dass ich so etwas in den 1960er-Jahren, also mitten im Zeitalter des aufkommenden Wohlstandes und des sich immer mehr verbreitenden Überflusses noch finden konnte.

Die Baracken standen eng aneinandergeschmiegt, kleine Gässchen führten zwischen ihnen hindurch. Jedes dieser Holzhäuschen hatte höchstens die Höhe von zweieinhalb Metern, sie waren meist quadratisch, flach bedeckt mit Dachpappe und eingeteilt in zwei winzig kleine Räume. Manche bestanden auch nur aus einem einzigen Raum. Allerdings ragte fast aus jedem Dach eine Fernsehantenne empor und ich fand meine Vermutung später bestätigt, dass dort wohl kaum einer ein richtiges Bett, ein Bad oder eine Toilette hatte, erst recht kein Telefon, dass aber so ziemlich jeder mit der übrigen Welt durch das Fernsehen verbunden war. Die Leute wuschen sich, wenn überhaupt, dann in einer Waschschüssel, die danach vor der Hütte oder nicht weit davon entfernt irgendwo ausgeschüttet wurde, und sie mussten ein gemeinsames Plumpsklo benutzen, das zentral am Platz stand, aufgeteilt in mehrere Kammern und immerhin getrennt für Männer und Frauen, und für dessen Reinigung sich keiner zuständig fühlte, aber wie gesagt, Fernsehen hatte fast jeder. Außen an den Bretterwänden der Hütten konnte man gelegentlich noch verwitterte, grelle rosa oder blaue Farbreste erkennen und in den nächsten vielleicht fünf Jahren oder so würde wohl auch diese Farbreste der Regen dann restlos abgewaschen haben, ohne dass sich jemand daran besonders stören würde. Vor jeder dieser Hütten hingen Mengen an Wäsche auf Leinen, die mit Holzstangen unterstützt waren, Wäsche, die zumeist alt und kaputt war, riesenhafte Frauenunterhosen oder Büstenhalter, die manchmal geradezu gigantische Ausmaße hatten. Die Masse der Wäsche aber bestand aus Babywindeln und Gummihosen, ebenfalls alt und kaputt und scheinbar schon von mehreren Generationen benutzt, denn moderne Empfängnisverhütungsmittel waren hier offenbar unbekannt oder zu teuer.

Als ich über den Platz lief, ging bei den meisten dieser Hütten entweder ein Fenster einen Spalt auf oder ein Vorhang schob sich vorsichtig zurück. Dahinter konnte man dann ein suchendes Augenpaar entdecken. Als ich mich bei einer dicken alten

Frau, die vor ihrer Haustür stand und mich schon längst von Weitem beobachtet hatte, nach Frank Thomas Wohnung erkundigte, verstand ich nur wenig von dem, was sie sagte, denn sie trug offenbar gerade kein Gebiss.

Bald danach erreichte ich also Franks Behausung. Ich klopfte an einen Verschlag, der an eine Stalltür erinnerte. Diese öffnete sich nach einer Weile vorsichtig einen Spalt. Marion war offenbar gerade aufgestanden und noch nicht angezogen, warum auch, sie erwartete ja niemanden, am wenigsten mich.

„Um Gottes willen, gerade Sie, na, das ist ja eine Überraschung. Kommen Sie doch rein, ich will nicht, dass die Leute Sie hier sehen!", sagte sie zu mir.

„Danke, Marion. Mein Gott, ist mir das peinlich, dass ich Sie jetzt störe; es ist wohl besser, ich gehe wieder und komme ein anderes Mal", erwiderte ich.

„Ach was, ich geh nur schnell was überziehen. Sie müssen entschuldigen, wie es bei mir aussieht." Ihre Antwort kam, noch bevor ich meinen Satz zu Ende gebracht hatte.

Wo wollte sie denn hingehen, dachte ich – es waren zwar Wohnzimmer, Schlafzimmer, Küche, Bad, Esszimmer irgendwie vorhanden, aber alles befand sich in einem einzigen, winzigen Raum, dessen Unordnung mich restlos faszinierte. Marion verschwand in einer der Ecken, klappte eine Schranktür auf, an deren Innenseite sich allerdings ein Spiegel befand, an den sie in ihrer Aufregung offenbar gerade nicht gedacht hatte, und zog ihren Morgenrock aus. Vielleicht war ihre für eine Frau mit ungefähr vierzig Jahren außerordentlich schlanke Figur einfach nur die Folge von zu wenig essen und zu viel trinken und zu viel rauchen.

„Bei uns ist es zwar etwas eng, aber Sie werden sicher ein Plätzchen finden", rief sie hinter der Schranktür hervor, „wo Sie sich setzen können."

Ich hätte mich zwar am liebsten in Nichts aufgelöst, hob aber dann doch einen Rock und ein wenig Wäsche von einem unansehnlichen alten Barockstuhl weg, der bestimmt einmal zu einer wertvollen Einrichtung gehört haben mochte, und setzte mich.

Mit einer Hand langte Marion auf den Schrank und schaltete das Radio ein, ein Apparat so groß wie ein Kaninchenstall, und es dauerte einige Minuten, bis die Röhren warm waren und ihm schließlich ein Gemisch aus Störungen und undefinierbarer Musik entströmte.

„Zur Unterhaltung, wissen Sie!", war von Marion hinter der Schranktür zu vernehmen.

Sie fischte sich anschließend ihre Wäsche herunter, die neben dem Radio lag, und erschien bald darauf in einem hellblauen Pulli und einem dunkelblauen Faltenrock, um sich dann eilig etwas zu frisieren und zu schminken. An Unterhaltung hätte es mir auch ohne Musik wohl kaum gemangelt.

„So, ich bin schon fertig und nun sagen Sie mir, was ich Ihnen anbieten darf, wollen Sie vielleicht einen Kaffee mit mir trinken?", fragte sie, indem sie einen anderen Stuhl freiräumte und sich setzte.

„Ja, einen starken Kaffee!", sagte ich, noch fast bevor sie ihre Frage beendet hatte.

„Ein Kaffee wäre jetzt wirklich das Richtige!"

„Na, den werden wir gleich haben", bestätigte Marion und schlängelte sich zwischen allerlei Gerümpel hindurch in die andere Ecke des Raumes, wo ein Wasserhahn aus der Wand ragte über einem halbrunden emaillierten Abflussbecken, das mit einem hochklappbaren kleinen Eisengestell versehen war, auf das man einen Topf stellen konnte. Daneben stand ein elektrischer Wasserkocher, den sie auffüllte und der kurz danach fauchende Töne von sich gab.

Ich hatte Marion zwar erst einige Male in der Firma gesehen und mich mit ihr auch nur flüchtig unterhalten, aber bereits nach den wenigen Minuten, die ich jetzt hier war, wurde ich das Gefühl nicht los, dass sie heute schon ganz schön getrunken haben musste, ein Gefühl, das sich immer mehr zur Gewissheit entwickelte, zumal überall verschiedenartige angebrochene Flaschen herumstanden: Schnäpse, Cognac, Whisky. Vermutlich alles billiges Zeug und ich muss sagen, ich beneidete sie sogar etwas um ihren herrlichen Gemütszustand.

Ich sollte aber bald sehen, dass ihre Heiterkeit eher ein Schauspiel war, zwar gut gespielt, aber eben nicht gut genug. Wer weiß, was für eine Frau sie ist und wie sie in dieses Elend hier geraten ist, denn sie war mit Sicherheit eine von denen, die hier nicht hingehörten.

Kurz danach standen auch schon zwei verschiedene Tassen ohne Untertassen auf dem Tischchen zwischen uns und eine Kanne mit Kaffee, ohne Deckel, an deren Schnauze ein Stück Porzellan abgesprungen war, und daneben ein eingedelltes Blechdöschen mit Würfelzucker und eine Konservendose mit zwei Löchern im Deckel, in der Kaffeesahne – wie alt auch immer – war, und zwei verschiedene Kaffeelöffel und nicht zu vergessen, eine halbe Flasche Korn.

„Möchten Sie auch einen Schuss in den Kaffee?", fragte sie, nachdem sie einen kräftigen Schluck in ihre Kaffeetasse geschüttet hatte.

„Ja, aber einen kleineren Schluck als bei Ihnen, ich bin das um diese Tageszeit eher nicht gewöhnt."

„Wie gefällt Ihnen die Arbeit?", wollte Marion nach einer Weile wissen. Ihre erste Tasse hatte sie bereits ausgetrunken und die nächste schon eingegossen. Ich war nicht ganz so schnell und ich hatte immerhin schon ausgiebig gefrühstückt, sie im Gegensatz zu mir aber ganz sicher noch nicht.

„Na ja, die Arbeit ist dreckig, aber das ist mir egal für die kurze Zeit, ich brauche ja das Geld", antwortete ich und fügte noch hinzu: „Wir fuhren zum Beispiel letzte Woche fast pausenlos, also Tag und Nacht, und Sie kennen ja dieses dreckige, staubige Eisenoxyd-Zeug, das wir da tonnenweise transportieren müssen; man ist, ob man will oder nicht, nach wenigen Stunden schwarz wie der Teufel persönlich. Inzwischen bin ich aber rausgeschmissen worden durch den Unfall heute Nacht. Augenblicklich gibt es wohl keine Arbeit mehr für mich. Stellen Sie sich vor, nur noch vierzehn Tage hätten gereicht, um so viel Geld zu haben, um wieder ein Semester weiterstudieren zu können.

Übrigens, das ist auch der Grund, weshalb ich überhaupt hier bin. Ich muss einfach mal mit jemandem reden und ich kenne ja so gut wie niemanden hier und ich weiß auch nicht, wen ich nach einem neuen Job fragen könnte."

„Das ist ja schrecklich für Sie, was werden Sie machen?", fragte sie.

„Hm, zunächst bei Ihnen sitzen und Kaffee mit Schuss genießen!", sagte ich grinsend.

„Na, Sie haben Humor!", lächelte sie und nahm sich eine Zigarette aus der angebrochenen Schachtel, die samt Feuerzeug auch auf dem Tischchen lag.

„Auch eine?"

„Danke!", sagte ich. „Als ich vorhin hier hereinkam, da verdrehten sich die Leute vielleicht die Hälse nach mir, warum eigentlich?"

„Ach, die wissen genau, wenn Frank nach Hause kommt und erfährt, dass hier irgendein Mann da war, dann ist wieder der Teufel los", antwortete sie und fügte nach einer Weile hinzu: „Und er erfährt es sicher!"

„Aber er hat mir doch gesagt, ich soll euch mal besuchen!", meinte ich, halb fragend.

„So?", sagte sie jetzt etwas energischer. „Na, offenbar glaubt er nicht, dass Sie das auch wirklich umsetzen würden. Er sagte das sicher nur mal eben so. Er ist grundlos eifersüchtig auf alle, Postboten, Cola-Fahrer oder wenn mal irgendeiner von den Nachbarn vorbeischaut, weil ihm vielleicht der Zucker ausgegangen ist oder so, eigentlich ist er eifersüchtig auf jeden. Wenn hier in dieser gottverlassenen Gegend mal jemand die Tür zu dieser Bruchbude aufmacht, ganz gleich warum, erfährt er es bestimmt sofort und dann, na ja ...!"

„Und dann?", fragte ich.

„Ach, lassen wir das einfach. Ich halte das alles hier sowieso nicht mehr lange aus." Und kaum hörbar fügte sie hinzu: „Es wird mir allmählich alles zu viel und vor allem, ich will hier nichts mehr." Ihre halb geschlossenen Augen blickten ins Leere. Mir war klar geworden, wie unglücklich sich diese Frau offenbar fühlte, diese Frau, die hier irgendwie nicht her passte. Vielleicht wäre es jetzt richtiger gewesen, zu gehen oder zumindest das Thema abzubrechen, aber ich hörte einfach weiter zu, denn vielleicht hatte sie ja niemanden, mit dem sie reden konnte, oder nicht einmal jemanden, der ihr zuhörte.

Marion stand auf, ging langsam zum Fenster, zündete sich eine neue Zigarette an, goss noch mal Kaffee mit Korn nach und setzte sich dort.

Nach einer Weile fragte ich: „Was halten Sie nicht aus?"

„Ich will nicht mehr", wiederholte sie und machte eine weitere Pause, atmete den Rauch ihrer Zigarette gierig ein und stand wieder auf. Ich sah, wie sie etwas zitterte und das zu verbergen suchte. Ich ging zu ihr hin und legte sehr vorsichtig meine Hand auf ihre Schulter und hoffte, dass sie diese Geste nicht falsch verstehen würde.

„Und was wollen Sie nicht mehr?", bohrte ich nach.

Jetzt versuchte sie mühsam, ein verlegenes Lächeln aufzusetzen.

„In der Nachbarschaft wohnt eine Frau, eine alte Zigeunerin, eine Kartenlegerin, und ob Sie es glauben oder nicht, die hat bereits in mehreren Fällen, die ich kenne, Sachen vorausgesagt, die nachher eingetreten sind. Vor ungefähr sechs Monaten las sie mir aus den Karten und sagte nur, dass mir irgendwas Schlimmes bevorstehen würde, bald, Genaueres könne sie aber nicht erkennen. Ich glaube eigentlich nicht an solches Zeug, aber ehrlich gesagt habe ich doch Angst, ziemliche Angst! Hätten Sie keine Angst?"

„Ich glaube, ja, ich glaube, ich hätte wohl auch Angst. Und Sie versuchen nun, gegen diese Angst mit Schnaps oder Cognac anzukämpfen?", fragte ich.

„Das ist noch nicht alles!", sagte sie hastig, um das mit dem Schnaps oder Cognac nicht beantworten zu müssen. Sie zögerte, machte eine Pause, zog den Rauch ihrer Zigarette erneut gierig bis tief in die Lungen und stand wieder auf. Ich sah, wie sie immer noch zitterte. Ich ging zu ihr hin:

Sie wich mir aus, ging jetzt zu einem Schränkchen, zog einen Brief heraus und gab ihn mir:

„Da, lesen Sie selbst!", sagte sie und versuchte, den Blickkontakt mit mir zu meiden.

Es war ein Brief von ihrer Tochter Jutta. Ich las sehr flüchtig, dass mit ihr irgendein Missgeschick, vielleicht eine unglückliche Liebe oder etwas Ähnliches, geschehen sein musste. Er endete mit den Worten:

Mami, du musst kommen, ich brauche dich, Mami, ich brauche dich jetzt. Du bist jetzt die Einzige, die mir wirklich helfen kann. Deine Jutta. Und noch etwas, Mami, ich hasse Frank und das wird immer so bleiben!

Was sollte das alles bedeuten? Ich stand auf, ging erneut zu Marion und sagte:

„Versetzen Sie sich doch mal in die Lage von so einem achtzehnjährigen Mädchen. Wahrscheinlich ist irgendeine große Liebe flöten gegangen, damals wären Sie vermutlich auch als Erstes zu Ihrer Mutter gegangen. Machen Sie sich doch nicht so große Sorgen, das macht wohl jedes Mädchen mal durch."

Marion weinte jetzt etwas und sie versuchte, das zu unterdrücken. Dabei starrte sie zum Fenster hinaus und meinte:

„Jutta bekommt ein Kind!"

„Woher wissen Sie das denn?", fragte ich.

„Sie hat deswegen ihre Stellung verloren. Sie ist Kinderschwester, wissen Sie, in einem Sanatorium da in Oberbayern, bei Berchtesgaden. Ich wurde, weil ich ihr Vormund bin, vom Chefarzt benachrichtigt. Warum schreibt sie mir das denn nicht selbst? Ich bin doch ihre Mutter. Schön, ich habe mich nicht besonders um sie gekümmert und sie in ein Heim gesteckt, um meinen Lebensunterhalt zu verdienen, als mich ihr Vater auf die Straße geworfen hat. Ich hatte einmal ziemlich wohlhabende Eltern, die inzwischen tot sind. Ich brauchte als Kind nie viel zu arbeiten und ich hatte infolgedessen auch später leider nichts Sinnvolles gelernt. Was sollte ich also machen? Ich nahm schließlich eine Stelle als Bardame an und nach kurzer Zeit verdiente ich zusätzliches Geld auch nach Feierabend. Ich kam runter, immer weiter runter, bis ich Frank kennenlernte, als ich eine Freundin besuchte, hier oben, und Frank ließ mich nicht mehr los. Aber all das tat ich doch auch für sie! Ich will wirklich nicht sagen, nur für sie, aber zum größten Teil eben doch für sie. Warum erkennt sie das nicht? Und warum hat sie mir in all den schrecklichen Jahren nicht ein einziges Mal geschrieben und warum hat sie mich nicht ein einziges Mal besucht? Jetzt, wo sie ganz unten ist, weiß sie keinen anderen Rat mehr, als sich an mich, ihre Mutter, zu erinnern, mich, die sie angeschrien hat, als wäre ich eine Dirne, angeschrien und erniedrigt! Verstehen Sie, dass das weh tut?"

Ich wusste in dem Moment tatsächlich nicht, was ich sagen sollte. Ihre Offenheit war mir unangenehm. Ich fühlte mich auch nicht in der Lage, aus so verfahrenen Geschichten auf Anhieb einen Ausweg zu finden, noch dazu für eine Frau, die ich jetzt eigentlich gerade mal zwei Stunden kannte.

„Was sagt denn Frank dazu?", fragte ich schließlich.

„Frank? Na, Sie haben vielleicht 'ne Ahnung, wer Frank ist! Aber ich will jetzt wirklich nicht mehr weiterjammern, Sie haben schließlich Ihre eigenen Sorgen!"

„Doch, reden Sie weiter", sagte ich, „wahrscheinlich kann ich Ihnen tatsächlich nicht helfen, aber vielleicht ist es gut, wenn Sie mit jemandem reden, reden, einfach so, wie es Ihnen gerade einfällt."

Sie stand auf, nahm die inzwischen leere Schnapsflasche mit und holte eine halbgeleerte Flasche Cognac hervor, brachte zwei Gläser und schenkte ein.

„Zigarette?", fragte sie.

„Danke!", bestätigte ich und wir rauchten jetzt beide.

Sie fing an zu erzählen über Frank, offen, vielleicht zu offen, über Franks Weg in dieses Viertel, wie er zwei Jahre unschuldig im Gefängnis gesessen hatte, weil er angeblich Geld unterschlagen haben sollte und das Gegenteil nicht beweisen konnte, wie er danach keine Arbeit fand, so frisch aus der Haft entlassen, und schließlich doch für einen Hungerlohn auf diesem Schrottplatz einen Job bekam, sich fast nichts leisten konnte und letztlich in diesem Milieu zum Säufer wurde. Sie sprach von dem Tag, als sie sich kennenlernten, von ihrer ersten gemeinsamen Nacht, wie er sie dann später das erste Mal im Suff verprügelt hatte und sie sich wegen ihres geschwollenen Gesichtes acht Tage lang nicht aus der Hütte wagen konnte. Sie erzählte von Franks krankhafter Eifersucht, die ihn zur rasenden Wildsau werden lassen konnte, und von der ersten Begegnung zwischen Frank und ihrer Tochter, wie er die ansah und wie er die zu befummeln versuchte. Jutta war damals erst vierzehn Jahre alt. Sie erzählte, wie verzweifelt Jutta sich gewehrt hatte, sich von ihm losgerissen hatte und seitdem nie wieder hier war oder geschrieben hatte. Sie erzählte und erzählte und ich merkte, wie sich ihre Gesichtszüge mehr und mehr entspannten, obwohl sie einen Cognac nach dem anderen getrunken hatte oder vielleicht auch gerade deswegen. Als sie geendet hatte, konnte man wieder fast das Lächeln in ihrem Gesicht sehen, ein verlegenes, eher verzweifeltes Lächeln, hinter dem sie sich zu verstecken suchte, unbeholfen und scheu.

„Sie wollten alles hören, jetzt wissen Sie nur einen Teil. Sie werden sicher manches nicht glauben und anderes einfach dem Alkohol zuschreiben, den ich heute schon getrunken habe. Vielleicht verstehen Sie aber nun wenigstens, warum ich sage, dass ich keine Lust mehr habe, und wissen Sie, wenn ich jetzt so überlege, vielleicht habe ich in Wirklichkeit gar keine Angst mehr, vielleicht nicht einmal mehr vor dem Tod. Ich weiß es einfach nicht, ich bin aber, ich sagte es schon, einfach fertig mit allem." Irgendwie verstand ich sie. Ich begriff, was in dieser Frau vorgegangen war, ich stand da und wusste nicht, wohin mit meinen Händen, sie waren mir im Wege, so, wie einem das manchmal geht, wenn man verlegen ist. Ich konnte auch nicht gleich die richtigen Worte finden, um irgendetwas zu sagen, darum sagte ich nichts, bevor ich irgendetwas Sinnloses gestottert hätte. Eine Weile saßen wir uns wortlos gegenüber und ich merkte, wie in ihr der Alkohol wirkte, wie ihr das Gesicht zu entgleiten begann, es sich langsam in eine Grimasse verwandelte, der sie nicht mehr Herr werden konnte, wie sie schließlich ihre Beherrschung vollkommen verlor und einfach losweinte, als sähe ihr niemand zu, als wäre sie vollkommen allein. Ich zog ein Taschentuch aus meiner Jacke, gab es ihr und sie wischte damit ihre Tränen aus den Augen und von ihren Wangen. Danach stellte ich die Cognacflasche in die Ecke, aus der Marion sie vorher geholt hatte, und setzte mich dann neben sie. Sie ließ ihren Kopf auf meine Schulter sinken und schloss ihre Augen, die durch das Weinen geschwollen und nicht mehr so schön waren, und sie begann allmählich wieder ruhig durchzuatmen.

Ich unterbrach nach einer Weile das Schweigen: „Kommen Sie, gehen wir irgendwo hin, wo es schön ist, wo wir beide auf andere Gedanken kommen."

„Hm!", mehr brachte sie in dem Moment nicht hervor.

Was würde Frank gesagt haben, hätte er uns so gesehen. Aber er würde es spätestens am Abend erfahren, denn die Weiber aus den umliegenden Hütten, böse und zynisch, gafften uns nach. Wir verließen das Barackenlager und kamen über einen Feldweg, an dessen Ende weiter hinten ein Waldrand zu erkennen war. Die Sonne verbarg sich hinter einem Wolkenschleier und die ganze Atmosphäre kündigte einen Landregen an. So spazierten wir weiter, vorbei an goldgelben Kornfeldern, vorbei an Wiesen mit bunten Blumen und keiner von uns dachte daran, wie lange wir schon gegangen waren und wohin, und wir schwiegen.

„Was soll ich machen mit Jutta?", fragte Marion nach einer Weile. „Wie gerne würde ich eigentlich ein Enkelkind aufziehen, ich würde sie und das Kind um mich haben und hätte vielleicht eine sinnvolle Aufgabe, ich würde ein Kinderbettchen irgendwo hinstellen, ein Plätzchen würde sich schon finden."

Ganz kurz flog ein Lächeln über ihr Gesicht, das aber sogleich wieder verschwand.

„Aber das geht ja alles nicht, sie würde auf keinen Fall zu mir kommen und schon gar nicht wegen Frank. Sie hasst ihn einfach und sie hat auch recht, verständlich, was? Und in diese Bruchbude, in der wir mehr hausen als wohnen, würde sie sowieso nicht einziehen, nicht einen einzigen Tag. Ehrlich gesagt, ich hasse Frank inzwischen auch, obwohl ich ihn seltsamerweise bis vor einiger Zeit noch anziehend gefunden habe; das war wohl eine Art Hörigkeit, sonderbar, nicht wahr? Da hat mich auch keiner verstanden und da habe ich mich manchmal selbst nicht verstanden, aber ohne ihn, samt seiner Eifersucht, samt seiner Bösartigkeit, samt seiner Schläge und", sie zögerte eine Weile, „aber ohne seine Liebe, die er mir eben auch gegeben hat, glaubte ich, nicht sein zu können. Aber jetzt, jetzt geht es nicht mehr, es ist vorbei, vorbei! Vorbei!"

„Marion, wir hatten doch vor, auf andere Gedanken zu kommen, warum grübeln Sie denn immer weiter? Warum können Sie das denn nicht für ein paar Stunden sein lassen? Denken Sie einfach mal an was anderes!"

„Ich hab's schon lange nicht mehr probiert", sagte sie. „Ich hab schon vergessen, wie schön alles sein könnte. Das Schöne in meinem Leben liegt schon so weit zurück, wissen Sie! Ich war achtzehn Jahre alt, als ich Charles De Puis, Juttas Vater, kennengelernt habe. Er war Medizinstudent und lebte in Paris. Und nach Paris kam ich in den Sommerferien zusammen mit meinem Vater, der dort geschäftlich zu tun hatte, und Paris zu sehen, gehörte zu den größten meiner Jungmädchenträume, daher nahm er mich mit. Papa war mehr als ein Vater, er war wie ein großer Bruder zu mir; ich habe ihn unendlich geliebt und vermisse ihn so sehr, noch heute, genauso, wie am ersten Tag nach seinem Tode.

In einem Restaurant, in dem Papa und ich häufig zu Abend aßen, lernte ich Charles kennen, beim Tanzen in der Bar, ein Stockwerk tiefer."

Ich merkte, wie Marions Augen zu leuchten anfingen, wie es in ihrem Gesicht heller wurde. Was sie mir da erzählte, nahm ich gar nicht so wahr, doch der Umstand, dass ihr endlich etwas Erfreuliches eingefallen war, machte mich froh. Marion konnte nämlich eigentlich herrlich erzählen und sie tat es mit dem Gefühl, als hörte ihr ein Mensch zu, mit dem sie seit Langem vertraut wäre, als könne sie diesem Menschen alles so sagen, wie es ihr gerade einfiel. Und ich hörte ihr noch eine ganze Weile zu, vielleicht eine Stunde oder auch mehr und die Zeit war mir nebensächlich geworden, sie war uns beiden nebensächlich geworden.

„Aber das alles liegt schon so lange zurück", endete Marion. „Und es ist überschattet vom traurigen Ende dieser märchenhaften Zeit. Dieses Ende war zwei Jahre nach unserer Hochzeit."
Ich unterbrach Marion: „Wollen wir irgendwo was essen gehen? Ich habe inzwischen tierischen Hunger bekommen und Ihnen kann das sicher auch nicht schaden, oder?"
„Sie haben recht", meinte sie.
Wir gingen zurück und erkannten bei der Gelegenheit erst, wie weit wir von dem Barackenlager schon entfernt waren.

19. KAPITEL

Die Reise nach Würzburg

Wir kehrten in ein kleines Speiserestaurant ein. Marion bestellte eine Forelle, ich ein Jägerschnitzel, zuvor eine Bouillon mit Ei, außerdem ließen wir eine Flasche Frankenwein kommen, den ich immer ganz gerne trank. Das Essen war köstlich und machte uns gut gelaunt und ich gab aus lauter Freude anschließend dem Ober ein stattliches Trinkgeld, als hätte ich Geld im Überfluss. Nachdem wir den Wein ausgetrunken hatten und jeder von uns eine Players geraucht hatte, half ich Marion in ihren Regenmantel, den sie mittlerweile gut gebrauchen konnte, weil es angefangen hatte zu nieseln.

Während des Essens war mir ein Studienkamerad eingefallen, der hier in der Nähe wohnte. Normalerweise hänge ich beim Essen keinen anderen Gedanken nach, aber in diesem Falle machte ich eine Ausnahme aus einem besonderen Grund: Der Studienkamerad hatte nämlich einen alten kleinen Fiat Topolino, noch aus der Vorkriegszeit, den er liebte und pflegte wie kaum etwas sonst und den er mir in einer Notlage schon früher einmal geborgt hatte. Es war ein zweisitziges kleines Cabriolet, was allein durch sein Alter schon irgendwie wertvoll erschien. Wie gesagt, an diesen Kameraden hatte ich während des Essens gedacht, mehr jedoch an seinen Fiat, mit dem ich in Gedanken für den Nachmittag schon eine Fahrt geplant hatte. Ich rief ihn von einer Telefonzelle aus an und freute mich, dass er sofort einwilligte, mir seinen Wagen für heute Nachmittag und wenn ich wollte auch für morgen zu überlassen.

„Was wollen wir denn mit einem Auto?", fragte Marion erstaunt. „Na, eine Fahrt ins Blaue machen!", antwortete ich und zehn Minuten später waren wir bereits bei diesem Kameraden. Er gab mir den Schlüssel, wünschte uns gute Fahrt und meinte, wir sollten nicht vergessen zu tanken, weil höchstens noch zehn Liter Benzin im Tank wären.

„Wohin wollen wir fahren?", wollte Marion wissen. „Ich weiß nicht, was Frank sagen würde, wenn er erfährt …"

Ich unterbrach sie: „Er würde schimpfen, fluchen, vielleicht würde er Sie schlagen, es ist auch völlig egal, jetzt sitzen wir hier in diesem kleinen Auto und jetzt frage ich Sie, wo fahren wir hin?"

„Na gut!", sagte Marion lachend. „Wie wär's mit Würzburg oder zumindest die Richtung?"

Mir war das recht, denn ich kannte Würzburg, das eine gute Autostunde entfernt war, besser als jede andere Stadt, weil ich dort einige Jahre gelebt hatte. In Würzburg hatte ich damals meine erste große Liebe kennengelernt, nein, eigentlich war es meine zweite, aber egal, es verbanden sich mit Würzburg Erinnerungen an eine schöne Zeit, in der ich einigermaßen frei von Geldsorgen, unbeschwert, ja leichtsinnig gelebt hatte. Es waren jene ersten Jahre, in denen ich völlig allein auf mich angewiesen war, und das hatte ich ausgekostet.

Eine schöne herrliche Zeit, sollte sie noch einmal für einige Stunden zurückkehren? War das möglich mit einer Frau, die alt genug war, dass sie meine Mutter hätte sein können? Was treibe ich da für Geschichten, dachte ich, wie komme ich dazu, eine Frau, die ich vor wenigen Stunden erst kennengelernt hatte, die derart problembeladen ist, mit einem fremden Wagen und meinen verdammt sauer verdienten zwei Hundertmarkscheinen in der Tasche, nach Würzburg zu fahren, um ihr dort ein wenig Freude zu machen? Und was für eine Freude? Ich musste zugeben, ich wusste genau, was ich wollte, als ich in die Telefonzelle ging, um mir den Fiat zu borgen. Ich wollte in Wahrheit nicht nur ihr eine Freude machen und sie einen Tag aus ihrem Elend führen, sondern wohl auch mir, mir wollte ich doch auch eine Freude machen, oder? Und ich dachte in dem Moment gar nicht an zu Hause, dass da noch jemand wäre, der mich liebte. Lena, sagte ich mir in Gedanken, sei mir nicht böse, sei mir noch ein einziges Mal nicht böse. Aber jetzt, bitte geh mir noch mal für ein paar Stunden aus dem Sinn und lass mich noch einmal kurz so sein, wie ich eben bin und wie ich immer war. In Würzburg würde ich mit Marion einen Nachmittag, einen Abend, ja vielleicht sogar eine Nacht zubringen, wie ich sie vielleicht seit Langem nicht erlebt hatte und wie sie wahrscheinlich auch Marion seit Langem nicht erlebt hatte.

Ich war übermütig, herrlichster Laune, als hätte ich nichts zu verlieren, als seien keine Probleme mehr da, weder für mich noch für Marion und schon gar nicht für Lena, und ich nahm an, auch Marion war jetzt irgendwie glücklich, zumindest hoffte ich das. Ich blieb stehen, stieg aus dem Wagen, öffnete das Verdeck, denn im offenen Wagen fühlte ich mich noch freier und unbeschwerter und inzwischen schien ja auch die Sonne wieder. Der Fahrtwind war ziemlich frisch und ich schlug den Kragen meiner Jacke hoch und Marion drückte sich an meine Seite.

Die Nebenstraße wand sich an kleinen Obstgärten vorbei und man sah den Früchten an, dass sie bald reif sein würden; sie führte dann entlang des Maines, der sich wie ein dunkelgrünes Band zwischen riesigen Weingärten durch die Landschaft zog. Besonders in dieser Gegend liebte ich die Weindörfer mit ihren Fachwerkhäusern und mit ihren Torbögen, die am Ortseingang und am Ortsausgang über die Straßen gespannt waren und die die sonst breiten, meist gepflasterten Straßen auf ihre halbe Breite einengten. Wie lange mochte diese fast mittelalterliche Romantik, die diese Örtchen noch hatten, unserer schnelllebigen Zeit noch standhalten? Wie lange wird es wohl noch dauern, bis anstelle dieser Dörfchen moderne Siedlungen stehen mit großen Wohnsilos und angepasst an eine ziemlich stillose Zeit?

„Jetzt legen wir eine Pause ein und als Erstes werden wir mal einen außergewöhnlichen Wein trinken", schlug ich vor.

Als Marion einstimmte, fuhren wir in einem der Vororte Würzburgs zu einem alteingesessenen Weinbauern, den ich kannte und der eine winzige, romantische Weinstube besaß. Sehr erfreut über meinen Besuch, schenkte er uns einen „59er Veitshöchheimer Vachtel" ein, den kaum einer kannte und der schon damals zu den Raritäten für Frankenweinkenner gehörte und den er nur ganz selten, meist nicht einmal verkaufte, sondern allenfalls als Kostprobe servierte. Noch lange, nachdem wir diesen Ort verlassen hatten, schwärmte Marion von diesem Wein und der Atmosphäre in diesem kleinen Weinstübchen.

In Würzburg angekommen, den Wagen am Parkplatz am Hauptbahnhof abgestellt, beschlossen wir dann, einen Stadtbummel zu unternehmen. Wir schlenderten die Hauptgeschäftsstraße von Würzburg, die Kaiserstraße, entlang und wir waren dabei so ausgelassen wie Kinder auf einem Jahrmarkt. Wir lutschten Eis, sahen uns Pelzmäntel, teure Autos und Möbel an, fanden jedoch alles schrecklich geschmacklos und vor allem viel zu billig für uns.

In dieser Heiterkeit verging der Nachmittag schnell, eigentlich viel schneller, als wir wollten.

„Als Nächstes werden wir eine Brathendlstation ansteuern, Marion", sagte ich. „Ich habe schon wieder unvorstellbaren Hunger."

„Aber wer soll das denn alles bezahlen?", fragte Marion lachend.

„Ich bin voller Glück!", entgegnete ich. „Jedoch ist mein Magen schon wieder ziemlich leer und heute will ich nicht so sehr an Geld denken, sondern eher an mein Wohlbefinden, an unser Wohlbefinden. Also, kommen Sie, wir müssen beide kräftig essen, denn wir haben noch einen langen Abend vor uns."

Fröhlich und ausgelassen bestellten wir uns jeder ein halbes Hähnchen mit Kartoffelsalat und dazu jeder ein Viertel einfachen, fränkischen Landwein.

„Was meinen Sie, was sollen wir am Abend unternehmen?", fragte ich mit vollem Mund. „Tanzen gehen, einen Nachtclub aufstöbern oder lieber ein ruhiges Hotel oder lieber alle drei Vorschläge der Reihe nach ausführen?"

„Sind Sie wahnsinnig?", meinte sie.

Ich antwortete nicht, sondern nahm ihre Hand, sah ihr in die Augen und ohne große Reden hätte ich sie für alles gewonnen, was ich gewollt hätte. Darauf küsste ich ihre Hand und wir verstanden uns genau.

Wir verließen die Brathendlstation, winkten ein Taxi heran und stiegen ein.

„Hotel Victoria bitte!", sagte ich dem Taxifahrer.

„Jawoll, die Herrschaften!", antwortete der und fuhr langsam los. „Schauen Sie, die Burg da oben, wie schön sie beleuchtet ist und wie majestätisch sie über dieser Stadt steht", sagte Marion und sie freute sich, Würzburg so bei Nacht zu sehen, auch den Main, der jetzt an beiden Ufern beleuchtet war, und die breiten Autostraßen und die alten Kirchen, die von riesigen Scheinwerfern angestrahlt wurden, und die Residenz, die zu den schönsten Barockbauten Deutschlands zählt mit ihrem riesigen Park, alles beleuchtet. So durchquerten wir die Stadt, bis wir schließlich vor dem Victoria hielten. Der Fahrer öffnete uns die Wagentür und freute sich dann über das Trinkgeld, das er neben dem Fahrpreis bekam.

Ich wollte in das Victoria, weil die Zimmer dort sehr gemütlich waren und weil es außerdem eine nette, kleine Keller-Tanzbar hatte; zudem zählte es nicht zu den ganz teuren Hotels. Es liegt etwas außerhalb des Stadtkernes.

Wir kamen durch den riesigen Eingang, vor dem sich eine Steintreppe emporwand, in die Empfangshalle. Sofort kam ein Boy angelaufen, der überhöflich nach unserem Gepäck fragte, das er holen wollte.

„Wir haben keines", sagte ich und gab ihm ein Zweimarkstück. Er machte ein Gesicht, als wenn er die Welt nicht mehr verstünde, steckte das Geld ein und nachdem ich beim Portier die Zimmer bestellt hatte, begleitete er uns die Treppe hinauf, auf der ein dunkelroter Veloursläufer lag, in den zweiten Stock und führte uns durch einen endlos erscheinenden Gang zu den Zimmern, die direkt nebeneinander lagen. Dann ging er mit einem weiteren Zweimarkstück in der Hand eilig zurück, schaute sich noch einige Male um und machte dabei ein sehr verwundertes Gesicht.

„Ich werde mich nun festlich machen", scherzte Marion und setzte dabei ein etwas schelmisches Lächeln auf, „und mir eines meiner Abendkleider anlegen und dann wollen wir ausgehen, Liebster, wie die Fürsten."

„Ich werde das Dinnerjackett nehmen. Soll ich eine weinrote oder eine schwarze Fliege wählen?", spottete ich zurück und wir verschwanden beide in unseren Zimmern.

Es waren kleine Barockzimmerchen mit verschnörkelten, dünnbeinigen, eher zierlichen Möbeln, sicher keine echten Barockmöbel, sondern eher billige Nachahmungen, das Ganze aber eben trotzdem ganz gemütlich; und die Atmosphäre, die mein Zimmer ausstrahlte, passte zu meiner Laune, denn diese war auch verspielt durch den Wein, den ich an diesem Tag schon getrunken hatte, auch leicht beschwingt und auch durch Marion. Der Tag, der mit so viel Ärger und Problemen begonnen hatte, schien nun zum Schluss doch noch einem unerwarteten Höhepunkt zuzustreben und diese Aussicht machte mich immer fröhlicher und gelöster. Ich sah Marion vor meinem geistigen Auge, wahrscheinlich hatte sie sich gerade ausgezogen und duschte mit eiskaltem Wasser, damit sie wieder frisch sein würde. Sie war eine schöne, schlanke, immer noch jugendliche Erscheinung. Auch Lena hatte einen schönen, nein, einen wundervollen Körper, wenigstens so ausgewogen wie der von Marion, vielleicht war sie sogar noch etwas schlanker, vielleicht ein wenig vollbusiger, sicher waren ihre Beine auch länger und schöner, aber wie sie wohl in zwanzig Jahren aussehen würde, wenn sie in Marions Alter käme? Sicher würde sie es nicht schaffen, dann noch so auszusehen, wie Marion heute aussieht, vielleicht würde sie bereits erste Fältchen im Gesicht haben, vielleicht einen leichten Hängebusen. Aber was soll der Vergleich! Lena war nicht Marion und Marion war nicht Lena.

Was würde Lena wohl sagen, wenn ich ihr erzählte, was ich in den beiden Tagen gemacht habe? Würde ich es ihr überhaupt erzählen?, dachte ich. Ach was, vielleicht wäre es besser, irgendeine Ausrede zu finden. Aber sie würde das erkennen. Sie würde genau wissen, dass ich lüge, ich hatte ihr bis jetzt so ziemlich alles erzählt, warum nicht auch dieses? Ich könnte es ja verharmlosen, das würde mir schon gelingen. Dann hätte ich sie zumindest nicht angelogen und es wäre trotzdem nicht so schlimm. Aber sie würde mir selbst das nicht glauben und so lange nachfragen, bis ich alles erzählt hätte, denn sie kannte mich. Außerdem war ich kein guter Geschichtenerzähler und kein guter Lügner. Richtig frei erfinden, das konnte ich nicht, und schon gar nicht konnte ich Lena einfach so anlügen. Lena hatte mich bis jetzt immer, na ja, fast immer, bei erfundenen Geschichten ertappt und sie hatte mir meist die Wahrheit schon erzählt, noch bevor ich ihr irgendetwas vorgelogen hatte, nicht, weil sie diese Wahrheit von jemandem erfahren hätte, nein, weil sie mich kannte, und sie wusste ja genau, dass ich eben bisweilen ziemlich leichtsinnig war. Ich war doch manchmal sogar extrem leichtsinnig, ja? Natürlich war ich es und was ich heute trieb, war wieder ein Beispiel dafür. Mein Vater war sein Leben lang in höchstem Maße leichtsinnig gewesen, um es sehr zurückhaltend und vorsichtig auszudrücken, und vielleicht hatte ich ja doch ein bisschen davon geerbt, obwohl ich mir das nie eingestanden hätte. Aber weil ich auch keine Aussicht haben würde, jemals ein anderer zu werden als der, der ich nun mal bin, sollte ich wohl auch keine Zeit mehr damit verschwenden, es zu versuchen. Mit diesem Gedanken versuchte ich das Ganze auszublenden, was mir aber nicht so ohne Weiteres gelang, denn Lena in ihrer Verträumtheit lebte in dem Glauben, eines Tages aus mir einen kultivierten Menschen machen zu können, und ich hatte sie bisher in dem Glauben gelassen, zumal ich sie brauchte, weil ich sonst mein Studium hätte an den Nagel hängen können, denn sie beteiligte sich mit einem nicht unerheblichen Anteil an unseren laufenden Kosten. War das etwa auch einer der Gründe, warum ich sie liebte? Liebte sie mich eigentlich?, fing ich an, mich zu fragen. Was war denn an mir so Liebenswertes? War ich schön oder romantisch oder beides oder war ich so, wie ein junges Mädchen sich einen jungen Mann vorstellte? Eigentlich nein, ich war nicht reich, ich würde es vielleicht einmal werden, aber wenn ich weiter so leichtsinnig und faul sein würde wie bisher, dann würde ich es zu gar nichts bringen. Was liebte Lena eigentlich an mir?

Jetzt aber, Lena, bitte ich dich noch ein einziges Mal, für eine Weile aus meinem Kopf zu verschwinden, dachte ich, später werde ich dir eben doch alles erzählen, aber jetzt darfst du mir nicht alles verderben, bitte. Jetzt, also, dachte ich an Marion, Marion, die immerhin meine Mutter hätte sein können. Das wäre eine Mutter! Aber als Mutter hätte ich sie nicht gewollt, denn dann wäre ich nicht fähig gewesen, ihre Anmut so wahrzunehmen wie ich es jetzt in diesem Moment vermochte. Eine Mutter sieht man mit ganz anderen Augen. Und als Freundin? Als dauerhafte Freundin wäre sie möglicherweise einfach nicht jung genug, und dennoch, ich hatte noch nie Gelegenheit, mich in eine derart außergewöhnliche Lage zu begeben und das war zweifellos äußerst spannend. Ihre anfängliche Hilflosigkeit von heute Morgen, in einer schier ausweglosen Situation, hatte sich offensichtlich in eine merkwürdige Art von Zuneigung gewandelt, eine Art Zuneigung, die ich bisher nicht kannte, die mir einerseits unheimlich war, andererseits jedoch faszinierend erschien. Ich klopfte an Marions Tür.

„Moment!", rief sie und wenig später öffnete sie die Tür und ich ging hinein.

„Oh, Sie haben ja ein besonders hinreißendes Abendkleid an und die güldenen Tanzpantoletten passen einfach zauberhaft dazu, nur das Perlenkollier ist eine Nummer zu einfach, haben Sie kein schöneres?", fing ich erneut an zu lästern.

„Aber egal, mein Dinnerjackett ist auch nicht das neueste. Mein Dienstmädchen hat es sehr schlecht gebügelt."

So spottete ich eine ganze Weile, bis Marion fertig war mit den wenigen Kosmetikartikeln, die sie dabeihatte, ihrem Gesicht einen gewissen Schliff zu geben, und es strengte sie an, nicht lachen zu dürfen, da ihr sonst Fehler bei der kunstvollen Malerei unterlaufen wären. Dann aber drehte sie sich um zu mir und sie sah schön aus, jugendlich, und es war eine Freude, sie anzusehen, und ich sah sie lange an und sie sah mich an und ich ging näher zu ihr, ganz nahe, und sie legte ihre Arme um meine Schultern und ich meine Arme um ihre Hüften und sie sah mich immer noch an und ich drückte sie fest an mich, sodass ich ihren ganzen Körper an mir spürte, und ich spürte ihren Atem in meinem Gesicht und ich spürte ihre Brüste an mir und es berührten sich unsere Nasenspitzen und unsere Lippen und alles war schön.

„Marion, es ist wunderbar, alles ist wunderbar, du bist wunderbar. Auch der Abend ist wunderbar und was noch kommen wird,

wird wunderbar werden. Ich habe nie in meinem Leben erfahren, wie schön es ist, eine Frau zu küssen, eine Frau wie dich."

„Und wir werden uns noch oft küssen heute, ja, so oft wie möglich, ja?", gab sie zurück.

„Bestimmt, Marion, bestimmt!", flüsterte ich ihr ins Ohr.

In der Bar unten im Keller waren nicht sehr viele Leute. Die Bar war auch nicht besonders groß, aber recht gemütlich. Die kleine Fläche, auf der sich höchstens drei Tanzpaare einigermaßen bewegen konnten, ohne sich gegenseitig zu treten, wurde beleuchtet von einer blauen Lampe von jener Sorte, die jegliche Fuselei auf dem, was man an hat, sichtbar machte. Ein Pianist spielte auf einem weißen Stutzflügel, dezent begleitet von Schlagzeug und Bassgeige, Evergreens. Hinter der Theke stand ein Mädchen in mäßiger Schönheit, hineingepresst in ein schwarzes, tief dekolletiertes Minikleid und gekrönt von einem unbeschreiblichen Berg von Haaren, die in schwarzblau schillernden Löckchen bis zu ihren Schultern reichten. Wie sie in Wirklichkeit aussah, konnte man nur ahnen, denn ihr Gesicht war bedeckt von einer dicken Maske aus Make-up, Puder und derlei Dingen, aber sie lächelte und war freundlich. Der Kellner, ein Typ des altenglischen Buttlers, kam und wies uns einen Platz zu in einer gemütlichen Ecke, legte eine Getränkekarte auf den Tisch, machte einen unmerklichen Diener und verschwand. Er hatte kein Wort gesagt.

Marion suchte aus: „Irgendeinen Cocktail? Nein, vielleicht Wermut? Nein, Whisky? Nein, Champagner? Nein, einen fränkischen Bocksbeutel? Ich glaube, das ist das Richtige. Mein Gott, wie lange hatte ich keine Getränkekarte mehr in der Hand! Ich weiß gar nicht mehr, wie all das schmeckt."

„Na na, du trinkst doch gern und hast doch auch zu Hause allerlei stehen, oder?", neckte ich sie.

„Alles billiges Zeug, was Frank von den Amis besorgt hat, es wird einem schlecht, wenn man es trinkt; es ist fuseliges, schlechtes Zeug, aber man trinkt es trotzdem, was soll man sonst trinken?"

Der Ober kam: „Die Herrschaften wünschen?"

„Einen ‚Würzburger Stein', bitte!", sagte ich.

„Sehr wohl!", sagte der Ober und verschwand.

„Wollen wir tanzen, Marion?"

Es war ein schöner Abend. Wir tanzten viel und Marion war glücklich, sie hatte ein gelöstes Gesicht und wir unterhielten uns, wenn wir nicht tanzten, über lustige Sachen, die wir kannten. Sie erzählte mir viel über Paris, das sie gut kannte und sehr liebte, und wenn wir tanzten, dann drückte ich sie fest in meine Arme und sie legte ihren Kopf auf meine Schulter und schien für den Moment glücklich.

Als die Dreimannkapelle aufhörte zu spielen, war es schon weit nach Mitternacht und wir gingen nach endloser Verabschiedung in unsere Zimmer, wir hatten uns von der Bar jeder noch einen Whisky mitgenommen.

Nachdem ich geduscht hatte, legte ich mich in mein Bett und ehe ich einschlafen wollte, nahm ich gewohnheitsgemäß die Zeitung und versuchte, noch etwas zu lesen. Aber ich las nicht, sondern ich dachte an Marion und dann dachte ich an mein Geld und dann an Lena. Und mein Geld, das ich morgen nicht mehr haben würde, war mir egal! Und Lena, die ich vielleicht morgen auch nicht mehr haben würde, versuchte ich aus meinem Gedächtnis zu drängen. Marion aber ließ sich nicht verdrängen, sie war da, auch wenn sie drüben schlief. So in meine Gedanken vertieft, die Zeitung in der Hand, hatte ich eine ganze Weile dahingedöst, als es klopfte und Marion eintrat.

„Was machst du denn hier noch? Ich denke, du schläfst!", sagte ich überrascht.

„Nein, ich kann nicht schlafen, ich will noch etwas plaudern. Bist du böse?", fragte sie.

„Nein, ich bin nicht böse, aber du solltest wirklich schlafen!", brummte ich zurück.

Sie setzte sich auf meine Bettkante und nachdem sie so eine ganze Zeit lang gesessen und wir uns wortlos in die Augen gesehen hatten, stand sie auf, zog ihren Rock und Pullover aus, die sie nur übergezogen hatte, und stand nackt vor mir. Ihr Anblick war schön und aufregend zugleich. Dann kam sie langsam auf mich zu, sah mir fragend in die Augen, fragend, nein zögernd, dann doch bestimmt, legte sich zu mir, eng, ganz eng, und wir umarmten uns. Und ich streichelte ihr Gesicht und merkte, dass sie weinte.

Da sagte ich: „Bitte, Liebes, jetzt nicht weinen."

Und ich nahm sie ganz fest in meine Arme, bis sie tief schlief und ganz ruhig atmete. Dann versuchte ich auch zu schlafen.

Ich war schon zeitig aufgewacht und machte einen Morgenspaziergang, kaufte eine Zeitung am Kiosk und spazierte weiter, immer weiter, schließlich bis zum Residenzgarten, wo ich mich auf eine Bank setzte und beobachtete, wie die Sonne langsam stieg; es war herrliches Wetter. Dann sah ich mir das Residenzgebäude an, das ich mir von diesem Platz aus schon so oft angesehen hatte und an dem man immer wieder neue Figuren und Verzierungen entdecken konnte. Wie viel Arbeit wohl damals in ein solches Gebäude gesteckt worden war! Einmal, vor Jahren, hatte ich hier ein Konzert erlebt an einem Juliabend. Es waren damals Werke von Mozart gespielt worden und das Orchester hatte sich auf dem riesigen Balkon befunden, der sich in der Mitte der in den Garten zeigenden Seite des Gebäudes befindet und von jedem Winkel des Gartens gut zu sehen ist. Von unten war die ganze Fassade mit Scheinwerfern beleuchtet und auf dem halbrunden Rasen, der sich, durch einen Fußweg getrennt, dem Gebäude anschließt, waren viele Tausende von Fackeln auf langen Stielen mit einem roten Schutz darum gestanden, sodass sie aussahen wie leuchtende rote Tulpen. Welche Werke von Mozart gespielt wurden, habe ich längst vergessen, aber die Pracht des nächtlich beleuchteten Gartens hat sich in meine Erinnerung als ein unvergessliches Erlebnis eingeprägt.

Oft bin ich damals hier, in diesem Garten, gewesen, wenn ich allein sein wollte, und es kamen mir dann immer brauchbare Gedanken. Heute nun war ich glücklich, wieder an diesem Ort zu sein, und fühlte mich auf einmal für kurze Zeit in jene Tage zurückversetzt, in denen ich mein erstes Mädchen kennengelernt hatte, mit dem ich oft am Sonntagmorgen ganz zeitig hier gewesen war, wenn man noch keinen Menschen unterwegs sah, und mit dem ich dann meist um neun Uhr dreißig in der

Deutschhauskirche am Sonntagsgottesdienst teilgenommen hatte, manchmal auch nicht. Was sie wohl jetzt treibt?

Ich stand auf und ging in ein kleines Café am Residenzplatz, trank einen Kaffee und rauchte meine erste Morgenzigarette und las dabei etwas Zeitung. Anschließend zahlte ich und lief ins Hotel zurück, um Marion zu wecken und mit ihr zu frühstücken. Sie saß aber bereits im Frühstücksraum und wartete auf mich. Der Portier hatte ihr gesagt, dass ich weggegangen sei. Das Frühstück war herrlich, es gab geräucherten Schinken, geröstetes Weißbrot, Butter, ein Ei und eine dicke Scheibe Schweizer Käse, der Kaffee indessen war zweitklassig. Dann gingen wir zum Einkaufen. Wir kauften Wein, Brot, Wurst und Butter, um auf der Heimfahrt nicht mehr essen gehen zu müssen, und wir verstauten alles gut in unserem Fiat.

Auf der Heimfahrt, vor einem Dorf am Waldrand, machten wir Halt.

„Hier wollen wir Picknick machen!", sagte ich und bog in einen kleinen Feldweg ein, um den Wagen von der Hauptstraße wegzustellen. Wir breiteten eine alte Autodecke auf der Wiese aus, die ich in dem winzigen Kofferraum des Fiats fand, und wir stellten darauf unseren Speisevorrat.

„Mir schmeckt es prima!", meinte Marion nach einer Weile und man merkte es ihr an, denn sie sah sehr fröhlich aus.

„Bloß Wein darf ich keinen mehr trinken, ich möchte völlig nüchtern sein, wenn ich nach Hause komme", fügte sie hinzu.

„Aber einen halben Becher wirst du doch trinken können, ohne betrunken zu werden, oder?", warf ich ein.

„Gut, einen halben Becher, aber nicht mehr!", war die Antwort. Wir saßen einige Zeit in der Sonne und redeten nicht, doch mit einem Mal brach sie das Schweigen und sagte:

„Weißt du, in diesen zwei Tagen habe ich wieder Mut gefasst. Ich habe mich jetzt fest entschlossen, nicht mehr mit Frank weiterzuleben. Ich will noch einmal ganz von vorne anfangen, ich will irgendeine Arbeit annehmen, selbst wenn ich Putzfrau werden müsste, und ich will irgendwo ein Zimmer nehmen, und wenn es ein Dachzimmer wäre, und dann will ich ganz von vorne anfangen. Ich habe wieder Mut, aber nicht mehr mit Frank. Wenn ich nach Hause komme, werde ich meine Sachen nehmen und in eine andere Stadt fahren, wo mich keiner kennt, und ich werde neu anfangen, und ich werde Frank nie wieder sehen, nie wieder!"

„Warum bist du nicht längst auf diese Idee gekommen?", fragte ich. „Warum hast du diesen Wahnsinn so lange mitgemacht?"

„Ich konnte nicht, ich habe nicht geglaubt, dass ich das noch kann. Heute Nacht, als wir zusammen im Hotel waren, und ich in deinen Armen lag, da habe ich mir für einen Augenblick gewünscht, dass ich immer mit dir zusammenbleiben könnte. Aber dann ist mir klar geworden, dass das unmöglich ist und dass unser Zusammensein beschränkt ist auf diese beiden Tage. Aber endlich, nach Jahren, habe ich jetzt wieder Mut, neu anzufangen."

Marion legte ihren Kopf auf meinen Schoß und sah mich an, und sie sah noch glücklicher aus als zuvor.

20. KAPITEL:

Frank

Wir kamen im Barackenlager an, es war schon später Nachmittag, und trotz der Tatsache, dass alle Probleme gelöst schienen, war mir der Gedanke an das unmittelbar Bevorstehende sehr unangenehm.

Als wir zusammen in die Baracke eintraten, stand Frank im Eingang.

„Was willst du elende Hure noch hier?" Seine Stimme klang recht bedrohlich.

Er war besoffen, stank aus dem Mund nach Cognac. Ich hatte ihn nie so besoffen gesehen wie jetzt. Marion sah ihn tapfer an. Er rülpste. Da packte er sie am Arm, zog sie herein und warf die Tür zu, aber mein Fuß war dazwischen, sodass sie wieder aufsprang. Ich trat ebenfalls ein, doch er schrie mich an:

„Raus, du Hund!"

Mit einem gewaltigen Ruck warf er Marion von sich, sie sauste krachend gegen den Schrank und blieb liegen, regungslos.

Ich versuchte, mit ihm zu reden, aber er war zu besoffen, um zu begreifen, was ich wollte.

„Raus, du Hund!", schrie er erneut. „Ich schlag dir sonst deinen verdammten Hundeschädel in Trümmer!"

Mir war sein Gebrüll nicht egal, er war besoffen und Besoffene sind unberechenbar. Ich versuchte, zu Marion zu gehen. Da zog er blitzschnell ein Stilett aus der Tasche, ließ es aufschnappen und hielt es mir entgegen:

„Du fasst sie nicht an, du Hund, du lässt deine Pfoten von ihr, ja!"

„Frank", sagte ich, „steck das Messer weg, du bist so was von besoffen, dass du mich nicht einmal auf einen Meter Entfernung damit treffen könntest, weil du mich doppelt siehst! Komm, sei vernünftig, steck es weg!"

Da wankte er mir entgegen und stach zu, aber ich wich im letzten Moment zur Seite und er rammte das Messer mit aller in ihm steckenden Gewalt durch die Sperrholztür, vor der ich gerade eben noch gestanden hatte. Er versuchte es wieder herauszuziehen, aber es blieb stecken.

„Du Hund, du verfluchter Hund!", schrie er wie irre. „Ich bring dich um!"

Da gab ich ihm mit der Rückseite meiner rechten Faust mit aller Kraft einen Schlag gegen seinen aufgeschwemmten, blutroten Schädel, und zwar genau auf die Schläfe, sodass er mit der anderen Seite des Schädels gegen den Fenstergriff knallte und dann schwankte und sehr langsam, aber schließlich doch umfiel. Ich hatte mich noch nie so geschlagen, aber ich wusste, dass man im Ernstfall immer auf die Schläfe halten muss, damit der andere umfällt.

Jetzt hob ich Marion auf; sie war an der Stirn verletzt und blutete stark, aber sie versuchte, mich anzulächeln und sagte: „Das war das allerletzte Mal, das allerletzte Mal!"

Ich legte Marion auf das Bett, es rumpelte unter dem Fenster, unter dem bis jetzt nur ein leises, raues Stöhnen hervorgekommen war. Frank versuchte, sich aufzurappeln, aber er schaffte es nicht, fiel jedes Mal wieder wie ein Mehlsack zurück. Sein Kopf war noch roter als zuvor und die dick geschwollenen Augen standen weit heraus. Aus seinem Mund lief hellbrauner Speichel, als hätte er zuvor Tabak gekaut.

„Hast du sie gevögelt, du Hund?", lallte Frank jetzt grinsend. „Sie ist es gewohnt, gut gevögelt zu werden!"

„Halt dein dreckiges Maul!", sagte ich und war nun in höchster Erregung. „Sonst schlage ich drauf!"

„Aber sie hält gut, wenn sie es richtig bekommt! Hast du das gemerkt? Nur schlagen, schlagen musst du sie davor, dann ist sie umso zahmer, das braucht sie, hast du das verstanden? Du musst sie kurz zuvor richtig schlagen, ja, kurz zuvor, hörst du, dann wenn sie zu kreischen beginnt, musst du ihr die Hosen runterziehen und sie ordentlich vögeln, dann ist sie hinterher ganz zahm, bis sie es wieder braucht, und sie braucht es oft, daran musst du dich gewöhnen, du Studentenhund, du wirst es nicht schaffen, so oft, wie sie es braucht, weil du zu grün bist, mein Junge!"

Ich versuchte, einfach nicht hinzuhören und mich zu beruhigen, was mir aber schließlich nicht mehr gelingen sollte. Ich legte Marions Kopf etwas hoch, zog ein Taschentuch aus meiner Tasche und legte es auf die Platzwunde auf ihrer Stirn, die immer noch heftig blutete. Dann ließ ich meinem Zorn freien Lauf, drehte mich um und schlug auf das Maul dieses besoffenen Kerls, mehrmals. Ich verlor jetzt vollkommen meine Beherrschung und fühlte mich wie in einem Rausch, als hätte ich aufgehört zu denken, als gäbe es nur noch ein Ziel, nämlich so lange zu schlagen, bis kein Wort mehr aus ihm herauskam, sondern nur noch Blut. Nie in meinem Leben habe ich zuvor einen Menschen so zugerichtet, so geschlagen, so erniedrigt und gedemütigt.

Vor der Haustür stand inzwischen eine Menge an Leuten, auch Kinder, als ich mit Marion rauskam. Sie glotzten zum Fenster und zur Tür, die offen stand, herein, und manche lachten, und mir war, als würden sie sich freuen über das, wovon sie eben Zeuge geworden waren.

„Hast du ihn erschlagen, den Kerl?", fragte ein altes Weib. „Wer soll denn jetzt den ganzen Fusel von den Amis saufen?", wollte ein anderer wissen.

„Nimm sie mit, sie ist zu dumm, um alleine wegzulaufen! Hättest du ihn nicht erschlagen, hätte er sie über kurz oder lang erschlagen!", sagte ein anderer.

Allgemeines Gemurmel!

„Hast du denn gar nichts dabei abgekriegt? Wie hast du das bloß geschafft?", fragte noch ein anderer.

Allgemeines Gelächter!

Weg, bloß weg, dachte ich, die machen dich hier fertig, restlos fertig!

Das Taschentuch auf Marions Stirn war schon vollkommen rot und tropfte.

„Es scheint nur eine Platzwunde zu sein, Marion, eine Platzwunde!", beruhigte ich sie. „Hoffentlich nicht schlimm, sie blutet zwar stark, ist aber vermutlich nicht sehr gefährlich. Du bist ja tapfer, mein Liebling, ungeheuer tapfer. Ich hätte nie gedacht, dass du so tapfer sein könntest. Du bist großartig, einzigartig tapfer, mein Liebling!"

Wir erreichten unseren kleinen Fiat und rasten damit ins Krankenhaus.

„Wird mir eine Narbe bleiben?", fragte Marion den Arzt, nachdem er die genähte Wunde verbunden hatte.

„Sie müssen damit rechnen, weil die Wunde sehr breit und lang ist, aber sie wird wohl in einer Ihrer Stirnfalten verschwinden, die Sie zwar noch nicht haben, die sich aber sicher auch bei Ihnen einmal einstellen werden, und dann wird sie kaum noch zu sehen sein."

Wir lachten, obwohl mir gar nicht zum Lachen zumute war.

„Eine Gehirnerschütterung schließe ich zurzeit aus. Da haben Sie wohl Glück gehabt. Was Sie jetzt vor allem aber doch brauchen, ist Ruhe. Sie sollten einige Tage richtig ausspannen, am besten im Bett bleiben, dann werden Sie umso schneller wieder wohlauf sein", sagte der Arzt. „Wenn alles glatt läuft, ist in vierzehn Tagen Fädenziehen angesagt."

Ich brachte Marion in ein nahe gelegenes Hotel. Dort würde sie für die nächsten Tage gut versorgt sein, bis sie sich dann irgendeine Stelle gesucht haben würde und ein Zimmer, und bis sich alles einigermaßen geregelt haben würde. Für die Kosten würde ich schon irgendeinen Weg finden. Wichtig war mir, dass sie jetzt erst einmal untergebracht war und dass sie sich erholen konnte.

„Es ist das Beste, ich fahre erst einmal zu Frank, um zu sehen, was mit ihm ist. Ich habe ihn derart übel zugerichtet, dass ich wissen muss, ob er vielleicht Hilfe braucht", rief ich im Flur beim Verlassen ihres Zimmers noch zurück.

„Nein, Liebling, mach das bitte nicht, ich habe furchtbare Angst. Er ist imstande, das erstbeste Stück zu nehmen und dich damit zu treffen. Du hast doch gesehen, um Haaresbreite hätte er dir das Stilett in den Bauch gerammt, wenn du nicht im letzten Moment zur Seite gesprungen wärst, da hattest du einfach nur Glück! Er ist unglaublich jähzornig, besonders wenn er etwas einstecken musste. Bitte fahre nicht hin, bitte nicht!", flehte sie mich an.

„Ich muss es und du brauchst keine Angst zu haben, ich bin wieder ganz ruhig und auch vorsichtig. Ich will nur sehen, ob nichts Schlimmes ist mit ihm. Mach dir keine Sorgen, ruh dich aus, ich komme später noch mal vorbei."

Die Tür zu Franks Hütte war zu. Wo zuvor noch das Stilett gesteckt hatte, war jetzt nur noch ein ovales Loch zu sehen. Ich hörte nichts, zögerte einen Augenblick, ging aber dann doch hinein. Frank saß auf dem Sofa, das bisher die Schlafstelle für Marion und ihn gewesen war. Sein Kopf war auf die beiden Fäuste gestützt und sah entsetzlich aus, die eine Backe bedeutend dicker als die andere, und die Lippen derart geschwollen, dass sein ganzes Gesicht den Eindruck machte, als sei es nach einer Seite regelrecht verzogen. Vor ihm machte sich eine Pfütze aus einem Gemisch von Blut und Speichel breit. Er stierte auf den Fußboden und sah auch nicht auf, als ich hereinkam. Ich setzte mich auf den Stuhl, auf dem ich am Tag zuvor auch schon gesessen hatte, zündete eine Zigarette an und nahm einen Schluck aus der Cognacflasche, die ohne Deckel, halb leer, auf dem Tisch stand.

„Wie geht es ihr, Student?", unterbrach Frank nach einiger Zeit das Schweigen. Seine Worte kamen ganz leise und waren kaum zu verstehen, zumal er auch seinen Mund kaum bewegen konnte und immer noch etwas Blut heraustropfte.

„Sie ist gut aufgehoben, es war eine ziemlich große Platzwunde am Kopf, die genäht werden musste. Sie, oder besser gesagt, du hast großes Glück gehabt."

Wieder verging eine ganze Weile.

Ich stand auf und wollte gehen.

„Bleib! Setz dich hin! Was hat sie erzählt über mich?"

Er sah auch jetzt bei seiner Frage nicht auf, sondern starrte unbeweglich auf den Fußboden. Mit seinem rechten, kleinen Finger fuhr er in sein Ohr, schüttelte einige Male kräftig hin und her, grub dann den Finger noch etwas tiefer hinein, machte eine

Drehbewegung und zog ihn wieder heraus, wobei er tiefsinnig den jetzt blutigen kleinen Finger betrachtete.

„Was sie auch immer über mich erzählt hat, es kann nichts Gutes gewesen sein", sagte er. „Sie kann ja auch gar nichts Gutes über mich erzählen, denn es gibt nichts Gutes von mir zu erzählen, Student, oder hast du von ihr oder von irgendjemandem je etwas Gutes über mich gehört? Du kannst nicht, denn es gibt nichts, und es wird sich auch jeder hüten, etwas Gutes zu erzählen, weil ich nichts mehr bin, weil diese Gesellschaft Leute wie mich ausgebootet hat und mich darüber der Wahnsinn zum Saufen getrieben hat, und mich das Saufen kaputtgemacht hat. Als du kamst und wir zusammen auf diesem blöden Schrottplatz arbeiteten, da glaubte ich für einen Moment, dass es wieder aufwärts gehen könnte, na ja, nur für einen Moment eben. Du gehörst nicht auf den Schrottplatz und auch hier nicht her, Student, und ich gehöre hier her, das ist der Unterschied zwischen uns beiden. Marion, die eigentlich auch nicht hier hergehört, hat das genau so wenig ändern können. Sie hat sich schließlich mit Saufen und Zigaretten inzwischen so kaputt gemacht wie ich, und ich bin schuld daran. Der Teufel holt das verfluchte Leben hier, aber ich bin zu feige, mir das Ding da in den Leib zu rammen.

Ich hab's schon mal probiert. Ich hab mich vorher anständig vollgesoffen, verstehst du, wegen Mut und so, verstehst du, aber als ich es in die Hand genommen und an der richtigen Stelle angesetzt hab, da war ich dann doch zu scheißfeige. Ich hatte es eigens dafür gekauft, aber dann bin ich zu scheißfeige gewesen. Aber ich hab's noch nicht aufgegeben, ich mach es!"Und dann fügte er nach einer Weile hinzu:

„Na ja, jetzt ist sie wohl weg, vielleicht gelingt es ihr, wieder hochzukommen. Was wird sie machen?"

„Sie will weggehen von hier, mehr weiß ich nicht", war meine knappe Antwort.

„Ich will sie nicht mehr sehen, ich könnte sie nach alldem nicht mehr anschauen. Sie war zum Schluss das Einzige, woran ich noch geglaubt hatte, in den Momenten, in denen ich nüchtern genug war. Hoffentlich geht sie weit weg und ich muss ihr nie wieder unter die Augen treten und mich verantworten für all das, was ich ihr angetan habe. Kümmere dich um sie, Student, hörst du, tu mir diesen Gefallen, lass sie nicht irgendwo alleine. Aber ich habe ja gar kein Recht mehr, dich um irgendetwas zu bitten. Geh jetzt, hörst du, geh jetzt!"

Er saß noch genauso da wie vorhin, als ich eingetreten war, sah mich auch jetzt nicht an, sondern stierte immer nur auf diese eine blutige Stelle auf dem Fußboden.

Als ich meinem Studienkameraden den Fiat zurückgebracht hatte, ging ich zur Telefonzelle und rief das Hotel an, in dem ich Marion untergebracht hatte, und ließ ihr bestellen, dass ich heute nicht mehr kommen würde und dass sie sich keine Sorgen machen solle und dass ich sie wohl morgen im Laufe des Tages besuchen würde. Ich wollte jetzt nicht mehr zu ihr gehen, weil ich verwirrt war und weil ich erst einige Zeit brauchen würde, um wieder klar zu sein. Ich fuhr also erst einmal nach Hause, um meine Gedanken wieder in Ordnung zu bringen.

21. KAPITEL:

Lena

Ich darf jetzt nicht den Kopf verlieren, dachte ich, als ich mit dem Zug nach Hause fuhr, sondern ich muss ihn jetzt gebrauchen zum Denken, damit ich keinen Unsinn stiften würde. Ich musste jetzt erst mal sehen, dass ich für Marion eine gute Arbeitsstelle auftreiben würde. Aber Lena, wie würde die wohl reagieren, wenn ich ihr das hier erzählte? Könnte ich denn all das berichten und nichts weglassen, auch nicht die Nacht im Hotel in Würzburg? Ich war schließlich verlobt mit Lena! Mir war zwar klar, dass es überhaupt nicht in Ordnung war, wenn ich sie immer wieder hintergangen hatte, aber habe ich sie denn überhaupt hintergangen? Jemals hintergangen? Ich habe ihr doch immer alles erzählt, was ich so getrieben habe, wenn auch meistens erst hinterher, und sie hat mir ja auch immer wieder verziehen, zumindest hat sie das gesagt, na ja, fast immer. Eine Sache hat sie mir wohl nicht so ganz verziehen. Die liegt allerdings schon eine ganze Weile zurück, die Sache mit der Studienreise nach München, die nur zwei Tage gedauert hat und bei der ich mich derart habe gehen lassen, dass ich mich heute noch dafür schäme. Da bin ich eben mal mit einer, die ich gerade mal zwei Stunden gekannt hatte, ins Bett gegangen. Ich hatte einfach zu viel getrunken, sonst hätte ich das bestimmt nicht gemacht, zumal das Mädchen noch nicht mal mein Typ war. Und war die Sache mit Marion nicht ganz anders? So schuldig fühlte ich mich in diesem Fall eigentlich gar nicht. Aber genau genommen fühlte ich mich eben doch schuldig, eben hemmungslos und deshalb doch schuldig, na ja, zumindest etwas schuldig. Jedenfalls war es schön mit Marion, außerdem hatte ich ja schließlich auch einem Menschen geholfen, aber das würde Lena nicht anerkennen. Vielleicht verlässt Lena mich diesmal, verdient hätte ich es vermutlich, aber verflucht noch mal, sie durfte mich nicht verlassen, denn ich liebte sie doch! Liebte sie mich eigentlich auch? Glaubte ich wirklich, dass sie mich noch liebte? Ich würde sie noch heute anrufen und fragen, ob sie mich noch liebte. Und sie würde „ja, natürlich" sagen und dann würde ich ihr alles erzählen und dann würde ich sie wieder fragen, ob sie mich noch liebe, und dann würde ich sehen, was sie mir antworten würde. Inzwischen hatte der Zug den kleinen Ort erreicht, in dem ich wohnte. Es kam mir vor, als wenn ich vor Wochen das letzte Mal hier gewesen wäre, dabei waren doch erst weniger als zwei Tage vergangen. Auf dem Weg von der Haltestelle –einen Bahnhof gab es dort nicht – nach Hause, es war ein dreiviertelstündiger Fußmarsch, kam mir auch wieder in den Sinn, warum ich gestern früh überhaupt losgefahren war. Eigentlich wollte ich doch nur mein Geld holen, dachte ich, und sehen, ob ich noch irgendwo für zwei Wochen Arbeit finden könnte. Stattdessen kam ich nun nach Hause ohne Geld und hatte mir nicht einmal die Mühe gemacht, Arbeit zu suchen. Aber morgen würde ich es versuchen und hoffentlich auch etwas finden. Heute würde ich noch Lena anrufen und dann etwas essen und dann schlafen. Ich hatte es nötig.

Von der Ferne sah ich, dass in meiner Wohnung Licht brannte, obwohl doch außer mir und meiner Putzfrau niemand einen Schlüssel zur Wohnung hatte. Natürlich, noch jemand hatte einen Schlüssel, Lena! Ich ging rascher, erreichte das Haus, ging die Treppe hinauf und dann in das Zimmer und von dort weiter in die Küche, und dann sah ich Lena, wie sie dabei war, Geschirr zu spülen. Sie drehte sich um, lachte und fiel mir um den Hals und wir küssten uns lange. Nachdem wir aufgehört hatten, uns zu küssen, fragte Lena:

„Du alte Laus, wo kommst du denn her, du siehst aus wie der letzte Lump, erzähl, wo warst du? Seit gestern Abend warte ich auf dich."

Noch brauchte ich nicht zu antworten, denn wir küssten uns erneut lange und wunderbar.

„Du musst mir erzählen, während wir essen", fuhr sie fort. „Ja, ich hab ein Hähnchen mitgebracht. Es ist schon fertig gebraten, ich muss es nur noch heiß machen. Es schmeckt zwar aufgewärmt nicht ganz so gut, aber uns wird es schon schmecken."

„Du bist voller Überraschungen, Lena, ich werde meine letzte Flasche Wein aus dem Keller holen."

Ich erzählte Lena alles und war noch lange nicht fertig mit Erzählen; sie hörte mir wortlos zu, als sei es eine spannende Geschichte, die ich frei erfunden hätte und die sie selbst nicht im Geringsten beträfe. Und als wir beim Rest des Weines, lange nach dem Essen, auf dem Sofa saßen und ich von Würzburg erzählte, hörte sie immer noch scheinbar gefasst und wortlos zu. Als ich sie fragte, wie sie an meiner Stelle gehandelt hätte, antwortete sie:

„Bitte erzähl fertig, ich möchte, dass du mir erst fertig erzählst!"

Dann, als es schon spät war, wir keinen Wein und keine Zigaretten mehr hatten und ich fertig war mit Erzählen, stand sie auf, zog sich eine Jacke an und ging hinaus.

„Wo willst du hin, Lena?", rief ich ihr nach.

„Lass mich ein paar Minuten an die frische Luft!", sagte sie. Dann schloss sie die Tür hinter sich.

Vielleicht habe ich sie jetzt für immer verloren, dachte ich. Wer weiß, ob es richtig war, ihr alles zu erzählen. Aber das musste ich doch, sie hätte es eines Tages ohnehin gemerkt und daher war es ja wohl besser so.

Ich ging in mein Bett, nahm eine alte Zeitung und versuchte, mich etwas auf andere Gedanken zu bringen. Schließlich kam Lena wieder, ich hatte gerade eine Jazzsendung in dem kleinen Kofferfernsehgerät gesehen, das in meinem Schlafzimmer stand. Es war eine Sendung von dem blinden, farbigen Sänger und Pianisten Ray Charles, dessen Musik das Innerste eines Menschen anrühren und aufwühlen konnte, als sei sie eine Sprache, die alle Menschen verstehen und die alle Menschen, die sie hörten, gleichschalten würde. Und als Lena eintrat, sich auszog und sich dann zu mir legte, registrierte ich sie, erfüllt von dieser Musik, nur im Unterbewusstsein.

Als ich sagte: „Sieh dir doch nur diese Gestik dieses Menschen an, man glaubt es niemals, dass der blind sein könnte."

Als ich das gesagt und sie dabei angesehen hatte, merkte ich, dass sie mir den Rücken zugekehrt und so getan hatte, als wäre sie eingeschlafen, sie, die mir die Begeisterung für diese so tiefgehende Musik erst beigebracht hatte.

Der Gedanke, Lena womöglich verloren zu haben, ließ mich fast verzweifeln. Sie sprach am nächsten Morgen anfänglich nur noch das Notwendigste mit mir, dann gar nichts mehr und sie reiste auch gleich frühzeitig mit dem ersten Zug ab. Sicher, sie musste wieder hart arbeiten. Sie war Arzthelferin bei einem Facharzt in München und der hasste es, wenn sie am Montag zu spät zur Arbeit kam. Aber sie hatte das mit dem Schweigen in letzter Zeit schon wiederholt gemacht und ich konnte machen, was ich wollte, ich bekam sie dann nicht zum Reden. Und auch heute redete sie schließlich kein Wort mehr, packte eben nur schnell ihre Sachen und das Ganze machte den Eindruck, als wollte sie nie mehr wiederkommen, als habe sie ein Kapitel abgeschlossen. Die Kälte, die jetzt in ihren sonst so lebhaften, kugelrunden, fast schwarzen Augen lag, war ernüchternd für mich. Die Unmöglichkeit, mit ihr zu sprechen oder wenigstens zu erfahren, was in ihrem Kopf vorging, verwirrte mich schließlich immer mehr und irgendwann dachte ich, ich würde wahnsinnig. Diese Art war mir so fremd an ihr. Aber einmal musste es ja wohl so kommen, dachte ich dann, das hatte ich doch eigentlich immer schon vorausgesehen, verflucht noch mal, ich hatte sie herausgefordert, ich hatte im Innersten gewusst, dass das auf Dauer nicht so gehen würde. Und nun war ich sie offenbar los. Aber ich liebte sie doch! Gab es jemanden, den ich mehr geliebt hätte als Lena? Meine Mutter? Marion? Nein, ich liebte nur Lena so sehr. Nur hatte ich es ihr viel zu selten so gezeigt oder gesagt. Ich hatte über sie hinweg mein Leben so gelebt, wie ich es gerade für richtig hielt, und ich hatte nicht gemerkt, dass das wohl auf Dauer so nicht gehen würde. Jetzt würde ich wohl die Konsequenzen zu tragen haben.

Einmal, ganz am Anfang, hatte ich ihr gesagt, dass ich sie lieben würde, aber damals hatte ich es ihr so gesagt wie jeder

anderen und sie hatte es allem Anschein nach auch nicht für
voll genommen. Erinnerte ich mich eigentlich noch, als ich sie
kennengelernt hatte? In einem Nachmittagscafé? Ich hatte
mich nie zuvor so plump und dumm angestellt, ein Mädchen
kennenzulernen, wie bei Lena. Sie hatte in einem kamelhaar-
farbenen Rock und einem Rollkragenpulli, einer hellen drei-
viertellangen Sportjacke an einem Fensterplatz gesessen und
ich hatte ihr Gesicht nicht sehen können, nur ihr etwas über
die Schulter reichendes, welliges, schwarzes Haar. Ich war verzweifelt gewesen, dass ich ihr Gesicht nicht sehen konnte, und
ich hatte mir alle möglichen Vorstellungen davon gemacht.
Immer wieder hatte ich von meiner Zeitung aufgesehen in
der Hoffnung, dass sie sich vielleicht doch einmal umdrehen
würde. Nein, gelesen hatte ich gar nicht. Und als sich plötzlich
doch ihre Augen mit den meinen getroffen hatten, da war ich
rot geworden und hatte gleich wieder weggesehen. Ja, all das
wusste ich doch noch genau. Ich konnte die ganze Geschichte wie ein Mosaik zusammensetzen und es fehlte nicht das
kleinste Steinchen davon, bis heute, aber das Mosaik war noch
nicht fertig. Oder hatte sich heute der letzte Stein eingefügt?
Ich erinnerte mich nun auch an die schöne lange Zeit, die ich
eigentlich mit ihr verlebt habe. Ich ließ nichts aus, auch die
Streitereien nicht, die ich in meiner Eigensinnigkeit immer mal
wieder herausgefordert hatte, und dann sah ich, dass es ohne
sie gar nicht gehen würde und dass ich jetzt gewissermaßen
von meinem Thron absteigen müsste und sie bitten müsste,
bei mir zu bleiben. Und ja, bitten müsste ich sie, bitten, bitten,
vielleicht sogar anflehen? Aber das hatte ich noch nie gemacht.
Ich hatte keine Übung darin. Es passte auch gar nicht zu mir
und ich würde es deshalb auch nicht schaffen.
Ich rauchte eine Zigarette nach der anderen und nahm mir vor,
mich jetzt nicht von meinem Hirn ins Uferlose treiben zu lassen, sondern es zu benutzen, um die Probleme Stück für Stück
zu lösen. Ich konnte schließlich real denken und dann musste
ich es eben jetzt auch tun! Ich hatte mit dem Denken die Dinge
immer noch am besten gelöst.

22. KAPITEL:

Die Reise mit Samier

Es klingelte. Ich ging zum Fenster, sah nach, mein Freund Samier stand unten.

„Tag, mein Lieber, wie geht es dir?", rief er hinauf.

„Danke, ausgezeichnet! Komm einen Moment rauf!", antwortete ich und ließ ihn herein.

Samier war ein Syrer. Wir studierten zusammen. Er war zwei Semester weiter als ich, und wir verstanden uns ausgezeichnet. Obwohl, er war begeistert von Hitler. Wenn wir vom Dritten Reich sprachen, gab es immer Krach. Redeten wir von den Juden oder vom heutigen Israel, gab es ebenfalls immer Krach. Er war Moslem, wenn auch nicht gerade streng gläubig. Ich war ein Christ, einer von denen, die nicht jeden Sonntag in die Kirche gehen, aber die christlichen Grundprinzipien beachteten, jedenfalls meistens. Und ich brachte es auch nicht fertig, ihm seinen Glauben mies zu machen. Er trank gern Münchner Bier, ich eher selten, denn trank ich vier, fünf Gläser, hatte ich einen vollen Bauch, trank ich mehr, wurde es mir meistens übel. Wein hatte ich lieber, aber wie gesagt, wir verstanden uns ausgezeichnet.

„Was macht Lena? Ich hoffe, es geht ihr gut?", fragte er.

„Ja, ja", sagte ich, „bestimmt! Sie ist vor einigen Stunden abgereist, sie war übers Wochenende hier."

„Du bist um diese Zeit zu Hause? Hast du keine Arbeit mehr?", wollte er wissen.

„Nein", erwiderte ich, „da war ein bescheuerter Unfall, eine ganz dumme Sache! Eine lange Geschichte, mit dem Ende, dass ich jetzt erst mal arbeitslos bin."

Samier fragte immer sehr viel. Er musste über alles genau Bescheid wissen, aber weniger aus Neugierde, sondern um eventuell mitleidig sein zu können. Er liebte das, er legte es geradezu darauf an, ein Missgeschick, das gerade passiert war, zu hören, um einen dann bemitleiden zu können. Ich hatte das bald erkannt und ihm deshalb immer erzählt, dass es mir ausgezeichnet ginge. Und daher kamen wir prima miteinander aus.

„Hast du Lust, mit mir ein, zwei Tage wegzufahren?", fragte er nach einer Weile. „Habe altes VW gekauft. Was meinst du?" Ich überlegte einen Moment. Das war eigentlich eine glänzende Idee, zumal ich jetzt Abwechslung sehr gut gebrauchen konnte. „Mensch, die Idee ist gut!", sagte ich.

Wir lachten.

„Wann fahren wir los?", fragte Samier.

„Von mir aus gleich, lass uns erst noch Kaffee trinken und frühstücken. Hast du auch Hunger, ja?", erkundigte ich mich.

Wir frühstückten reichlich und dann packte ich einen großen Picknickkorb, den ich sonst mit Lena benutzt hatte, und ich nahm mir noch meine Windjacke, dann setzten wir uns in den alten, klapprigen VW und fuhren los in Richtung Ingolstadt.

Es wurde ein sonniger Tag. Die Landschaft sah aus, als wäre alles gewaschen worden. Es war auch alles gewaschen, die Straßen, die Straßenränder, die Felder, die Bäume, einfach die ganze Natur durch die Regentage zuvor nach längerer Trockenheit. Die Straße führte hier durch reizvolle mittelfränkische Dörfer, eines der schönsten davon war für mich Ellingen. Hier fuhr man auf der Hauptstraße durch einen prachtvollen Schlossgarten hindurch, einzigartig! In Ellingen kaufte ich zwei Flaschen Wein als Wegzehrung. Kurz vor Eichstätt machten wir das erste Mal eine Pause. Es war nun vormittags, gegen elf Uhr, die Sonne schien nicht zu heiß, aber angenehm warm; wir legten uns auf ein halbschattiges Plätzchen und schauten von oben herab auf die alte Stadt, die wie eingekesselt von Feldern am Fuße der Berge liegt. Wir aßen Schwarzbrot und Schinken und tranken Wein, quatschten ein wenig Allgemeines, dann ein wenig von der Schule und von der Ferienarbeit und von den Frauen und rauchten schließlich noch jeder eine Zigarette. Dann fuhren wir die schmale kurvenreiche Straße hinunter in die Stadt und schließlich weiter bis nach Ingolstadt, einer weniger romantischen Industriestadt mit Raffinerien und Autofabriken. Hier muss man sehen, dass man möglichst schnell durchkommt, und so fuhren wir weiter auf der Autobahn bis München.

Einen Moment lang, ja, eigentlich eine ganze Zeit lang schon, dachte ich daran, Lena in München aufzusuchen, um sie um irgendetwas zu bitten, das uns wieder zusammengeführt hätte, aber ich wusste einfach nicht wie, und außerdem war ich wohl auch eher zu stolz. Also fuhren wir weiter, ohne Unterbrechung in München, und zwar in Richtung Salzburg.

Ich empfand es jetzt herrlich, mit Samier zu reisen, überhaupt mit ihm zusammen zu sein, denn er war äußerst feinfühlig und merkte genau, wenn es richtig war, nichts zu sagen. Er ging einem nur selten auf die Nerven, wie gesagt, nur dann, wenn er irgendeine bedauernswerte Geschichte hörte und einen bemitleiden wollte, und das konnte man ja leicht umgehen, indem man ihm solch eine Geschichte eben gar nicht erst erzählte. Er langweilte einen nie mit unnützem oder unproduktivem Geschwätz, sondern eine Unterhaltung musste bei ihm eher etwas Positives, etwas Weiterbildendes, Diskutables haben, andernfalls war er lieber still; und das schätzte ich an ihm so sehr.

Am Chiemsee verließen wir die Autobahn und fuhren dann nach Chieming, um uns dort mit einer Tasse Kaffee zu stärken. Es war Spätnachmittag und wir saßen auf der Terrasse eines Kaffeehauses. Die Sonne stand schon ziemlich tief und bald würde sie hinter dem vielleicht dreißig Kilometer entfernten Gebirgsmassiv verschwinden. Ein wunderschöner Anblick, vor allem staunte man, wie schnell sie die Grenze des Gebirges erreicht hatte und es dann plötzlich schattig wurde.

„Ich weiß, mein lieber Freund ...“, so nannte er mich immer, wenn er etwas ganz Besonderes ausdrücken wollte, „irgendetwas beschäftigt dich. Wenn ich kann helfen, bitte sprich mit mir, aber vielleicht auch besser ist, für dich dein Problem alleine zu Ende zu denken?“

Ich hatte mich wirklich bemüht, jetzt diese Fahrt zu genießen und keinen Anlass für sorgenvolle Dialoge zu liefern, aber Samier, dem Feinfühligen, war mein Gedankensprung in München nicht entgangen.

„Es sind Weibergeschichten, Samier", sagte ich. „Es ist eine Sache, die mich betrifft und Lena und vielleicht noch jemanden, und ich werde erst wieder zu Hause darüber nachdenken, ja?"

„Ich liebe eure eigenartige Bergwelt!", meinte Samier nach einer Weile. „Ich das vor meiner Zeit in Deutschland nie gesehen. Ich in vorigem Jahr hier gewesen, da hat es unten geregnet, und am nächsten Tag waren dennoch die ganzen Berggipfel weiß, erstaunlich, das im Juni!"

„Ich kenne diese Gegend schon von früher, als Junge habe ich ein paar Jahre hier verbracht", sagte ich. „Ich liebe das Gebirge auch sehr. Ich habe damals oft tagelange Wanderungen hier gemacht, völlig allein, und sie zählen zu den schönsten Erinnerungen an meine Kindheit. Aber dennoch, leben kann ich auf die Dauer hier nicht. Ich fühle mich zu eingeengt, vor allem, wenn man noch weiter in Richtung Süden fährt. Und auf die Dauer habe ich das Verlangen, über diese Berge, die einem die Fernsicht verbauen, hinaussehen zu müssen, und dann ist es Zeit, dass ich diese Gegend wieder verlasse, sonst würde ich sie nicht in gebührend schöner Erinnerung behalten. Es zieht mich irgendwie immer wieder hier her, aber niemals für längere Zeit."

„Du kannst recht haben", sagte Samier. „Ich weiß das nicht. Ich keine Erfahrung, aber ich kann mir gut vorstellen, dass du recht hast."

Wir beschlossen, weiterzufahren und zwar bis nach Salzburg, um dort zu übernachten.

23. KAPITEL:

Marion wird Krankenpflegerin

Marion hatte in der Nacht im Hotel kaum geschlafen. Ihre Gedanken gingen wirr von Frank zu mir, von der Vergangenheit über die Gegenwart zur Zukunft. Ihre Kopfwunde schmerzte. Sie stand öfters auf, ging zum Fenster und schaute hinaus in die Nacht. Die letzten Tage konnte sie einfach nicht verarbeiten. Vor allem war ihre Zukunft unklar und je mehr sie darüber nachgrübelte, desto ungewisser schien ihr diese Zukunft. Froh war sie lediglich darüber, dass sie sich endlich entschlossen hatte, diese Hölle dort oben im Barackenlager hinter sich zu lassen, das war der einzige und der große Lichtblick in dem Gewirr ihrer Gedanken. Warum, in aller Welt, hatte sie das nicht schon viel früher gemacht? Unbegreiflich kam ihr das jetzt vor, als sei sie in der Vergangenheit blind, taub und nicht ganz zurechnungsfähig gewesen.

Am Morgen nach dieser nicht enden wollenden Nacht stand sie schließlich zeitig auf, duschte kalt und ging in den Frühstücksraum. Sie bestellte Kaffee, Weißbrot, Butter, Marmelade und eine Zeitung, nicht um sich über irgendwelche Neuigkeiten zu informieren, sondern um die Stellenangebote zu durchstöbern, und sie las: Sekretärin gesucht! Sprechstundenhilfe gesucht! Krankenschwester gesucht! Krankenschwester? Sie las genauer: bei guter Bezahlung, Unterkunft wird gestellt, und so weiter. Private Frauenklinik in Nürnberg, von Dr.? Den Namen hatte sie gleich wieder vergessen. Marion war ein bisweilen kurz entschlossener Mensch. Jetzt musste sie schnell machen, bevor sie sich das wieder anders überlegen würde. Also, nicht lange rumtelefonieren, einfach hinfahren! Krankenschwester! Das setzte eine langwierige Ausbildung voraus, die sie jedoch nicht hatte, aber vielleicht hatten die im Pflegebereich eine Stelle anzubieten oder so was, also, hier könnte sie endlich mal wieder zu irgendetwas gebraucht werden! Ganz unten anfangen, ein kleines Zimmerchen, Arbeit, bei der sie vergessen konnte, was ihr angetan worden war. Vielleicht schaffte sie das! Los, schnell! Keine anderen Gedanken, nicht umkehren! Der Dreck da oben, die Scheiße, das Elend, der Kerl, alles war zu furchtbar!

Sie trank den Kaffee aus und ging. Im Zug nach Nürnberg rollte ihr ganzes Leben nochmals vor ihren Augen ab und als sie angelangt war bei den letzten Tagen, wurde sie von einer freudigen Erregung überrascht, und die Fahrt nach Nürnberg erschien ihr unendlich.

Marion bekam tatsächlich eine Stellung. Natürlich wurde sie nicht als Krankenschwester eingestellt, sondern als Helferin mit der Möglichkeit, trotz ihres Alters später eine Schwesternschule zu besuchen. Sie sollte zunächst netto 400.- DM bei freier Verpflegung und Unterkunft verdienen. Marion erschien das wie ein Traum. Sie konnte gleich am nächsten Montag anfangen.

Sie blieb den ganzen Tag in Nürnberg, schlenderte durch die Straßen, besah sich Geschäfte, aß zu Mittag in einem kleinen, nicht zu teurem Gasthaus und fuhr gegen Abend mit dem Zug zurück, ging in ihr Hotel und es lag ein bezauberndes Lächeln auf ihrem Gesicht.

Mit ihren Gedanken war sie immer wieder bei mir und sie fragte sich, was ich wohl jetzt machen würde, und sie sehnte sich danach, dass wir uns wiedersehen würden. Sie hatte tatsächlich keine einzige Zigarette geraucht und keinen Alkohol getrunken. Sie hatte oft das Verlangen gehabt, etwas zu rauchen, nicht so sehr nach Alkohol, aber sie hatte beides nicht getan, sie wollte sich jetzt erst mal das Rauchen einfach mal eben so ganz abgewöhnen, hier und jetzt und heute! Um es mir bei meinem nächsten Besuch sagen zu können, dass sie nicht mehr rauchen und trinken würde, höchstens mal ein Gläschen Wein am Abend mit mir, dachte sie. Dann würde sie sich seit langer Zeit endlich mal wieder ein Kleid kaufen, ein Kleid aus reiner Wolle, wie sie es früher so geliebt hatte. Oh Gott, sie wollte wieder aussehen wie ein Mensch! Hübsche Wäsche, jeden Monat ein Stück! Am Abend würde sie mit mir gemütlich in ihrem bescheidenen Zimmerchen sitzen bei Kerzenlicht auf einem kleinen Sofa, ich in ihren Armen, und sie würde mich ansehen und anhören können, das würde herrlich werden.

Marion saß im Hotelzimmer und schlief über diesen Gedanken auf ihrem Stuhl ein.

24. KAPITEL

Mit Samier in Salzburg

Ich saß zur gleichen Zeit mit Samier in Salzburg in der Kasinoalm, einer kleinen Tanzbar. Sie liegt etwas versteckt hinter einem Speiserestaurant und ist bekannt für guten Wein mit entsprechenden Preisen, bekannt aber auch für tolle Musikkapellen, und ich fand es auch früher schon immer sehr gemütlich hier. Es waren herrliche Stunden, die ich in dieser Bar schon verlebt hatte, und alte Erinnerungen kamen mir, als ich den alten Kamin mit dem halbrunden Sofa davor wiedersah. Unter der Woche und vor allem außerhalb der Saison war hier nicht sehr viel los und man konnte sich genüsslich allen Dingen hingeben, die man eben gerne tut in Begleitung eines Mädchens. Wir tranken Gumpoldskirchner und ich erzählte Samier von einer Bekannten, mit der ich vor vielen Jahren ebenfalls auf diesem Sofa gesessen hatte. Sie war ein prachtvolles Mädchen und während ich erzählte, kamen meine damaligen Träume von ihr wieder, und sie stand im Geiste vor mir und ich konnte sie fast sehen und anfassen und küssen.

„Ich kannte sie schon von meiner Kindheit an", sagte ich nach einer Weile. „Verstehst du, Samier, wir gingen als Kinder oft zusammen spazieren, wie zwei Geschwister. Sie war als Kind ein richtiger Junge, kurzes pechschwarzes Haar, Lederhosen, gestreiftes Hemd und so. Wir vertrugen uns prächtig. Wir haben auch manchmal gestritten. Ich werde nie vergessen, wie sie mich damals mal verprügelte, weil ich ihr Fahrrad kaputtgemacht hatte.

Dann zog ich weg und nach vielen Jahren trafen wir uns wieder, hier in dieser Bar, was für ein Zufall! Sie stand plötzlich vor mir, es war ein junges Mädchen aus ihr geworden und wir umarmten uns wie Bruder und Schwester, die sich lange nicht gesehen hatten. Sie kam mit ihrer Schwester her, sie wollte ein-

fach tanzen gehen. Na ja, wir hatten uns viel zu erzählen, was
sie inzwischen so erlebt und gemacht hatte und wie es mir in
den Jahren ergangen war, und wir tanzten zusammen, und na
ja, bald stellten wir fest, dass nicht nur die Vergangenheit ein
Paradies war, sondern dass auch die Gegenwart eigentlich nicht
so schlecht sei!"

„Du hast dich natürlich verliebt in sie?", fragte Samier.

„Natürlich!", sagte ich. „Ich hatte mich eigentlich nur etwas
amüsieren wollen an diesem Abend und dass ich ausgerechnet
sie treffen würde, hier in Salzburg, war eben eine schöne Beigabe
des Geschickes. Was glaubst du, wie mir zumute war, als ich sie
sah. Ich glaubte zu träumen. Wir tanzten und tranken Wein und
sehr früh am Morgen brachte ich sie in ein Hotel, denn es war
längst zu spät, um nach Hause zu fahren. Außerdem hatte ich
zu viel getrunken und ein Taxi für die Heimfahrt war zu teuer.
Natürlich hatten wir einen herrlichen Abend und wir saßen auf
diesem Platz hier und fühlten uns sehr glücklich."

„Das kann ich mir vorstellen", sagte Samier. „Was macht sie jetzt?"

„Jetzt ist sie verheiratet, hat ein Kind, eine Tochter, und sie
ist Hausfrau, eine Sache, die hinten und vorne nicht zu ihr
passt. Du solltest das Mädchen mal sehen, es sieht genauso
aus, wie ich sie aus Kinderzeiten in Erinnerung hatte, und ich
wünschte mir, es wäre meines! Ja, eine Zeit lang wünschte
ich mir tatsächlich, es wäre meines! Aber ich bin schon lange
darüber hinweg und das ist gut so! Und jetzt würde ich mir
wünschen, dass sie wieder so unverhofft hier erscheinen würde
wie damals. Weißt du, ihr Mann ist ein Arsch! Er stammt aus
einer sehr einfachen Familie und ist vermutlich nicht richtig
erzogen worden. Dafür kann er nichts, aber er behandelt sie
mies, und für meinen Geschmack ist sie einfach zu schade für
den. Aber ich wünschte ihr wirklich, dass sie mit ihm glücklich wäre, wobei ich nicht begreifen kann, was sie an dem so
anziehend findet. Lieber noch wäre mir, wenn sie mit einem
anderen glücklicher wäre."

Der Kellner brachte zwei Schoppen Wein, es war Gumpoldskirchner und er schmeckte gut. Ich hatte das Gefühl, dass es nicht ver-

kehrt wäre, wenn ich gleich noch je einen bestellen würde, denn ich wollte heute Abend trinken, trinken und nochmals trinken! Es vergingen Stunden und wir unterhielten uns gut; wir tranken reichlich Wein und dann Schnaps und dann waren wir schließlich beide betrunken und benahmen uns am Ende wie alberne, aufmüpfige Kinder.

Spät in der Nacht bezahlten wir. Die Rechnung war teuer genug und wir gingen geradewegs in die Sterngasse, wo es ein „Maison de Plaisier" gab. Der Eintritt kostete bloß 100 Schilling und der Spaß war nach weniger als fünfzehn Minuten vorbei.

„Weißt du, Samier, es ist eigentlich bescheuert, wenn du eine Hure hast und sie tut so, als ginge sie das hier alles gar nichts an, und wenn es vorbei ist, schmeißt sie dich möglichst schnell wieder raus, damit der Nächste rein kann. Und ob sie sich zwischendurch eigentlich ordentlich wäscht, weiß man letzten Endes auch nicht, das kann man nur hoffen. Ich habe mal gehört, dass ein Schwarzer in einen Puff gegangen ist, und als er fertig war, ist ein weiterer rein gegangen zur selben Nutte, und als der auch fertig war und dann zu Hause angekommen ist, hat er es dort mit seiner Frau gleich noch mal gemacht und neun Monate später hat die ein farbiges Baby bekommen. Daraufhin ließ der sich scheiden, weil er nicht gewusst hat, dass er selber das Schwein war, das sich nach dem Puffbesuch nicht mal gewaschen hatte, bevor er mit seiner Frau erneut ins Bett gestiegen ist."

„Oh, pfui Teufel, und sie konnte ihm nicht klarmachen, dass sie es nicht von einem Schwarzen hatte?", fragte Samier.

„Offenbar nicht, aber auf jeden Fall hat der sie samt farbigem Baby sitzen lassen, komisch, was? Ob die Geschichte sich tatsächlich zugetragen hat, weiß ich natürlich nicht, aber gruselig ist sie schon, oder?"

Und dann fügte Samier hinzu:

„Hier in Deutschland ich gehe hin und wieder in Puff, weil eine ‚anständige Mädchen' geht nicht mit Syrer in Bett, und für eine Unanständige ist mir Zeit zu kostbar. Da gehe ich eben in Puff und zahle, wenn ich das haben muss, und danach gibt es keine Probleme."

25. KAPITEL:

Lena und der Doktor

Lena verbrachte die gleiche Nacht weniger glücklich. Sie dachte den ganzen Tag an das, was ich ihr von Marion und mir erzählt hatte. Am Abend, nach Dienstschluss, nachdem sie einen Tag lang so ziemlich alles verkehrt gemacht hatte, was man in so einer Praxis eben alles verkehrt machen konnte, und nachdem sie jedes Mal erst auf die dritte Aufforderung eine Antwort gegeben hatte, wenn sie gerufen wurde, und sich somit aller Ärger, zu dem ihr Chef fähig war, auf sie konzentriert hatte, ging sie nach Hause. Dort angekommen fing sie wieder an zu weinen und dann schrie sie, so laut sie konnte durch ihre Wohnung:
„Scheiße noch mal, ich will diesen Kerl nie wieder sehen, ich hasse ihn, diesen verdammten Säufer, ich kann ihn nicht mehr sehen, er widert mich an, dieses Schwein!"
Und dann war ihr etwas wohler. Sie hatte das aber nicht nur durch ihre Wohnung, sondern durch das ganze Haus geschrien, einem kleinen Einfamilienhaus am Stadtrand von München, das braven Bürgersleuten gehörte, die an ein anständiges junges Mädchen ein Zimmer im Dachgeschoss vermietet hatten. Als die Leute das Geschrei hörten, kam die Frau besorgt die Treppe herauf, klopfte an die Tür und fragte:
„Fräulein Lena, fehlt Ihnen was?"
Keine Antwort.
„Jedenfalls sind wir es nicht gewöhnt, dass in unserem Haus solche Ausdrücke rumgeschrien werden, ein für alle Mal, merken Sie sich das, ja?"
Lena sagte nichts, sie dachte weiter nach über mich, aber nun leise. Sie würde bestimmt nicht noch einmal zu mir kommen, allenfalls, um ihre restlichen Sachen zu holen. Sie konnte nichts zu Abend essen, sondern zog sich aus und legte sich auf ihr Bett, rauchte eine Zigarette nach der anderen und grübelte. Schlafen

konnte sie nicht, also machte sie das Radio an, dann las sie Zeitung und als das alles nichts half, fing sie an zu heulen, stand wieder auf, ging spazieren draußen in der Dunkelheit. Aber durch all das hindurch fand sie keinen klaren Gedanken, keinen abschließenden Gedanken, um ruhig zu werden, um schlafen zu können, bis schließlich der Morgen anfing zu grauen. Da verfiel sie doch in einen leichten unruhigen Schlaf und erwachte gegen neun Uhr. Zwei Stunden hätte sie da schon in der Praxis sein sollen. Sie wusch sich nicht, sondern stopfte schnell eine trockene Semmel von gestern in den Mund und rannte zur Straßenbahn. Sie fuhr in die Stadt und hatte dann noch fünf Minuten zu laufen, diesmal schaffte sie es in drei Minuten. Sie machte sich keine Gedanken, was sie vom Doktor jetzt zu erwarten hatte und was sie ihm sagen sollte oder so, sie war nur wütend auf sich selbst. Sie ging einfach hinein, sagte schnippisch „Guten Morgen!", zog ihren Mantel aus und wollte an die Arbeit gehen, als der Doktor ihr in den Weg trat und sagte:

„Guten Morgen, Fräulein Lena, wissen Sie, das wird mir allmählich hier zu blöd mit Ihnen, dauernd ist etwas anderes los, mal …", doch weiter kam er nicht.

„Halten Sie mich wenigstens jetzt nicht von der Arbeit ab", unterbrach sie ihn. „Sparen Sie sich auch Ihre Standpauke! Mir ist bei Gott nicht danach, mir das anzuhören! Ich hab verschlafen, ist Ihnen das noch nie passiert, wie? Was seid Ihr Götter in Weiß doch alle für vollkommene Menschen, man kommt sich vor wie in einem Haus, in dem lauter Engel arbeiten, die alles immer richtig machen! Ich hab verschlafen, ich sagte es schon, und ich werde mich bemühen, dass es in Zukunft nicht allzu oft vorkommt, aber versprechen, dass es gar nicht mehr vorkommt, das werde ich nicht, denn so vollkommen bin ich nicht!"

Lena ging einfach weiter; der Doktor stand da mit großen Augen und offenem Mund, so hatte ihn noch keiner angefahren und schon gar nicht vor anderen Leuten. Na ja, dachte er, während er kopfschüttelnd in das Sprechzimmer ging, in dem eine alte Patientin saß, die zugehört hatte. Recht hatte sie vielleicht, als sie sagte, dass keiner vollkommen sei, aber sie war in letzter Zeit eben besonders unvollkommen, sie ließ schwer nach und überhaupt, ihn so anzufahren, das durfte er sich um keinen Preis gefallen lassen! Das ging zu weit! Das würde er ihr klar machen müssen, sehr bald!

Dann fragte er die Patientin eher beiläufig:

„Was kann ich für Sie tun, liebe Frau ..., ach, wie war doch gleich Ihr Name?"

Lena hatte im Nachgang schließlich doch einen Schrecken bekommen über das, was sie da gesagt hatte, und vor allem, wie sie es gesagt hatte. Sonst war sie nie so aufbrausend, sie hatte meistens alles eingesteckt, wenn sie zurechtgewiesen wurde, aber heute war sie völlig durcheinander; und da war der gekommen und hatte ihr eine Standpauke halten wollen, der ist wohl verrückt geworden, was?, dachte sie und erneut stieg ihr der Zorn in den Kopf.

Als die Patientin draußen war, ließ der Doktor einen Moment verstreichen, bis er die Nächste rufen ließ und dachte: Verdammt noch mal, das hättest du dir nicht gefallen lassen dürfen! Aber warum hatte er sich das gefallen lassen? War er etwa fasziniert von so viel Unverschämtheit? Und war es am Ende nicht nur die Unverschämtheit dieser Person, die ihn stumm gemacht hatte? War es die Person selbst, die in ihrem Zorn irgendwie beeindruckend anzusehen war? Hatte er eigentlich überhaupt darauf geachtet, was die da von sich gegeben hatte? Er hatte scheinbar mehr beobachtet, wie sich mit jedem Satz ihr Gesicht mehr rötete und wie sich ihre Brust mit jedem Atemholen stärker und schneller hob und senkte. Das also könnte es gewesen sein, was ihm die Sprache verschlagen hatte. Eine temperamentvolle Person, diese Lena, das hatte er wohl noch nie so richtig bemerkt.

„Die Nächste bitte!"

26. KAPITEL:

Im Hotel in Salzburg

Samier und ich waren in der Nacht im Hotel angekommen, es war der Österreichische Hof, ein angesehenes großes Hotel. Es liegt dicht am Ufer der Salzach unweit der Staatsbrücke und es wohnten wichtige und auch wohlhabende Leute darin und solche, die glaubten oder vorgaben, das eine oder das andere oder beides zu sein.

Da war zum Beispiel Mr. Walker mit seiner Gattin und seiner Tochter. Mr. Walker war ein Geschäftsmann, der es mit großem Fleiß in vielen Jahren zu einer netten, ansehnlichen, kleinen Villa in einer Vorstadt von London gebracht hatte. Er war außerdem ein guter Familienvater, der seine Frau liebte, wenn auch vielleicht nicht über ein durchschnittliches Maß hinaus, aber er war ihr treu und ergeben. Er war Mitte fünfzig, sah aber eher aus wie Mitte vierzig, weil er inzwischen wenig trank, wenig rauchte, lange schlief, gut aß, lange Spaziergänge machte und in letzter Zeit nicht mehr übermäßig viele Sorgen hatte. Er lag nun im Hotel in seinem Bett neben seiner Gattin und las noch etwas im „Telegraph", nachdem er ihr ein wenig lieblos, wie schon seit Langem, eine gute Nacht gewünscht hatte. Anschließend legte er ihn weg, dachte noch eine Weile über den erfreulichen Entschluss nach, dass er mit seiner Familie nach Salzburg gereist war und dass man diese wenigen schönen Tage hier so positiv wie möglich verbringen sollte. Darüber schlief er ein.

Seine Gattin sah mit Ende vierzig noch erstaunlich frisch und jung aus, kaum ein Fältchen im Gesicht, gepflegt, sicherlich etwas runder als vor zehn Jahren. Während er Zeitung las, dachte sie im Halbschlaf: Wie schön wäre es jetzt, wenn er noch etwas zu mir käme, wie lange noch, dann kommen die Wechseljahre und so und dann ist vielleicht alles vorbei oder zumindest vieles. Ich muss ihm das mal sagen.

Die Tochter, achtzehn Jahre alt, blond, hübsch, groß und schlank, war in ein Einzelzimmer eingezogen, direkt neben den Eltern. Auch sie war schon ausgezogen, aber sie stand am Fenster und schaute auf die Salzach runter. Ihre Gedanken waren bei ihrem neuen Freund, der John hieß und in London Medizin studierte. Sie dachte an die Zukunft und dass sie vielleicht in einem Jahr oder nach seinem Studienabschluss heiraten würden. Aber ob sie mit dem anderen noch so lange warten sollten, dachte sie, ob er das aushält und ob sie es selber aushalten würde? Jedes Mal, wenn sie allein beisammen waren, wurde das Verlangen größer, und jedes Mal wurde es schwieriger, ihm auszuweichen. Und mit dem Gedanken an ihn schloss sie das Fenster, ging ins Bett und machte das Licht aus. Und sie fühlte sich wohl bei dem Gedanken an das, worauf sie bisher so beharrlich verzichtet hatte, und bald darauf schlief sie ein.

Einige Zimmer weiter wohnte zum Beispiel ein junger Mann, Mitte dreißig, er war Versicherungsvertreter. Ein gut aussehender Mann mit einem schmalen Oberlippenbärtchen, das gepflegt und schwarz gefärbt war. Er trug heute Abend einen dunklen Anzug, ein weißes französisches Maßhemd, leicht gerüscht, mit einem schwarzen Samtbändchen um dem Hals, das zu einer langen Schleife gebunden war, anstelle einer Fliege oder Krawatte. Ein großer prächtiger Goldring mit einem flachen grünen Stein zierte seinen Ringfinger und eine schwarze Brille mit goldenen Bügeln und hellbraunem Fensterglas sein Gesicht. Sein Haar glänzte kastanienbraun und die Pomade konnte man von Weitem riechen, sie spiegelte das Licht der Deckenleuchte des Zimmers wider. Der Mann ließ sich von seinen Freunden „Mill" nennen; eigentlich hieß er Millemann, aber das gefiel ihm nicht und er glaubte, „Mill" würde besser zu ihm passen. Mill war gerade aus der Casanova-Bar gekommen, wo er anschließend an einen Striptease die Tänzerin zu einem Glas Champagner eingeladen hatte. Meine Güte noch mal, dachte er, während er sich auszog, die hätte er eigentlich kriegen müssen, nur, sein Gebot war ihr scheinbar zu mickrig und er hätte einfach mehr bieten müssen, dann hätte er sie vermutlich gehabt. Aber er hatte ja nicht mehr, es hätte nicht mal gelangt, wenn er den Champagner nicht gekauft hätte. Was für einen Busen die hatte, das wär's gewesen. Er duschte sich, dann trocknete er sich ab und ging zum Spiegel, um sich zu frisieren. Das tat er immer, bevor er zu Bett ging. Währenddessen besah er seinen Körper: Ich bin schon ganz gut, dachte er, und er drehte sich etwas zur Seite, betrachtete sich im Profil, ließ die Brustmuskeln spielen und auch die Armmuskeln. Ich bin schon ein Kerl, verdammt noch mal, dachte er so. Jetzt müsste die Tänzerin da sein, auch so nackt wie ich, der würde ich zeigen, wer Mill ist, die würde noch lange an Mill denken. Dann ging er in sein Bett und dachte immer noch an die Tänzerin und wie unfähig er sich an diesem Abend wieder angestellt hatte. Darüber glitt er dann langsam in einen unruhigen Halbschlaf.

Natürlich wohnten noch eine Menge anderer Gäste im Hotel, von denen die meisten, wie man am Schlüsselbrett sehen konnte, noch nicht im Haus waren oder aber sich noch unten in der Bar rumtrieben. Das mögen vielleicht fünfzig oder sechzig Leute gewesen sein, wie gesagt, die meisten von ihnen der gehobeneren Schicht angehörend, Emporkömmlinge, die es in den 1960er-Jahren und auch danach immer zahlreicher gab.

Samier und ich, wir gingen jetzt die Treppe hinauf, und Samier sagte:

„Es war ein absolut verrückter Abend, jetzt bin ich todmüde und scheißbesoffen, ich glaube, dieses Wort sehr ordinär. Mir hat einmal ein Kamerad in Schule gesagt, dass es ist ordinär, das zu sagen, aber jetzt passt es, glaube ich."

„Ich glaube, bei mir trifft es auch zu. Gute Nacht, mein Lieber, und steh morgen erst auf, wenn du ganz sicher bist, dass du nicht mehr besoffen bist."

27. KAPITEL

Lena und der Doktor kommen sich näher

Lena wachte zeitig auf, sie fühlte sich heute ganz gut. Sie dachte beim Aufwachen nicht gleich an mich, wie sonst üblich, denn sie hatte sich fest vorgenommen, mich zu vergessen, und andere Gedanken machten ihr diesen Entschluss ziemlich leicht: die Gedanken an den Doktor! Lena fing an, den gestrigen Abend in ihrem Kopf zu rekonstruieren:

Nach Feierabend hatte er sie doch noch in sein Sprechzimmer bestellt. Dann hatte er versucht, furchtbar ernst mit ihr zu reden, und er hatte seinen Vortrag beendet mit:

„Wissen Sie, Fräulein Lena, ich mache mir schon seit einer ganzen Zeit Gedanken über Sie. Sie sind offenbar abhängig von Stimmungen, woran mag das liegen? Normalerweise würde ich jemanden, der mich so angeschnauzt hat, wie Sie das heute Vormittag gemacht haben, einfach rausschmeißen, und beinahe hätte ich das in Ihrem Falle auch getan, aber dann habe ich mir doch vorgenommen, mit Ihnen erst mal zu reden."

Sie hatte prompt und ein wenig gereizt geantwortet:

„Das ist gar nicht wahr, das bilden Sie sich doch nur ein!"

„Nein, nein!", hatte der Doktor eingelenkt. „Ich merke das genau. Ich wüsste schon ganz gerne, was der Grund ist, aber sollten wir uns nicht lieber bei einem Abendessen darüber unterhalten?"

Sie hatte ihn erstaunt angesehen, dann war ein Lächeln über ihr Gesicht geflogen und danach war sie rausgegangen, um ihren Mantel zu holen; und sie waren zusammen runter auf den Parkplatz gegangen und dort in den schwarzen Mercedes eingestiegen. Er hatte ihr die Tür aufgemacht, gewartet, bis sie eingestiegen war, und die Tür danach sanft ins Schloss fallen lassen.

Er war in Richtung Schwabing gefahren und dann hatte er sie ins „Drugstore" geführt. Dort hatte er ein nettes Plätzchen ausgesucht, wo sie sich ungestört unterhalten konnten. Nach dem Essen, bei einer Flasche Wein, hatte er wieder versucht, auf sie einzureden, aber diesmal war sie gewappnet gewesen, denn sie hatte ja gewusst, was er wollte, und es war für sie wundervoll gewesen, ihn zu beobachten, wie er sich anstrengte, die rechten Worte zu finden:

„Wissen Sie, ich würde es schon gern haben, wenn wir ab und zu mal Abendessen gehen könnten", hatte er schließlich gesagt. „Ich kenne eine Menge Lokale in München, wo man ganz gut essen kann und wo es auch sonst recht gemütlich ist, hätten Sie nicht Lust?"

„Ja, eigentlich schon", hatte sie geantwortet. „Aber ..."

„Aber was?", hatte er sie unterbrochen.

„Na ja", hatte sie erklärt, „ist das denn richtig? Ich denke mir, Sie sind doch schließlich mein Chef und Sie haben doch bestimmt eine sehr nette Familie, Herr Doktor, ich weiß nicht, also, mir wäre das peinlich, wenn ich ..."

„Ja, natürlich habe ich Familie", hatte er sie unterbrochen.

„Bitte erzählen Sie mir nichts über Ihre Familie, was Sie vielleicht in Wirklichkeit gar nicht sagen wollen", hatte sie gesagt. Es war eine etwas angespannte Situation eingetreten.

„Wissen Sie", hatte er nach einer Weile gemeint, „wir wollen doch nicht drum herum reden, ich hätte es eben gerne, wenn wir mal zusammen essen gingen, wollen wir doch um Gottes willen den Chef und meine Familie aus dem Spiel lassen, außerdem ist das ja nun wirklich kein Verbrechen."

Und so dachte Lena noch eine ganze Weile über den gestrigen Abend nach, während sie inzwischen längst aus dem Bett gesprungen war und sich nun auf dem Weg in die Praxis befand.

Der Tag war lang, aber die Arbeit machte ihr mehr Spaß als sonst. Auch die folgenden Tage machten ihr mehr Spaß. Wenn sie dann am Abend mit dem Doktor wegging, sprach sie nicht mehr über seine Familie und ob es recht war oder nicht.

Sie gingen zum Essen oder zum Tanzen oder fuhren auch mal an den Ammersee, nur, um am Abend mal einen Spaziergang zu machen.

„Wusstest du eigentlich, dass ich am Chiemsee einen kleinen Bauernhof habe, Lena?", fragte der Doktor eines Abends. Sie waren inzwischen per Du und schlenderten gerade durch Grunewald, einem netten, kleinen Vorort von München, wo sich viele berühmte Leute aufhielten, um die ländliche Ruhe zu genießen.

„Nein, das hast du mir nie erzählt. Wie kommst du dazu, eine Landwirtschaft zu haben, du bist doch gar kein Bauer."

„Muss man denn Bauer sein, wenn man eine Landwirtschaft besitzt? Ich habe da einen Verwalter, der die Sache bewirtschaftet."

„Kostet das nicht wahnsinnig viel Geld?"

„Na ja, weißt du, der wirtschaftet so, dass immer gerade so viel übrig bleibt, wie er im Jahr verdient, dadurch kostet mich das praktisch gar nichts. Und ich bin da sehr gerne, wenn ich mich zurückziehen möchte. Ich verstehe nichts von Landwirtschaft, das weiß er, und ob der Betrieb mehr abwirft, als er mir erzählt und auch dokumentiert, das weiß ich auch nicht. Vielleicht haut er mich ja ein bisschen übers Ohr. Und wenn, dann ist es mir am Ende auch egal, solange ich da nicht ständig neues Geld reinstecken muss. Ich mache dir einen Vorschlag, sehen wir uns den Laden doch am kommenden Wochenende mal an, ja?"

„Du bist einfach fantastisch, wenn auch ziemlich verrückt! Aber ich bin gespannt, wie viele Neuigkeiten dieser Art du noch so drauf hast. Eigentlich freue ich mich schon sehr."

„Wir sollten am Samstagmittag direkt nach der Sprechstunde losfahren, ja? Wir treffen uns dann ... ach was, du weißt ja, wo wir uns immer treffen, oder hast du das vergessen?", fragte er.

„Ja, na klar, habe ich das vergessen!", lachte sie. „Oh, ich könnte dich ...!"

„Was könntest du?"

„Fressen könnte ich dich!", lachte sie und setzte ihr freches Kindergesicht auf, mit dem sie schon bei ihrem Vater so ziemlich alles hatte erreichen können, was sie sich gerade in ihren Kopf gesetzt hatte.

„Du bist ein Aasgeier! Friss mich doch, kleine verflixte Wanze!"
„Ohhh! Los, fang mich doch, fang mich doch!" Und sie rannte los über eine Wiese und unter einer Blutbuche holte der Doktor sie schließlich ein.

„Jetzt hab ich dich, du Alles, zappele nicht so, jetzt kommst du an den Marterpfahl, jetzt wirst du gemartert! Zappele doch nicht so!"

„Nein, ich lass mich nicht martern, Indianerhäuptling, ich werde dich mit meinen Waffen bekämpfen! Aber ..."

Er drückte sie fest an sich und küsste sie so heftig, dass sie sich fast verschluckt hätte, und sie schloss die Augen und war glücklich.

Es begann eine wunderschöne Zeit für Lena. Nur ein großes Problem war, das Verhältnis zu ihrem Chef so zu tarnen, dass möglichst keiner etwas davon merkte. Besonders mühsam war es für den Doktor, Lena während der Arbeit so zu behandeln wie früher, als sei nichts zwischen ihnen. Aber er war ein einigermaßen guter Schauspieler, also beschimpfte er sie genauso oft wie bisher, und es schien jedenfalls so, als habe nie jemand etwas davon bemerkt, als habe selbst seine Frau nichts davon bemerkt. Ohnehin war das fast nur noch eine Scheinehe, jeder tat, was er wollte, und man kümmerte sich kaum noch um den anderen. Und selbst, wenn sie es gemerkt hätte, wäre es wahrscheinlich kaum weiter tragisch gewesen. Die Kinder waren ja beide schon aus dem Haus. Der Sohn studierte Jura, die Tochter Kunstgeschichte, übrigens auch eine Art, den richtigen Ehemann zu finden. Manchmal beschlich ihn der Gedanke, ob man sich nicht endlich trennen sollte. Es tat ja doch jeder, was er wollte. Für seine Frau würde sich nichts weiter ändern, sie hätte danach immer noch ihr gutes Auskommen. Unsere Aufgabe in der Ehe haben wir erfüllt, die Kinder sind groß und versorgt, wir haben für beide unser Bestes gegeben, dachte er. Er war ein Realist. Wenn er etwas angefangen hatte, so führte er es auch konsequent zu Ende, ganz gleich, ob es für ihn nun vorteilhaft war oder nicht. Halb angefangene Sachen aufzugeben, nur weil sie unbequem wurden, das liebte er überhaupt nicht, er zog sie einfach durch. So war es auch bei seiner Ehe. Der Grund dafür war der erste Sohn gewesen. Sie mussten damals heiraten, als er noch Student war. Bald kam dann das zweite Kind und dabei blieb es schließlich, obwohl er gerne noch weitere gehabt hätte. Nach dem Krieg hatte er es als junger Arzt nicht besonders schwer, denn er war ein gewissenhafter Arzt und vor allem Patientinnen hatten stets sehr großes Vertrauen zu ihm. Es kamen die unmöglichsten Frauen mit den unmöglichsten Wehwehchen zu ihm, aber er machte sie alle irgendwie gesund, jede auf andere Weise. Einmal kam eine mit ihrem Kanarienvogel an. Da musste er dann doch passen, die schickte er dann zum Tierarzt. Jetzt war es so weit, dass es ihm besser ging als je zuvor, und es war an der Zeit, die Jahre noch etwas zu genießen. Wie gesagt, er war ein Realist, er betrachtete seine familiäre Aufgabe als erfüllt. Aber dann schob er den Gedanken an eine baldige neue Bindung doch wieder beiseite, zumal es ja auch immerhin einen Altersunterschied von rund einem Vierteljahrhundert gab, den man nun mal nicht wegdiskutieren konnte. Er musste wohl noch etwas warten mit solchen Gedanken. Er kannte Lena zwar schon einige Jahre, aber genau genommen kannte er sie eigentlich erst seit einigen Wochen. Auf jeden Fall könnte man ja eine Scheidung mal ins Auge fassen. Er brauchte ja wirklich nicht gleich wieder zu heiraten, vielleicht überhaupt nicht mehr heiraten, das wäre doch eigentlich auch ein ganz gangbarer Weg. Er war kein religiöser Mensch und fand nichts dabei, vielleicht einfach nur mit Lena zusammenzuleben. Seiner Meinung nach gäbe es in den kommenden Generationen sowieso mehr Menschen, die ohne Ehe zusammenleben würden, als solche, die den alten Kirchengesetzen treu ergeben blieben. Das wäre ja eigentlich auch ganz natürlich. Da soll man sich ein Leben lang an einen einzigen Menschen binden, zu dem man vielleicht irgendwann nicht mehr passt, auf den man nur in einem euphorischen Moment gestoßen ist. Ist es richtig, dass man für eine solche Entscheidung dauerhaft bestraft werden soll, und nicht nur, dass man selbst bestraft wird, auch der Partner, der ja derselben Situation ausgesetzt ist und der vielleicht ebenfalls sein ganzes Leben lang gestraft ist? Er glaubte, falls es einen Gott gäbe, dass der solche einschneidenden Gesetze bestimmt nicht gemacht haben würde, denn der würde ja wollen, dass die Menschheit in Frieden miteinander lebt und nicht ein Leben lang leidet. Er war vielmehr überzeugt, dass diese Gesetze, wie sie von Menschen geschaffen worden waren, bald genauso der Vergangenheit angehören würden wie schon heute das Bewahren der Jungfräulichkeit bis zur Ehe.

Wie gesagt, er war Realist.

28. KAPITEL:

Lenas Abschiedsbrief

Es war schon wieder eine Weile vergangen, ich war längst wieder in meiner kleinen Wohnung angelangt. Samier und ich hatten eine schöne Heimfahrt gehabt, auf der wir uns viel erzählt hatten, nicht nur über die schönen Tage auf dem Weg nach Salzburg und zurück. Wir hatten unsere Rückfahrt auch nicht in München unterbrochen, wie ursprünglich von mir wegen Lena geplant, sondern waren durchgefahren bis nach Hause mit dem alten, tapferen VW Käfer.

Zu Hause fand ich dann einen Brief von Lena vor:

Mein ehemals Geliebter,
ich habe mich viel zu spät, jedoch nun endlich und Gott sei Dank dazu aufgerafft, das aufreibende Zusammenleben mit dir zu beenden. Das wirst du verstehen, zumal du ja weißt, dass ich ständig ziemlich viel von dir einzustecken hatte, bis ich zu diesem Entschluss gekommen bin. Sicher ist das am Ende auch besser für dich, denn nun kannst du dich in aller Freiheit ganz ungehindert jenen Dingen hingeben, die du gerne hast, Dinge, die aber unser Zusammenleben, oder etwa gar eine künftige Ehe, auf Dauer unmöglich gemacht hätten. Ich will überhaupt nicht verschweigen, dass auch ich gelegentlich zum Misslingen unseres Zusammenseins beigetragen habe. Verzeih es mir. Ich kann mich ebenso wenig verbiegen wie du und so ist es wohl besser für uns beide, einen Schlussstrich zu ziehen, auch wenn es mir schwerfällt und ich es eigentlich sogar brutal empfinde. Die vielen schönen Momente unserer Zeit bleiben mir unvergessen, ich hoffe, dir auch. Die nahezu grenzenlose Liebe, die ich dir gegenüber empfunden habe, ist nicht plötzlich weggebrochen, sondern sie hat sich langsam

davongeschlichen, und der Prozess scheint in mir immer noch nicht restlos beendet zu sein, aber er wird zu Ende gehen.
Ich wünsche dir, dass du trotz der von dir gelebten Freiheit jene Lebensliebe erfährst, die du dir wünschst und die du mit mir nun nicht mehr erleben wirst.
Bitte schicke mir gelegentlich noch meine restlichen Sachen.

Alles Gute,
Lena

Es war also das eingetroffen, was ich schon längst gewusst hatte, was ich aber in Gedanken immer wieder weiter vor mir hergeschoben hatte. Ich hatte die ganze Zeit schon bemerkt, wie dieser Entschluss in Lena gereift war, doch ich hatte sie nicht für so konsequent gehalten, dass sie ihn auch durchführen würde. Und ich hatte immer weiter gehofft: Na ja, das kriegst du schon irgendwie wieder hin.
Meine Liebe zu Lena war stark und ehrlich, und ich glaube, ihre Liebe zu mir auch. Aber Lena wurde mit mir offenbar nicht fertig und ich nicht mit ihr.
An diesem Tag machte ich einen langen Spaziergang durch den Wald, über Wiesen und Felder, um das zu begreifen, um das hinnehmen zu können, was da nun endgültig zerbrochen war. Es fiel für mich gewissermaßen eine Welt zusammen, die ich mir so wunderbar aufgebaut hatte. Lena hätte ebenso gut gestorben sein können, das hätte mich nicht stärker getroffen. Aber ich wusste, dass ich selbst Schuld hatte, daher erfüllte mich auch kein Ärger über sie und auch kein Hass. Ich musste das eben hinnehmen, was ich selbst heraufbeschworen hatte, weil ich idiotisch genug war, zu glauben, dass ich immer wieder mit vielen Worten und Geschwätz das ausgleichen könnte, was ich davor bedenkenlos von Lena erwartete, dass sie es auszuhalten habe. Ich fand mich nicht nur blind, sondern ich verstand mich eigentlich in diesem Moment selbst überhaupt nicht, als sei das Zusammenleben zweier Menschen eine Sache, die man ständig

bedenkenlos aufs Spiel setzen könne, als sei es eine Sache, die unbegrenzt, immer wieder heilbar sei.

In einem nahe gelegenen Gasthaus trank ich hastig zwei oder drei Cognacs und ging dann nach Hause.

29. KAPITEL:

Marions Hoffnung

Am nächsten Morgen stand ich zeitig auf. Ich hatte die Nacht unruhig geschlafen, machte mir einen starken Kaffee und frühstückte reichlich. Ich hatte fest vor, Lena hier und jetzt aus meinem andauernden Grübeln zu vertreiben, was mir aber, je mehr ich mich anstrengte, desto weniger gelang. Also fuhr ich erst mal in die Stadt, um die Hotelrechnung für Marion zu bezahlen und gleichzeitig nachzusehen, wo sie geblieben war. Man sagte mir im Hotel, dass sie ausgezogen sei und für mich eine Adresse in Nürnberg hinterlassen habe. Ich freute mich, dass wenigstens das geklappt hatte. Ich setzte mich in den nächsten Zug und fuhr nach Nürnberg, denn ich wollte Marion jetzt unbedingt wiedersehen und ihr glückliches Gesicht, wenn sie mir eröffnen würde, was sie Neues angefangen hatte.

Ich kam gerade an, als Marion sich ihr Mittagessen machte. Sie wohnte in einem Nebengebäude der Klinik, in einem eigenen Trakt für Schwestern und Schwesternschülerinnen. Als ich an ihre Zimmertür klopfte, sagte sie

„Ja!" und ich trat ein.

„Was, dass du heute kommst, was für eine Überraschung!"
Sie kam auf mich zu und wir umarmten und küssten uns. Wir setzten uns und Marion erzählte mir, wie es ihr in den letzten Tagen ergangen war und wie glücklich sie sei.

„Du kannst dir gar nicht vorstellen, wie froh ich bin, dass all das Schreckliche hinter mir liegt, und es kommt mir so vor, als sei es schon so lange her, und weißt du, die Arbeit hier ist nicht leicht und der Verdienst ist erst mal karg, aber ich kann arbeiten, ich kann für mich sorgen. Ich habe vor, das Schwesternexamen nachzuholen, dann verdiene ich mehr, hörst du, das habe ich fest vor. Im nächsten Monat werde ich mir Bücher kaufen und nach Feierabend lernen, bis mir der Kopf raucht. Ich bin so unendlich glücklich!"

Marion hörte nicht auf zu erzählen von ihrer Arbeit und was sie alles vorhätte, und ich sah sie dabei an. Sie sah jünger aus als vorher, sie sah so aus, als sei sie ein glückliches Kind unterm Weihnachtsbaum. Offenbar hatte sie zurückgefunden in ein normales Dasein, das sie seit frühester Jugend vermisst hatte, von dem sie seither immer nur geträumt hatte.

„Ich finde es toll, dass du allem Anschein nach nichts trinkst und nicht rauchst. Ist dir das am Anfang nicht wahnsinnig schwergefallen?"

„Na klar, und es fällt immer noch schwer, aber du hast es gewollt und du hast gesagt, dass es besser für mich wäre, nicht zu trinken und mit dem Rauchen aufzuhören, und da hab ich's gemacht. Und jedes Mal, wenn ich zur Flasche greifen wollte, da war keine mehr griffbereit, und ich hab an dich gedacht und dann fiel es mir leichter. Einmal habe ich es nicht geschafft und da habe ich mir eine Flasche billigen Cognac gekauft und wollte sie trinken. Und dann habe ich sie aber doch hier in den Schrank gestellt und danach fing ich an zu heulen, weil ich nicht geglaubt habe, dieses neue Leben durchzustehen. Hier!", sagte sie. „Nimm sie mit, sie ist noch voll!"

Dann reichte sie mir diese Flasche und ich nahm sie und steckte sie in meine Manteltasche. Dann ging ich zu Marion und küsste sie, und ich spürte etwas von echter Liebe, das ich bis dahin nur in Gegenwart von Lena gespürt hatte.

Marion hatte nur eine halbe Stunde Mittagspause und wir verabredeten uns für den Abend.

„Ich habe heute schon um acht Uhr Dienstschluss, lass uns dann einen kleinen Bummel durch die Stadt machen, ja?"

„Ist gut, Marion, ich bin pünktlich um acht Uhr hier."

Marion zog sich ihren weißen Kittel wieder an. Wir verabschiedeten uns und ich sah ihr nach, als sie den Flur entlangging; sie drehte sich noch einmal um, winkte mir zu und verschwand dann hinter irgendeiner Tür.

Pünktlich um acht Uhr war ich wieder da, klopfte und trat in ihr Zimmer. Marion stand vor dem Spiegel und frisierte sich. Sie hatte – was auch sonst – wieder ihren blauen Rollkragenpulli und den Faltenrock an und ihr alter grauer Regenmantel hing über der Stuhllehne. Wir umarmten und küssten uns und jedes Mal, wenn ich Marion küsste, hatte ich ein Gefühl, wie man es empfindet, wenn man ein Mädchen, von dem man schon lange geträumt hatte, es küssen zu dürfen, dann endlich küsst, ein Gefühl, das jeder kennt, dem dieser Traum schon einmal in Erfüllung gegangen ist. Den ganzen Abend unterhielten wir uns über Marions Arbeit und über das, was sie jetzt alles vorhatte, und ich war froh über diese Hoffnungen, die Marion in ihrer Zukunft liegen sah, ungeheure Hoffnungen, die sich keineswegs auf Reichtum und Luxus bezogen. Das würde dieser Beruf auch gar nicht hergeben, sondern Hoffnungen, vergessen zu können, was ihr so lange angetan worden war, Hoffnungen, wieder normal leben zu können, das Schöne, das Einfache des Lebens genießen zu können, Hoffnungen, endlich die ersehnte Zufriedenheit finden zu können, die sie vorher so vermisst hatte. Mir wurde klar, dass das kindliche Gemüt in dieser Frau jetzt nicht plötzlich aufgetaucht war, und ich war überzeugt, dass dieser Wandel weder von kurzer Dauer sein würde noch durch irgendetwas in der Welt in der Zukunft wieder umgestoßen werden könnte. Denn Marion hatte dieses Gemüt offenbar immer gehabt, nur war es durch ihr bisheriges Leben, durch ihr Leben im Elend der Baracke vollständig unterdrückt worden. Dort hatte sie keine Möglichkeit gehabt, eine Aufgabe zu erfüllen, dort war sie geschlagen und gedemütigt worden und wurde schließlich zur Trinkerin. Erstmals seit unendlich langer Zeit hatte sie wieder eine Aufgabe. Sie räumte bei kranken Menschen die Zimmer auf, machte ihnen die Betten, schob alten kranken Menschen die Schüssel unter und leerte sie anschließend aus. Sie war dabei überzeugt, wieder zu etwas nutze zu sein, und das war der Grund, weshalb ihr eigentliches Gemüt wieder zutage trat.

Es war ein wunderbarer Abend und im Zug nach Hause merkte ich, dass sich ein kleines bisschen von Marions Zufriedenheit und Zuversicht auch auf mich übertragen hatte.

30. KAPITEL:

Lena und die Jagd

Der Doktor und Lena hatten ihre Fahrt an den Chiemsee an jenem Wochenende gemacht. Es war für beide eine wundervolle Fahrt, schließlich trug auch der Sonnenschein dazu bei. Lena wohnte das erste Mal in ihrem Leben auf einem Bauernhof und genoss das von allen Seiten her betrachtet. Sie saß das erste Mal in ihrem Leben auf einem Pferd und ritt mit dem Doktor langsam, aber für eine Anfängerin sehr geschickt über die Moorwiesen und am Strand entlang, und es machte ihr viel Spaß. Am Abend saßen sie zusammen mit Herrn Winkler, der einfach Sepp gerufen wurde und der Verwalter war, im Speisezimmer des Bauernhauses und aßen geräucherten Schinken. Sepp, der gerne und oft zu viel trank, schenkte immer wieder Bier nach, sodass es an guter Laune und Gelächter nicht fehlte. Dann zog er sich aber doch zurück und wünschte allseits eine schöne, gute Nacht.

„Was meinst du, Liebling, wenn wir noch einen kleinen Strandbummel machen?", fragte Lena.

„Na schön, das machen wir. So ein wunderschöner klarer Spätsommerabend, der muss genutzt werden."

Beide verließen den Hof, mit Reithosen und Stiefeln bekleidet, und liefen zum Strand hinunter, der zu Fuß zehn Minuten vom Haus entfernt war. Der Weg führte über eine abgemähte Wiese und sie rannten zum Teil, weil sie übermütig waren. Dann gelangten sie am Strand an, der Mond war bereits aufgegangen und den Abendstern konnte man gut sehen. Aber weder der Doktor noch Lena sahen den Mond oder den Abendstern, sondern sie sahen sich an und hatten sich fest in den Armen. Keiner von ihnen sagte etwas, aber beide wussten voneinander, dass sie sehr glücklich waren.

„Weißt du, ich finde es einfach wunderbar hier", sagte Lena nach einer Weile, „überhaupt, seit wir uns näher kennen, bin ich so glücklich, ich habe nie gewusst, dass man so glücklich sein kann. Na ja, wenn ich als Kind mit meinem Papa spazieren gehen durfte, da war ich sicher auch sehr glücklich, aber das war ein anderes Gefühl als jetzt. Ich habe mich immer wieder nach diesem Gefühl gesehnt, das ich hier und jetzt empfinde."

„Du bist herrlich, wenn du so verträumt, fast sentimental sprichst. Du müsstest dich in diesem Augenblick sehen können", erwiderte der Doktor. „Ich merke das immer, auch wenn du nicht davon sprichst oder wenn du es absichtlich unterdrücken willst, etwa, wenn du es vor Unbeteiligten verbergen möchtest. Ich sehe es immer an deinem Gesichtsausdruck, ein fast unmerkliches Lächeln zeigst du dann, was ein Außenstehender nicht wahrnehmen würde, aber ich sehe es, ich habe dein Gesicht lange studiert. Ich merke sofort, wenn du glücklich bist. Jetzt bist du es sicher, jetzt würde es jeder sehen, und wenn du in den Spiegel schauen würdest, könntest du es selbst sehen."

„Das Reiten war wundervoll heute, ich freue mich schon darauf, wenn ich bald richtig reiten darf, dann möchte ich mit dir tagelang unterwegs sein können, und wir werden am Abend in irgendeiner Hütte ankommen und dort im Heu übernachten, das wird wunderbar werden!"

Der Doktor sah auf seine Uhr und meinte dann:

„Du, jetzt lass uns mal langsam nach Hause gehen, ich habe heute noch eine kleine Überraschung für dich."

„Eine Überraschung? Was für eine Überraschung? Liebling, bitte sag mir, was für eine Überraschung!"

„Später werde ich es dir sagen, jetzt nicht!"

„Ach Liebling, bitte sag mir, was für eine Überraschung, ich bin so neugierig!"

„Nein, später, du Neugierige! Schau dir den Mond an, wie selten klar er heute ist, es wird eine kalte, aber wunderbare klare Mondnacht werden!"

Beim Anblick des Mondes und als Lena von der klaren Mondnacht hörte, merkte sie, dass sie ziemlich fröstelte. Sie schmiegte sich also fester an den Doktor und beide gingen nach Hause. Dort angekommen, setzten sie sich gemütlich in das Wohnzimmer. Es hatte eine Zimmerdecke aus Kiefernholz. Die Wände waren mit Rauputz versehen und weiß gekalkt. Es hingen alte Jagdgemälde an den Wänden, so wie Regale, auf denen ungeputzte Zinnteller und Zinnkrüge standen. Ein offener Kamin mit Ziegelsteinumrandung war in der Ecke und dem gegenüber saßen Lena und der Doktor auf einem alten, englischen Ledersofa, offenbar aus einem Jagdzimmer. Zwei tiefe, bequeme Sessel gehörten dazu; auf dem einen lag ein Deutsch-Langhaarrüde, auf dem anderen ein altes Lederkissen. Apix, so hieß der Hund, bekam seinen Besitzer zwar verhältnismäßig oft zu sehen, aber nicht oft genug, um ihm sehr gute Arbeit bei der Jagd zu leisten. Trotzdem war er ein prachtvoller Hund. Neben dem Ledersofa stand ein kleines schmiedeeisernes Tischchen mit einer halb geleerten Flasche „Asbach" und zwei Cognacschwenkern.

„Ich finde es wundervoll, hier zu sitzen!", sagte Lena nach einer Weile und der Doktor sah sie an und antwortete:

„Ich sitze oft hier allein, wenn ich mich am Wochenende erholen will vom Trubel der Arbeit und sonst noch von allem Möglichen."

„Ich kann dich gut verstehen, so etwas braucht der Mensch wahrscheinlich, damit er dann wieder voll leistungsfähig ist." Sie saßen noch eine ganze Weile so da, tranken von Zeit zu Zeit einen „Asbach", rauchten zusammen eine Zigarette und schauten dabei in das Kaminfeuer. Der Hund war eingeschlafen.

„Lass uns ins Bett gehen!", sagte der Doktor irgendwann. Sie standen auf, der Doktor schob mit einem Schieber die glühende Asche im Kamin ganz nach hinten, dann verließen sie das Zimmer und gingen eine Etage höher. Der Hund ging auch mit raus und der Doktor befahl:

„Apix, geh in dein Bett, husch!" Apix trottete auf seine alte Rosshaarmatratze zu, auf der er unter der Treppe schlief. Lena und der Doktor gingen oben den Gang entlang in das Schlafzimmer.

„Du bist ein wunderbarer Mensch!", sagte Lena, als sie das originelle alte Bauernschlafzimmer sah. „Ich hätte nie gedacht, dass du ein solches Haus so einrichten könntest. Wenn jemand deine Praxis kennt, würde er das hier nie vermuten."

„Meine Praxis ist gewissermaßen meine Werkstatt und in einer Werkstatt sieht es niemals wohnlich aus. Das hier ist mein zweites Zuhause, wo ich mich wohlfühlen will, hier muss ich es mir so einrichten, dass es behaglich ist."

Die Betten dieses Zimmers standen nicht nebeneinander, sondern hintereinander, in eine Art Holzverschlag eingebaut. Ein Läufer, der aus Flicken zusammengewebt war, lag in dem länglichen Zimmer und das kleine doppelte Holzfenster, das geviertelt war, wurde verdeckt von einem Vorhang aus grobem Leinen, der an einer Holzstange an kleinen Laschen aufgehängt war. Lena zog sich rasch aus und legte sich in eines der Betten, bedeckte sich mit der schweren und riesigen Federdecke, die sie bis zur Nasenspitze hochzog.

„Wollen wir der Frau Winkler ersparen, die Bettwäsche des zweiten Bettes zu waschen?", fragte der Doktor verschmitzt.

Lena nickte fast unmerklich mit dem Kopf, der nur zur Hälfte aus der Decke hervorlugte, aber der Doktor hatte es bemerkt und kroch neben Lena, die nichts anhatte. Es wurde eine wundervolle Nacht und Lena war glücklich wie nie zuvor.

Gegen zwei Uhr morgens streichelte der Doktor ihren Rücken; sie wachte davon auf und der Doktor flüsterte ihr ins Ohr: „Weißt du noch, die Überraschung?"

„Ja, du hast sie mir verschwiegen, sagst du es mir jetzt?"

„Ja, und zwar will ich mit dir auf die Jagd gehen!"

„Und wann?", fragte sie verschlafen und war schon fast wieder am Hinübergleiten.

„Jetzt, Liebling, aber nur, wenn du Lust hast. Vielleicht hast du ja keine Lust und möchtest lieber weiterschlafen und vielleicht ist es ja keine so schöne Überraschung für dich?"

„Na ja, irgendwie Lust hätte ich schon, aber kann man denn jetzt mitten in der Nacht ein Tier schießen? Das trifft man bei Dunkelheit doch gar nicht!"

„Nein, das schießt man auch nicht bei Dunkelheit, nur müssten wir jetzt losgehen, damit wir am Hochsitz sind, bevor es hell wird. Weißt du, sobald die erste Dämmerung anbricht, kommt das Wild in Bewegung, macht sich auf, um zu den Äsungsplätzen zu ziehen, und wenn wir dann erst losgehen würden, könnte es uns wahrnehmen und wäre auf und davon."

„Ich war noch nie auf einer Jagd und ich weiß auch gar nicht, wie das ist, wenn man ein Tier schießt, aber ich möchte doch mitgehen und ich werde versuchen, nicht zu weinen, wenn du es getroffen hast und wenn es dann tot ist."

„Ich habe gehofft, dass es dir Freude machen wird. Komm, lass uns aufstehen, damit wir rechtzeitig am Hochsitz sind."

Lena stand zögernd auf. Der Gedanke, zusehen zu müssen, wie ein Stück Wild geschossen wird, war ihr gar nicht so angenehm, aber sie wollte bestimmt ganz tapfer sein und vor allem dem Doktor nicht die Freude verderben.

Nach einem knapp einstündigen Marsch durch die Dunkelheit waren sie am Hochsitz angelangt. Die Nacht war immer noch ganz klar, nur ein leichter Dunstschleier lag auf der Wiese, die sich an den Waldrand anschloss, an dem der Hochsitz stand. Lena stieg zuerst auf die Leiter, dann folgte der Doktor. Apix legte sich unter den Hochsitz und blieb dort ganz ruhig liegen. Es war frisch und Lena fröstelte etwas und deshalb kuschelte sie sich fest an den Doktor.

„Du musst ganz still sein, damit das Wild uns nicht wahrnimmt, weißt du!"

Es war eine Stunde vergangen, als es schließlich anfing, etwas zu dämmern. Lena war eingeschlafen, sie lehnte an der Schulter des Doktors, als dieser sie vorsichtig antippte und ihr, so leise er konnte, ins Ohr flüsterte:

„Liebling, du musst jetzt aufwachen, ich glaube, es wird bald so weit sein, dass Wild austreten könnte."

Sie setzte sich aufrecht hin, während er vorsichtig und lautlos sein Gewehr aus der Ecke nahm und es dann, mit dem Lauf in Richtung Wiese zeigend, vor sich legte. Lena war es miserabel zumute bei dem Gedanken, was sich womöglich in Kürze abspielen würde. Sie starrte geradeaus und versuchte, nicht daran zu denken und vor allem aber keinen ängstlichen Eindruck zu machen. Der Doktor hätte das auch nicht gemerkt, denn seine Gedanken konzentrierten sich jetzt voll auf die Jagd. Seine Sinne waren auf jenen Rehbock gerichtet, den er schon seit Jahren kannte und auf den er in diesem Jahr schon so oft angesessen hatte, der womöglich bald aus der gegenüberliegenden Waldschneise, vorsichtig äugend und lauschend, hervortreten müsste. Dort nämlich führte der Wildwechsel aus der Waldschneise heraus auf die Wiese und deshalb müsste er auch dort erscheinen. Die Zeit war da und es war auch schon ein wenig heller geworden. Mit dem Fernglas suchte er jetzt immer mal wieder den gegenüberliegenden Waldrand ab. Es war ein gutes, teures Glas. Jetzt reichte er es Lena, und sie war erstaunt, wie taghell es schon war, wenn man hindurchsah. Er lächelte sie an, nahm das Glas wieder an sich und suchte von Neuem den gegenüberliegenden Waldrand ab.

Dort kam jetzt langsam und zögernd eine Ricke hervor. Sie äugte nach rechts und links, lauschte, verharrte eine Weile, zog dann weiter; es folgten nach und nach noch fünf weitere weibliche Rehe, die ebenfalls gespannt äugten und lauschten, sich dann langsam in Bewegung setzten und irgendwann anfingen zu äsen. Eines von ihnen aber hatte immer das Haupt erhoben, es passte offensichtlich auf, solange die anderen ästen, bis es von einem anderen abgelöst wurde. Der Doktor konnte sie alle gut sehen durch das Glas und als er wieder den Waldrand absuchte, war auch plötzlich, wie aus dem Nichts, der Bock erschienen. Es war ein kapitaler Sechser, ein prachtvolles Exemplar. Er stand unbeweglich am Waldrand und äugte. Der Doktor gab Lena das Glas: „Sieh ihn dir an, ist er nicht wunderbar?", flüsterte er kaum hörbar. „Ist es nicht ein beeindruckender Anblick?"

Solange der Bock weit genug entfernt von den anderen Tieren stand, konnte man ihn leichter erlegen, stand er erst einmal mit den anderen Tieren zusammen, war es vorbei, dann würde man die anderen gefährden.

Der Bock stand immer noch regungslos am Waldrand, nur seine Lauscher bewegten sich gelegentlich in Richtung des Hochsitzes. Während sich der Doktor vorsichtig, den Bock nicht aus den Augen lassend, zum Schuss fertig machte, legte Lena das Glas weg, denn sie wollte nicht mit ansehen, wie dieses stolze Tier, das dort in etwa einhundertfünfzig Metern Entfernung nichts ahnend und reglos stand, in wenigen Augenblicken sein Leben verlieren würde, beendet durch den Erzfeind, den Menschen. Sie schloss die Augen und dachte: Lauf doch weg! Lauf doch weg! Aber der Bock lief nicht weg, er stand da wie ausgestopft, reglos, majestätisch, mit seiner Breitseite in Richtung Hochsitz. Der Doktor hatte ihn jetzt gut im Zielfernrohr. Er hielt wegen der Entfernung etwas oberhalb des Schulterblattes an, aber nicht zu hoch, damit es kein Grellschuss würde. Jedoch in dem Moment, als er einstach, machte der Bock eine Wendung und stand nun spitz von vorne zum Hochsitz. Der Doktor sicherte das Gewehr. Vorbei, dachte er, Gelegenheit verpasst. Er beobachtete den Bock weiter durch das Zielfernrohr. Der Bock setzte sich nun langsam in Richtung der anderen Tiere in Bewegung. Für den Doktor war das die letzte Gelegenheit, ihn vielleicht doch noch zu bekommen. Wenn er erst einmal bei den anderen Tieren war, war es vorbei. Er entschloss sich daher schnell, hielt das Gewehr etwas vor in die Richtung, in die sich der Bock bewegte, aber nicht zu viel, hielt wieder eine Spur weiter oben an; jetzt holte er tief Luft, hielt den Atem an, korrigierte erneut leicht und raus war der Schuss. Der Bock ging vorne steil in die Höhe, jagte los, während die anderen Tiere verharrten. Sie hatten bemerkt, dass irgendetwas geschehen war, aber nicht was. Dann flüchteten sie in den Wald. Der Bock mochte noch fünfzehn oder zwanzig Meter weit gekommen sein, bevor er zusammenbrach. „Ein guter Treffer!", sagte der Doktor. Er flüsterte jetzt nicht mehr. „Nicht ganz leicht, vor allem, weil ich ihn im Laufen nehmen musste, und das auf annähernd hundertfünfzig Meter Entfernung!"
Lena sah den Doktor etwas verstört an, klammerte sich dann fest um seinen Hals und fing schließlich doch an zu weinen. Sie

weinte immer heftiger und es schüttelte sie regelrecht. Der Doktor strich ihr mit der Hand über den Kopf und meinte:
„Das erste Mal bei einem Abschuss dabei zu sein, wühlt einen auf, Liebling, aber wenn du erst einige Male mit mir auf der Jagd gewesen bist, wirst du es nicht mehr als sinnloses Töten empfinden, sondern du wirst, genau wie ich, Ehrfurcht vor dem Tier, dem Geschöpf, haben und du wirst dich freuen, wenn es gut getroffen ist. Und noch eines: Die Jagd besteht nicht nur aus Schießen. Das Schießen macht den allergeringsten Teil aus. Jagd ist ein Naturerlebnis, eines der letzten vielleicht, sie ist ein Einswerden mit der Natur. Der gute Schuss ist vielleicht das Ziel der Jagd, das seltene Ziel, aber nicht das, was die Gesamtheit dieses Naturerlebnisses ausmacht."
„Ich will's versuchen, ich will versuchen, wenigstens nicht mehr zu weinen, aber es war doch wirklich schrecklich, wie er losgerannt war um sein Leben, sinnlos, als könne er davonkommen, und doch war er zusammengebrochen."
Apix war inzwischen sehr unruhig und als der Doktor zum dritten Mal „Halt!" gerufen hatte, kroch er wieder unter den Hochsitz und legte sich hin.
Der Doktor rauchte eine Zigarette, stieg dann vom Hochsitz herunter, nahm den Hund an die Leine und sein Gewehr über die Schulter und ging in Richtung Bock. Als er ihn schließlich gefunden hatte, besah er sich zunächst die Trophäe. Die Stangen waren gleichmäßig und gerade gewachsen, eine reine Freude für ihn. Die Kugel saß gut, vielleicht eine Spur zu hoch, aber doch so, dass sie sofort tödlich gewirkt hatte. Nach einer Weile fing er an, den Bock aufzubrechen. Für ihn war es selbstverständlich, diese Arbeit stets selbst zu verrichten. Niemals hatte er es zugelassen, dass irgendjemand anderes das für ihn getan hätte, es gehörte zum Jagderlebnis dazu. Apix bekam ein Stück vom Aufbruch, das war ebenfalls so Sitte, und anschließend trug der Doktor den Wildkörper zum nahegelegenen Waldrand und hängte ihn an einen Baum zum Auslüften. Sepp würde ihn dann mit dem Geländewagen holen.

Lena hatte das alles vom Hochsitz aus beobachtet. Für sie war das Ganze nach wie vor ein trauriges Erlebnis. Aber sie würde sich daran gewöhnen, allein ihm zuliebe, wenn es ihr auch sehr schwerfallen würde, nicht zu weinen, aber sie hatte es ihm versprochen, und sie würde ihr Versprechen halten. Aber Rehbraten, nein, Rehbraten würde sie nicht mehr essen, jedenfalls vorläufig nicht.

31. KAPITEL:

Marion ist schwer krank

Es war Mitte Oktober, das Semester hatte wieder angefangen, die Arbeit an der Hochschule machte mir weniger Spaß als je zuvor. Während der Vorlesung war ich mit meinen Gedanken häufig bei Marion. Ich besuchte sie auch öfter in Nürnberg und ich begann sie mehr und mehr zu lieben, wenn ich auch Lena nicht so einfach vergessen konnte, noch nicht. War es denn der große Altersunterschied zwischen Marion und mir? Man muss es einmal erlebt haben, in einen solchen Zwiespalt zu geraten, dass man die ganze Welt, die Arbeit fürs Studium und irgendwie das ganze Leben nicht mehr verstehen kann, damit man lernt, jenen Weg zu finden, der aus solchen oder ähnliche Lebenslagen herausführt. Ich war verliebt in eine ältere Frau und hatte den zauberhaften Reiz eines jungen Mädchens dafür fallen lassen. Nun hockte ich da und versuchte, den ganzen Mist, der sich dadurch angestaut hatte, in mich hineinzumümmeln. Aber ich konnte es nicht verdauen, es drehte sich alles, was in mir war, und ich wollte es am liebsten wieder auskotzen und es wäre gut gewesen, wenn ich alles wieder hätte auskotzen können. So aber würde alles weiter in mir gären, bis es eines Tages den Weg aus mir hinausfinden würde. Was für ein verrücktes Leben – wenn ich in dieser Situation bloß nicht so allein gewesen wäre… Lena nicht mehr da und auch niemand sonst half mir, wenn ich mal jemanden gebraucht hätte. Marion aber würde mir helfen können, wenn ich sie besuchte. Sie würde mich fesseln, wie immer bisher. Ich musste sie sehen, so oft es ging. Ich brauchte sie jetzt, damit ich endlich wieder normal denken konnte, und sie brauchte mich ja schließlich auch, denn was wir miteinander angefangen hatten, das mussten wir jetzt auch vollenden, wundervoll!

Ich fuhr am Wochenende zu Marion. Ich traf sie in ihrem Zimmer an. Sie sah schlechter und elender aus als bei meinem letzten Besuch und der war erst zwei Wochen her. Aber sie war lieb wie immer und freute sich wie ein Kind. Sie kam auf mich zugelaufen und ich küsste ihren Mund und ihren Hals und dann küsste ich sie hinter beiden Ohren; ich drückte ihren Kopf fest an meine Brust und dann empfand ich ein seltenes Glücksgefühl und ich brauchte ihr nicht zu sagen, dass ich sie liebte, denn sie merkte das auch so.

„Oh Gott, wie ich mich darauf gefreut habe, wie ich mich auf dich gefreut habe!", sagte sie. „Wenn du bloß nie wieder weggehen würdest! Ich bin so glücklich, Liebling, wir wollen uns ein wundervolles Wochenende machen, ja?"

Wir setzten uns hin und sie holte Wein aus ihrem Schränkchen, den sie extra für mich gekauft hatte, und ein Glas für mich, denn sie konnte zurzeit nichts trinken. Dann brachte sie Salzstangen, auch nur für mich. Wir saßen und hörten Musik und das Schöne an ihr war, dass man mit ihr sitzen konnte und kein Wort zu sprechen brauchte und trotzdem selten glücklich war, jetzt, wo sie sich so bemühte, ihr eigentliches Wesen wieder neu zu entfalten. Nur sah sie eben schlecht aus, ungesund, blass, und mich beunruhigte das und darum fragte ich sie nach einiger Zeit erneut, was ihr fehlte, und sie sagte nur, dass ihr gar nichts fehlte, nur dass sie sich in letzter Zeit eben nicht ganz wohlfühlte, kaum etwas essen und trinken könne, ohne sich danach zu übergeben. Ich sagte daraufhin, dass ich glauben würde, dass das die Folgen davon seien, dass sie plötzlich mit dem Rauchen und Trinken aufgehört hätte, und dass sich ihr Körper erst langsam auf diese neue Situation einstellen müsse und dass es danach mit ihr bestimmt wieder bergauf gehen würde, sobald sie das überwunden hätte. Außerdem sagte ich, dass es mir nichts ausmachen würde, dass ihr momentan körperliche Liebe und Nähe nicht so angenehm sei, dafür hätten wir ja noch die ganze Zukunft vor uns. Dann erzählte sie mir von Neuem, dass alle anderen in der Klinik so ungeheuer nett zu ihr wären, vor allem der Professor, der Chefarzt ist, und dass sie die Arbeit zwar sehr anstrengen würde, dass sie aber trotzdem wahnsinnig viel Freude daran hätte.

„Ich bin endlich wieder für etwas Sinnvolles da, ich habe endlich eine Aufgabe; man braucht mich, das hat es in meinem Leben seit Langem nicht mehr gegeben. Das macht mich so glücklich, dass ich diese schwere Arbeit trotz meiner momentanen Schwäche als Geschenk empfinde."

Es wurde ein wundervolles Wochenende und wir gingen so herrlich und doch so behutsam miteinander um, grenzenlos, aber nicht so temperamentvoll wie sonst und doch so zart, so einmalig und doch mit einer gewissen Zurückhaltung, weil es ihr eben nicht so gut ging. Und wir erwachten wie aus einem Traum, der uns in eine andere Welt getragen hatte, eine Welt voller abstrakter Dinge, in der es nichts gab als Gefühl füreinander. Es war wunderbar, Marion zu erleben. Ich schöpfte eine Kraft daraus, mit der ich danach den Alltag in irgendeiner Weise besser meistern konnte. Es fiel mir jetzt auch leichter, mich mit allen möglichen Leuten abzugeben, in der Gewissheit, da ist jemand, der steht über allen Leuten, ein Mensch, an den es sich lohnt, zu denken, stundenlang zu denken, tagelang zu denken, vielleicht ein ganzes Leben lang zu denken.

32. KAPITEL:

Lenas Baby

Es war zehn Uhr abends in München. In der Praxis des Doktors brannte noch Licht. Auf seinem Schreibtisch stand eine Flasche Whisky, sie war halb geleert, daneben stand ein Glas. Der Aschenbecher war übergequollen, niemand war da, der ihn ausgeleert hätte, darum waren einige Zigarettenkippen bereits danebengefallen; ein Rauchschleier waberte im Raum anstatt der sonst frischen, eher leicht nach Desinfektionsmittel riechenden Luft. Die Vorhänge waren geschlossen, die Fenster auch, sodass keine frische Luft hereinkommen konnte. In seinem ledernen Drehstuhl saß der Doktor und er hatte noch den weißen Praxismantel an, weiße Hosen, weiße Mokassins. Auf die rechte Hand hatte er seinen schweren Kopf gestützt, mit der Linken goss er neuen Whisky in das Glas, im Mundwinkel hing eine Zigarette, deren erste Hälfte aus Asche bestand. Er nahm sie heraus, trank einen Schluck und steckte sie wieder hinein, dabei fiel die Asche auf seinen weißen Mantel. So saß er nun schon seit zwei Stunden, verloren in Gedanken:

Versuche ich, Lena zu überzeugen, es wegzumachen, dann bin ich sie vermutlich los, mache ich das nicht, würde ich sie vielleicht heiraten, aber dann bleibt mir ja nichts anderes übrig, als vorher endlich die Scheidung übers Knie zu brechen. Ich muss das wohl übers Knie brechen, das ist die einzige Chance, die ich habe, und für Lena würde es das Beste sein, dann würde sie meine Frau und dann würde alles noch einmal wunderbar werden.

Er stand jetzt auf, fuhr aus seinem weißen Mantel, trank dann noch den Rest Whisky aus dem Glas, zog seinen Staubmantel an und dachte beim Hinausgehen:

Ich werde sie heiraten, das mit der Scheidung werde ich schon irgendwie fertigkriegen, es wird eine Stange Geld kosten, na und? Aber mit einem guten Anwalt werde ich es schaffen. Morgen werde ich es Lena sagen, sie wird mir um den Hals fallen und erleichtert ins Ohr flüstern, wie sehr sie mich liebt.

Er freute sich immer, wenn sie ihm sagte, wie sehr sie ihn liebte, und sie sagte nicht einfach nur „Ich liebe dich!", sondern sie sagte es jedes Mal netter, schöner, blumenreicher, sie gebrauchte die unmöglichsten Umschreibungen dazu. Sie war nicht nur schön, sie konnte auch etwas mit ihrem Kopf anfangen, so was muss man suchen! Mein Gott, wer hätte das gedacht, dass mir so jemand noch mal begegnet, dachte er.

Er ließ seinen Mercedes stehen, stieg stattdessen in ein Taxi und fuhr nach Hause.

33. KAPITEL

Diagnose: Krebs

Marion sah am nächsten Wochenende noch elender aus als acht Tage zuvor. Irgendetwas schien nun wirklich nicht in Ordnung mit ihr. Hatte sie diesen plötzlichen Umschwung in ihrem Leben nicht vertragen? Die erste Woche hatte man den Eindruck, als sei sie sogar etwas aufgeblüht, aber mit einem Mal war sie nicht mehr in Ordnung.

„Marion, was ist los mit dir?", fragte ich sie nun zum wiederholten Mal. „Du siehst nicht gut aus, etwas fehlt dir, du siehst müde und krank aus."

„Ach, lass doch! Ja, ehrlich gesagt, ich fühle mich nicht wohl. Der Professor hat mich auch schon zu sich bestellt und gefragt, was mir fehlt. Aber ich konnte es ihm nicht beschreiben, nur dass ich eben müde und abgespannt bin, ein bisschen schwindlig und so, hab ich ihm gesagt. Daraufhin hat er mich einmal etwas gründlicher untersucht, aber auch nicht recht was gefunden. Er sagte, ich solle viel essen und vor allem trinken, damit ich wieder kräftig werde, das war alles. Aber was soll ich denn essen, wenn ich gar keinen Hunger habe und mich ständig übergeben muss? Der stellt sich das so leicht vor! Komm, lass uns von was anderem reden, so schön ist das nicht, über irgendwelche undefinierbaren Krankheiten zu lamentieren."

Das Wochenende war wenig harmonisch. Marion versuchte, lieb zu sein, aber es fehlte ihr eben etwas, und Menschen, denen etwas fehlt, können sich noch so bemühen, man merkt ihrer Stimmung an, dass sie anders sind als sonst. Man sollte sie in Ruhe lassen, bis sie wieder gesund sind, dann würden sie auch wieder so werden, wie man sie gern hat. Aber ich wollte einfach wissen, was da los war, deshalb ging ich diesmal etwas früher als sonst. Ich sagte ihr, sie solle nicht traurig sein, ich würde am nächsten Wochenende mit mehr Zeit für sie wiederkommen, ich hätte noch eine Menge für die Schule zu tun. Aber ich sah, dass sie mir das nicht glaubte und dass sie doch traurig war, sehr traurig sogar. Aber es half nichts, ich wollte noch zu ihrem Chef, ich wollte Gewissheit haben, was mit ihr wäre.

Ich ging in eine Telefonzelle, rief ihn unter seiner Privatnummer an, die ich zum Glück im Telefonbuch fand, und fragte, ob ich ihn wohl am Sonntag einen Augenblick stören dürfte, es würde sich um Marion handeln. Er wollte wissen, wer ich sei, und ich sagte, dass ich ein guter Freund sei und dass sie außer mir wohl niemanden hätte, der sich um sie kümmere, und ich unbedingt wissen müsse, was mit ihr wäre. Er zögerte etwas, bat mich aber dann doch, zu kommen.

„Sie müssen mir schon etwas genauer sagen, wer Sie sind, junger Mann!"

„Wissen Sie, Herr Professor, ich habe Marion da vor einiger Zeit aus einem Dreck herausgezogen, wo sie nicht hingehörte, und darüber habe ich sie lieben gelernt, obwohl sie vom Alter her fast meine Mutter sein könnte. Und jetzt hängt sie an mir und ich hänge eben auch an ihr, so komisch das klingen mag. Außer mir hat sie nur noch eine Tochter, die hat sich aber von ihr abgewendet, und kein Mensch weiß, wo sie lebt. Sie hat also sonst niemanden. Wenn ich mit meinem Studium fertig bin, werde ich sie wohl heiraten, verstehen Sie? Sie hat mir erzählt, dass Sie sie mal gründlich untersucht hätten und dass sie mehr essen solle und so, aber ich habe den Eindruck, dass sie immer mehr abbaut, anstatt dass es besser würde mit ihr. Sie wissen, dass sie bis vor Kurzem exzessiv geraucht und getrunken hat, ja?"

„Nein, das war mir so nicht bekannt, fügt sich aber gut in das Bild ein, das ich von ihr habe. Und ja, ich habe sie untersucht, weil mir ihr schlechter Zustand aufgefallen war. Sagen Sie mir mal, wo und wie sie vorher so gelebt hat."

Ich erzählte ihm das Wichtigste so knapp ich konnte und er nickte mit dem Kopf und sagte: „Hm – ja, ja ja – hm", und nickte wieder, und als ich am Ende war, meinte er:

„Ja, aber ganz so hab ich's mir nicht vorgestellt, furchtbar, furchtbar! Ich hab es mir ähnlich vorgestellt, aber nicht so. Ich hab sie nie gefragt, wo sie herkommt, weil ich mir's fast gedacht habe. Es hätte möglicherweise nur ihr mühsam aufgebautes, kleines bisschen Selbstvertrauen noch weiter beschädigt. Sie hatte am Anfang so viel Energie gezeigt und sie wollte sogar das Schwesternexamen nachmachen trotz ihres Alters. Ich fand das großartig, aber ich konnte es nicht ganz verstehen. Jetzt verstehe ich es."

„Aber was hat das mit ihrem Zustand zu tun, dass ich Ihnen das erzählen sollte?", fragte ich. „Ist die plötzliche Umstellung von starkem und dauerndem Alkohol- und Zigarettengenuss daran schuld?"

„Nein, nein, junger Mann", sagte er. „Aber noch eine andere Frage: Hat sie nicht doch noch irgendwelche anderen Verwandten außer der Tochter, die sich von ihr abgewendet hat?"

„Warum?", fragte ich.

„Es fällt mir nicht ganz leicht, weil ich eigentlich zur Verschwiegenheit verpflichtet bin. Ich will es Ihnen dennoch sagen, zumal es ja wohl tatsächlich niemanden gibt außer Ihnen, der sich um sie kümmert."

Er stand auf, ging zu seinem Schreibtisch, drehte sich dann wieder zu mir um und sagte:

„Sie hat Ihnen was verschwiegen, junger Mann, sie hat Ihnen etwas sehr Wichtiges verschwiegen! Ich habe Gewebeproben von ihr eingeschickt, weil ich Verdacht auf Krebs hatte und weil ich sicher gehen wollte. Ich fand leider meinen Verdacht bestätigt und ich hab sie daraufhin sofort operativ geöffnet. Hoffnungslos! Die Leber, was soll ich sagen? Hoffnungslos! Beide Nieren schwer angegriffen. Selbst ihr Magen blieb nicht verschont. Überall Metastasen. Ich hab sie einfach wieder zugenäht und ihr erst mal erzählt, dass wohl nichts Schlimmes mit ihr wäre und dass sie bald wieder auf den Füßen sein werde. Krebs also im fortgeschrittenen Stadium, unheilbar, hoffnungslos, todbringend!", sagte er sehr langsam und nachdenklich. „In so einem Fall belastet man den Patienten nicht mehr mit der Wahrheit, jedenfalls ich nicht. Ich habe den Eindruck, dass Sie ein junger Mann sind, vor dem man Achtung haben muss, wenn ich bedenke, was Sie für diese Frau alles getan haben. Sie werden es ertragen müssen, eben wie ein Mann."

„Wie lange werde ich sie noch haben?", fragte ich nach einer längeren Pause.

„Was weiß man? Vier Wochen, sechs Wochen, kein Vierteljahr, je nachdem, wie lange ihr Herz mitmacht."

„Weiß sie es wirklich nicht?"

„Nein, ich hoffe, sie weiß es nicht. Ob sie was ahnt, kann ich natürlich nicht sagen, aber es scheint mir, dass sie im Moment noch fest daran glaubt, wieder gesund zu werden. Und dieser Glauben wird ihr die kurze Endphase erträglicher machen. Und noch einmal, glauben Sie mir, deshalb erzähle ich einem Patienten in einem solchen drastischen, klaren Fall auch nicht mehr die Wahrheit."

Ich fauchte ihn an:

„Und warum haben Sie das nicht viel eher gemerkt? Sie als Arzt kennen doch die Symptome, Sie müssten es doch am ehesten merken!"

„Wir konnten nichts merken! Wir konnten wirklich nichts merken, nicht eher, als bis sie eines Tages zu mir kam mit Schmerzen überall, am ganzen Körper. Erst hatten wir gehofft, dass diese Schmerzen mit den Hämatomen zusammenhängen, die sie ja auch noch überall am Körper hat. Aber ich verstehe Sie gut", sagte er. „Cognac?"

„Danke, ja."

„Sie sind der Einzige, der es weiß. Sagen Sie's ihr nicht, umso länger haben Sie sie noch bei sich", erklärte der Professor. „Es ist furchtbar, mit einer Todkranken so zu leben, als sei sie gesund und kraftvoll wie der junge Frühling, aber tun Sie es trotzdem. Fragen Sie mich nicht wie, ich weiß es nicht, ich weiß nur, dass das eine Verlängerung von etlichen Wochen bedeuten kann!"

„Verlängerung, Verlängerung von ein paar Wochen, was ist das? Todkrank! Ein paar Wochen länger zu siechen! Was soll das? Was hat dieses Siechen für einen Sinn? Sagen Sie mir das, Herr Professor, ein paar Wochen?"

„Ich werde ihr Urlaub geben, bezahlten Urlaub, wenn Sie wollen, nehmen Sie sie mit zu sich, tun Sie alles für sie, was sie gern hat, was sie von den zunehmenden Schmerzen ablenkt, so lange es geht. Dann bringen Sie sie wieder und wir werden sie pflegen, so lange wir können, mehr kann ich Ihnen nicht sagen. Noch eines, junger Mann, sorgen Sie dafür, dass sie ihre Tabletten nimmt, die Leber arbeitet nicht mehr so gut, sonst ist es ganz schnell aus!"

Ich stand auf, ging zur Tür und sagte:

„Danke, Herr Professor, danke! Ich weiß jetzt, Sie haben offenbar alles getan und Sie meinen es gut!"

Er öffnete die Tür und erwiderte:

„Ich schick sie morgen in Urlaub und sie wird zu Ihnen kommen, hoffentlich tun Sie alles für sie, seien Sie stark, Sie müssen jetzt eben nur einfach ganz stark sein!"

Ich ging wortlos aus dem Haus, durch den Vorgarten, schloss das Gartentor hinter mir und lief die Straße entlang bis zum Bahnhof.

Es war ein langer Weg; vorher war ich das ganze Ende mit der Trambahn gefahren und nun zu Fuß war der Weg lang, vielleicht eine Stunde, vielleicht zwei, ich habe es vergessen, aber irgendwann erreichte ich den Nürnberger Hauptbahnhof.

Zu Hause angekommen, ließ ich mich in meinen alten Lederstuhl fallen, öffnete eine Weinflasche; es war ein Frankenwein aus der Würzburger Gegend. In Würzburg hatten Marion und ich den gleichen Wein getrunken, unten in der Bar des Hotels, und ich hatte ihn gekauft, um ihn mit Marion zu genießen, wenn sie mich wieder besuchen würde. Nun trank ich ihn alleine, aber ich konnte ihn nicht genießen, deshalb trank ich ihn schnell. Es ist schade, wenn man einen guten Wein schnell trinkt und ihn nicht genießt, es ist schade um jedes Glas. Ich saß in meinem Sessel und dachte nach, stundenlang:

Ich werde das Semester aufgeben. Was bedeutet schon ein Semester für ein ganzes Leben. Ich werde zu Samier gehen, der hat Freunde, die Geld haben. Der wird mir Geld beschaffen und mir seinen alten VW Käfer geben, denn ich werde eine Menge Geld brauchen. Und wenn ich Geld habe und das Auto, dann kann ich es vielleicht hinbekommen, dann kann ich Marion noch ein paar schöne Wochen machen. Ich werde ihr sagen, dass ich sie heirate, sobald ich fertig bin mit dem Studium. Das wird ihr Mut machen und sie kann es vermutlich ein paar Wochen länger schaffen, ein paar Wochen, verflucht noch mal! Ein paar Wochen, in denen der Krebs sie von innen auffrisst, und sie wird es nicht wissen und sich wundern, dass sie immer mehr abbaut, und ich werde zusehen und ihr dabei mit strahlendem Gesicht sagen müssen, dass ich sie heiraten will. Gottverlassenes Weib, gottverlassenes ...

Ich stand auf und ging in die klare Novembernacht hinaus. Ein leichter Wind bewegte die Baumwipfel, durch die der Vollmond schien. Ich fröstelte, aber das war mir egal. Es ist unangenehm, wenn man friert, und man denkt an einen warmen Kachelofen. Aber es ist hoffnungslos, wenn einem Krebs einen geliebten Menschen wegnehmen wird, und man muss zusehen und ein strahlendes Gesicht dabei machen. Man kann es nicht ändern, man kann Krebs nichts in den Weg stellen, das ihn dazu bewegt, aufzuhören mit dem Fressen, bis der Tod kommen wird. Dann erst hört er auf. Aber was ist der Tod? Ist er die Pforte zu einem anderen, neuen, besseren, schöneren Sein oder zu einem schwarzen Loch oder führt er einfach ins Nichts? Dann wäre alles sinnlos, dann wäre alles umsonst gewesen. Was mache ich mir für Gedanken über den Tod? Geht er mich denn etwas an? Alle müssen sterben!

Wenn ein Mensch geboren wird, dann stehen die Leute mit großen, strahlenden Augen da und freuen sich über das Kleine. Doch ist es wieder einer mehr, der unausweichlich, wann auch immer, mit dem Tode enden wird, dem Tod, der einfach zum Leben gehört, eben auch zum Leben eines Neugeborenen. Der Tod, dieser undefinierbare Zustand, dessen Eintreffen keiner vorhersagen kann, den noch keiner genau schildern konnte, denn alle, die ihn irgendwann einmal erlitten haben, können einem nichts mehr darüber erzählen. Ein gutes System also, in dem die Geheimnisse um den Tod gewahrt bleiben und in dem Hoffnungen oder Verzweiflungen gleichermaßen offen gehalten werden. Und wenn dann das eben Neugeborene vielleicht siebzig oder achtzig Jahre später gestorben ist, dann sind wieder Leute da, wenn auch andere, nunmehr trauernd, verzweifelt, hoffnungslos. Sie beweinen den Zustand, den sie weder klären noch beseitigen können, möchte man glauben! Sie beweinen den, der nun weg ist, möchte man glauben! Aber nein, beweinen sie sich nicht vielmehr in erster Linie selber, weil ihnen der eine nun für immer fehlt, mit dem es früher für sie so angenehm war zu leben und den sie nun so sehr vermissen? Trauer scheint also in erster Linie auch ein Stück weit Selbstmitleid zu sein. Sie weinen außerdem auch aus einer gewissen Angst heraus, dass sie selbst der Nächste sein könnten und diesem ungewissen Tod nun einmal nicht entrinnen können. Wenn aber Trauer allem Anschein nach mindestens zum Teil Selbstmitleid, zum Teil Egoismus ist, wohl auch Angst, vielleicht vor dem nunmehrigen Alleinsein, was bleibt von dieser Gefühlskraft dann noch für denjenigen übrig, dem diese Trauer eigentlich hätte gelten sollen? Nichts? Und ist etwa die Freude, wenn einer geboren wird, auch zum Teil nichts anderes als Egoismus? Es scheint, dass man als Mensch eben zum Teil auch als ein geborener Egoist herumläuft, und wenn ich an Marion denke: Hat die Zeit mit ihr nicht zuletzt auch mir Spaß gemacht? Und wenn ich dann weiter an die vergangenen Wochen und Monate denke, dann kommt schon jetzt dieselbe hoffnungslose Trauer über mich, weil sie, Marion, mir bald fehlen wird, weil ich sie nicht mehr um mich haben kann. Aber kann man sich all diesem Menschsein, diesem Egoismus, überhaupt entziehen? Das schafft wohl keiner. Ich werde also auch in dieselbe Hoffnungslosigkeit fallen wie andere, die eine solche fatale Situation zu durchwandern haben. Und wie soll ich da je wieder herauskommen? Ich weiß es nicht!

34. KAPITEL:

Schloss Neuburg am Inn

Seit einiger Zeit, seit gut einer Woche vielleicht, war Marion nun bei mir. Sie war allein mit dem Zug angereist gekommen und ich hatte sie mit Samiers altem VW Käfer vom Bahnhof abgeholt. Sie war mir noch viel dünner erschienen als beim letzten Zusammensein, das hatte ich ihr aber nicht gesagt. Sie hatte sich bemüht, fröhlich zu wirken, denn sie hatte Urlaub, und sie hatte gesagt, sie wolle in diesen Tagen kräftiger werden, damit sie sich bald wieder richtig gesund fühlen würde. Dass ihr gegenwärtig auch nur der Gedanke an Essen schon Übelkeit bereitete, hatte sie nicht erwähnt, auch nicht, dass sie jetzt ständig starke Medikamente nehmen musste, vor allem gegen die zunehmenden Schmerzen im ganzen Körper.

Nun, als ich sie gesehen hatte, hatte ich versucht, den Anschein zu erwecken, als würde ich mich freuen darauf, ihr die Zeit, die Tage, vielleicht Wochen oder sogar Monate so schön wie möglich zu machen.

Samier war der Einzige, den ich mit dieser Sache vertraut gemacht hatte. Er hatte gemeint, ich würde es nie schaffen, und ich hatte ihm gesagt, dass ich das anfangs auch befürchtet hätte, dass ich jetzt aber überzeugt sei, dass ich es schaffen würde. „Weißt du, Samier!", hatte ich ihm gesagt. „Weißt du, was eigenartig ist? Es ist die Tatsache, dass ich nicht so sehr daran denke, eine zu lieben, die in Kürze sterben wird, sondern dass es eine wundervolle, großartige Frau ist, die ich liebe und für die ich all das tue in dieser Zeit, die ihr noch verbleibt. Schön ist übrigens, dass du mir dabei hilfst, diese Zeit zu meistern, denn ohne dein Geld würde ich es nie schaffen. Wir sind doch echte Freunde, was?", hatte ich gesagt.

„Ja, wahrhaftig, wir sind wirklich echte Freunde!", hatte er geantwortet.

Ich kannte ein herrliches altes Schloss am Inn, in der Nähe von Passau. Dort würden wir wunderbar diese Zeit verbringen können. Es soll einer Künstlervereinigung aus München gehört haben und es wurde als eine Art Hotelpension geführt von einer wohlbeleibten älteren Wirtin. Es war zum Glück wenig frequentiert, weil dort alles sehr abenteuerlich war: kein fließendes Wasser in den Zimmern, weder kalt noch warm; das Badezimmer mit Ofenheizung für das warme Wasser am anderen Ende des langen Flurs; zum Frühstück musste man zehn Minuten laufen in das Nebenhaus, der Wirkungsstätte der Wirtin, die dort auch eine kleine Dorfgaststätte betrieb. Nur in Ausnahmefällen wurde das Frühstück aufs Zimmer gebracht oder gar bei schönem Wetter im Schlossgarten serviert. Für verwöhnte Urlauber war das alles viel zu umständlich und unbequem und für Dienstreisende eine Katastrophe. Ich aber liebte dieses Schloss, gerade wegen dieser Unvollkommenheit und auch deswegen, weil es abseits von jedem Trubel ein stiller Ort zum Erholen war. Wie oft ich schon hier Ferien gemacht habe, auch zusammen mit Lena, weiß ich nicht mehr. Fast jedes Jahr wechselte der Pächter oder die Pächterin, eben weil die Geschäfte mit den Gästen sehr schlecht liefen. Die dicke ältere Wirtin war nun schon zwei Jahre da. Offenbar war sie nicht so anspruchsvoll wie frühere Pächter, aber wer weiß, wie lange sie es noch machen und wer dann als Nächster hinkommen würde, oder ob überhaupt noch einer kommen würde. Ich kannte dort die Pächter seit Jahren und ich verstand es natürlich, jeden von ihnen mit guten Trinkgeldern für mich zu gewinnen; auch die jetzige Pächterin kannte ich schon ganz gut. Sie freute sich, wenn ich kam, und ich bekam immer ein besonders reichhaltiges Frühstück und stets das mit Abstand schönste Zimmer, ich nannte es das Fürstenzimmer. Dieses alte Schloss also sollte bis auf Weiteres unsere Bleibe werden. Ich rief dort am gleichen Tag noch an, buchte das

Fürstenzimmer für einige Wochen, und die Wirtin war sehr erfreut, mich demnächst wiederzusehen, natürlich auch aus nicht ganz uneigennützigen Gründen, zumal in dieser Jahreszeit das Schloss so gut wie ständig leer stand und jeder Gast einem Geschenk des Himmels gleichkam.

Wir setzten uns am nächsten Morgen zeitig in Samiers alten VW Käfer. Es war ein wunderschöner klarer und warmer Herbsttag, genau das richtige Wetter für unsere Reise. Wir fuhren zunächst in Richtung Nürnberg, bogen dann aber ab in Richtung Regensburg, wo wir gegen Mittag ankamen. In Regensburg aßen wir eine Kleinigkeit zu Mittag. Marion wagte sich an ein Omelett, das sie aber nach Kurzem wieder von sich geben musste. Dennoch machten wir einen kleinen Spaziergang durch die Stadt, liefen Arm in Arm, dadurch konnte ich sie gut stützen. Wir schauten uns den eindrucksvollen Dom an, von dem Marion trotz Schwäche und Übelkeit überwältigt war, zumal sie seit Ewigkeiten keine Kirche oder gar einen Dom mehr besucht hatte. Zuletzt war das mit ihrem Vater im Straßburger Münster gewesen. Diese verschwenderische Bauweise kam ihr am Ende etwas beängstigend vor. Jedes Wort, das man sich auch noch so leise zuflüsterte, schien in diesem gigantischen Raum widerzuhallen und die Leere und Stille stimmte uns feierlich.

Wir fuhren weiter entlang der Donau durch Straubing und erreichten schließlich Passau, wo ich ein nettes Kaffeehaus kannte, auf einer Anhöhe gelegen, in dem ich einen Kaffee trank und Marion einen Kräutertee ohne Zucker, den sie zum Glück auch bei sich behielt. Von der Terrasse aus hatten wir einen wunderschönen Blick auf die prachtvolle Stadt Passau mit ihrem Altstadtteil, ihrem Dom, der Mündung des Inns in die Donau. Bei diesem Wetter war das ein echtes Erlebnis. Mein Kaffee war ausgezeichnet, mein Kuchen weniger. Ich sagte dem Kellner aber nur etwas vom Kaffee, denn für den halbvertrockneten Kuchen konnte er ja auch nichts. Ich zahlte ohne zu murren einen horrenden Preis und wir fuhren dann weiter ein Stück durch die Altstadt, durch schmale Gassen, die sehr romantisch waren, schließlich wieder auf die Hauptstraße und dann weiter Richtung Burghausen.

Auf dieser Straße erreichten wir nach etwa zwanzig Kilometern Neuburg am Inn, das unser Ziel war. Wir stiegen aus und besahen unser Schloss, das wir nun für einige Zeit ganz allein bewohnen sollten. Wie lange? Allein der Anblick des riesigen, wenn auch leicht verfallenen, aber dennoch ehrwürdigen ehemaligen Prachtbaues genügte, um uns in eine wunderbare Stimmung zu versetzen. Wieder in Neuburg zu sein, noch dazu mit Marion, war für mich trotz allem ein erhebendes Gefühl, ein wunderbares Gefühl, das mich für den Augenblick vergessen ließ, warum ich hier war, warum wir hier waren. Ich umarmte Marion, küsste sie, küsste sie längere Zeit, bis ich merkte, dass die Wirtin grinsend neben uns stand und schon eine ganze Weile darauf wartete, uns begrüßen zu dürfen. Sie sprach mit österreichischem Dialekt, sie war eine ganz Gemütliche. Als sie nun endlich zu Wort kam, hieß sie uns mit überschwänglicher Herzlichkeit willkommen, als sei sie wie ein Uhrwerk gerade aufgezogen worden, und man glaubte fast, dass sie nicht mehr aufhören wollte mit Wünschen für gutes Wetter, gute Erholung vor allem der gnädigen Frau, die ja gar nicht gesund aussehe, und den üblichen sonstigen Wünschen. Aber irgendwann kam sie schließlich doch zum Ende und erleichtert nahm ich den riesigen Zimmerschlüssel entgegen und wir gingen zusammen mit dem Zimmermädchen, das Marions Köfferchen trug, hinüber ins Schloss.

Um in den Schlosshof zu gelangen, musste man zunächst einen mächtigen Burggraben auf einer Steinbrücke überqueren. Vor einigen Jahren hatte man hier noch rechts und links der Brücke die herrlichen, alten, natursteinernen Begrenzungsmauern sehen können, die überwuchert waren von wildem Efeu. Den Efeu hatte man inzwischen aus unverständlichen Gründen entfernt und die Natursteine mit einem Betonglattstrich versehen, sodass der Reiz des ursprünglichen Einganges bereits dahin war. Auch hatte man die Mauern etwas hochgezogen, offenbar damit nicht irgendwelche neugierigen Narren in den Burggraben fallen konnten. Jahrhundertelang war nichts dergleichen passiert, soweit man weiß. Ich fand das alles jammerschade, aber egal. Nun musste man am Ende der Steinbrücke durch ein schweres massives Eichentor und danach durch ein hochgezogenes Falleisentor gehen, von dem ich mir schon früher immer gewünscht hatte, dass es hoffentlich da oben gut befestigt sei. Ich muss allerdings sagen, dass es durchaus Personen gab, denen ich vielleicht einen leichten Defekt in der Arretierung dieses Tores gewünscht hätte, wenn sie hindurchmarschiert wären. Im Inneren des Schlosshofes standen riesenhafte alte Linden und Kastanien, unter denen man im Sommer zeitig am Morgen bei gutem Wetter herrlich frühstücken konnte. Wir gingen über den Hintereingang hinein und kamen über eine breite Steintreppe in die erste Etage. Hier führte der Weg oberhalb der Schlosskapelle entlang, die unter uns lag und in die ich schon früher von hier oben aus oft und lange in Gedanken versunken hinuntergeschaut hatte. Sie strahlte etwas Feierliches, etwas Heimliches aus. Man erreichte dann über einen längeren Gang auf der linken Seite das Fürstenzimmer. Das Mädchen fragte höflich, ob wir noch etwas wünschten, steckte zufrieden ein Trinkgeld ein und verschwand. Endlich waren wir alleine, endlich konnten wir uns wieder küssen nach Herzenslust, oh Gott, wie oft würden wir das wohl noch tun können?

„Komm, lass uns auf den Balkon gehen, ich will dir zeigen, wie prachtvoll der Inn hier aus hundertfünfzig Metern Höhe aussieht!", sagte ich.

„Siehst du das Schiffchen da unten? Vielleicht ein Angler, es sieht nicht größer aus als eine Nussschale, was?", meinte Marion.

„Dort drüben am anderen Ufer siehst du ein ,Spielzeugdorf'. Ich habe es so genannt, weil wir als Kinder in der Volksschule im Heimatkundesandkasten mal ein Dorf gebaut haben, das ganz ähnlich ausgesehen hat. Wie das Dorf da drüben heißt, kann ich dir nicht einmal sagen. Jeden Sonntagmorgen marschiert dort auf der Hauptstraße eine Trachtenkapelle, die mich die ersten Male, als ich hier war, mit ihren Pauken, Posaunen und Trompeten immer ziemlich gestört hat; jetzt gehört sie dazu, jetzt merke ich sie gar nicht mehr. Auch der Pfau, der oberhalb des Spielzeugdorfes wohnt und offenbar einem Bauern gehört und der jeden Morgen irgendwann zwischen vier und halb fünf wie ein verprügeltes Kind schreit, stört mich nicht mehr, denn auch er gehört zu Schloss Neuburg."

„Es ist wunderschön hier und auch mich wird nichts stören hier, höchstens vielleicht die Tatsache, dass ich irgendwann hier wieder weg muss", sagte sie.

„Sieh dir mal den Fluss an und verfolge ihn, soweit du sehen kannst, und ganz am Ende siehst du den Geisberg, der mitten in Salzburg steht und ungefähr einhundertfünfzig Kilometer Luftlinie von hier entfernt ist. Du kannst ihn gut sehen von hier, wenn die Luft nicht diesig ist", sagte ich.

Wir standen noch eine Weile ohne zu reden draußen, angetan von der Aussicht, hielten uns in den Armen und ich empfand in diesem Augenblick eine unbeschreibliche Zufriedenheit und ich fühlte, dass auch Marion diese Zufriedenheit empfand. Eine leichte, kühle Brise kam jetzt auf und erinnerte uns daran, dass es schon Abend war.

Neuburg schien heilsam für Marion, sie glaubte das jedenfalls. Sie glaubte sogar nach einigen Tagen, dass sie sich schon besser fühlen würde, wenn sie sich in Wirklichkeit auch nicht besser fühlte, sie konnte sich gar nicht besser fühlen, bestimmt nicht, oder vielleicht doch? Nein, sie war eine todkranke Frau ohne es zu wissen, sie hatte nur noch eine kurze Zeit vor sich. Ich wusste es, sie nicht! Oder doch?

Ich saß manchmal nachts im Bett aufrecht, verzweifelt: Warum gerade sie, warum nicht irgendjemand anderes, der es vielleicht verdient hätte? War sie denn schlechter als die anderen? Hatte sie so viel auf ihr Gewissen geladen, dass sie so bestraft werden musste? Ich stellte mir den Trauerzug von Leuten vor, Leute, die sie jetzt noch mit Häme verachteten, Leute, die dann, wenn sie tot sein würde, traurige Mienen aufsetzen, vielleicht Tränen vergießen würden, alles Leute, die nichts wert waren, nichts wert im Vergleich zu Marion. Sie mitsamt ihrem Vorleben und den vielen Fehlern, die sie gemacht hatte, sie schien aus dieser oftmals fragwürdigen Gesellschaft herauszuragen. Sie war nicht gebildet, nein, das war sie wirklich nicht. Sie hatte ihre Allgemeinbildung aus ein paar Jahren Volksschule und das war sehr wenig. Aber zu ihrer Zeit brauchte man offenbar auch keine weiterführende Schule als Mädchen. Da beharrte man auf dem Standpunkt, dass ein Mädchen doch irgendwann weggeheiratet würde, bevor es seine Bildung anwenden könnte. Heute ist man dagegen modern. Jede Uni ist gefüllt mit Studentinnen und jeder, der ein solches Mädchen heiratet, ist stolz darauf, dass seine Frau Medizin, Psychologie oder etwas Ähnliches studiert hat. Das ist auch gut so, denn ich meine, Wissen kann jeder gut gebrauchen, und das kann einem auch keiner mehr nehmen. Die menschlichen Qualitäten treten indessen mehr und mehr in den Hintergrund, werden zur Bedeutungslosigkeit degradiert, haben offenbar bei uns nur noch wenig Platz. Marion aber war ein Mensch mit diesen Qualitäten, Marion, die den Anschluss zum Wohlstand verpasst hatte, die lange Zeit im Elend gelebt hatte, wollte sich ihre Eigenschaft, über den Dingen zu stehen, auch in jener Zeit nicht nehmen lassen. Sie gehörte zu den besonderen Persönlichkeiten unserer Zeit. Das Einzige, was ich tun konnte, war, jetzt für sie da zu sein, so viel wie möglich von ihr abzuschauen, und danach in ihrem Sinne zu leben und so zu handeln, wie sie es getan haben würde.

Wir waren nun schon eine Zeit lang hier. Die Tage verliefen schön und in einer Harmonie, wie ich sie selten auf Dauer mit einem Menschen halten konnte. Wir machten kleine Ausflüge, unternahmen die herrlichsten Fahrten nach Österreich, konnten von dem Hügelland jenseits des Inns herüber auf unser Schloss schauen und wir fanden immer wieder, dass es ein herrliches Schloss wäre. Marion, die seit dem Verlust ihres geliebten Vaters wohl nie mehr eine solche Zeit erlebt hatte, war trotz ihres fortschreitenden Verfalls, und obwohl sie ihre Schmerzen immer weniger in den Griff bekam, so glücklich, als sei sie ein Kind auf einer sonnenbeschienenen Blumenwiese.

Von der Operation hatte sie mir immer noch nichts erzählt, jedenfalls bis jetzt, und ich hatte sie auch nicht danach gefragt. Und dass sie die Wunde, die sich nur langsam zur Narbe entwickelte, vor mir stets zu verstecken versuchte, übersah ich natürlich auch, denn ich wollte keinen Verdacht erwecken, dass ich von der Operation etwas wissen würde. Manchmal meinte ich, dass sie über ihren Zustand vielleicht doch etwas ahnen könnte, vor allem erstaunte mich immer wieder, mit welcher eisernen Energie sie ihre Schmerzen wegsteckte, aber diese Energie muss wohl am Ende doch mit ihrem festen Glauben an ihre Zukunft, vielleicht sogar an unsere Zukunft, zusammengehangen haben. Nur gelegentlich meinte sie mit einer Enttäuschung in ihrem Gesicht, dass es nun doch endlich Zeit würde, dass dieses herrliche Leben hier und die vielen Tabletten, die ihr der Herr Professor verschrieben hatte, endlich Wirkung zeigen müssten. Ich hatte dann die traurige Aufgabe, ihr klarzumachen, dass sie bereits viel frischer und gesünder aussehen würde, und ich kam mir dabei immer sehr schäbig vor, denn einem Menschen in ihrem Zustand klarzumachen, dass er täglich frischer aussähe, das war eigentlich nicht mein Fall, und ich fragte mich schließlich auch, ob sie mich vielleicht gar nicht mehr für voll nahm.

„Die gnädige Frau schaut aber immer noch wirklich schlecht aus!", stellte nach einer weiteren Woche selbst unsere Wirtin fest.

„Ja, ja!", sagte ich. „Es geht ihr auch nicht gut. Ich hoffe aber, dass sie bald wieder auf den Beinen ist. Sie sollte am besten nur ganz leichte Sachen essen, denn es ist der Magen, der ihr solche Schwierigkeiten macht."

„Ach was!", meinte die Wirtin. „Ich werde jetzt mal selber was kochen für die gnädige Frau, etwas, das sie vertragen wird, und Sie werden staunen, wie schnell sie dann wieder auf die Beine kommt, da werden Sie zuschauen können!"

Unsere Tage in Neuburg begannen nun allmählich furchtbar zu werden. Bis jetzt hatte ich Marion immer wieder irgendetwas erzählen können, was ihr über ihre schwindenden Kräfte hinweggeholfen hatte. Und bis jetzt hatte ich mit ihr Arm in Arm immer noch kleine Spaziergänge unternehmen können. Nun aber zeichnete sich der Anfang vom Ende deutlicher ab. Trotz der Medikamente, die sie inzwischen in höheren Dosen einnahm, wurden ihre Schmerzen schier unerträglich. Und trotz der morphiumhaltigen Mittel, die mir der Professor am Rande der Legalität vorsorglich mitgegeben hatte, schlief sie schlecht und konnte teilweise ihren Zustand nicht mehr ohne Weiteres kontrollieren. Aber noch immer sagte sie mir nichts von ihrer Operation, ein Zeichen für mich, dass sie vielleicht immer noch an ihre Genesung glaubte, zumindest aber, dass sie scheinbar nicht wusste, wie es um sie wirklich stand. Oder doch?

Drei Wochen waren wir auf Schloss Neuburg. Ich hatte versucht, ihr diese Zeit so schön wie möglich zu machen, und nur, wenn sie schlief, konnte ich nachdenken über diese Aufgabe, von der ich mir fest vorgenommen hatte, sie zu bewältigen. Man muss es erlebt haben, wie es ist, einen geliebten Menschen ohne dessen Wissen in den Tod zu begleiten, um zu verstehen, welche inneren Kräfte das kostet.

Die letzte Woche hatte ich fast täglich mit dem Professor telefoniert, bis er mir am Tag zuvor mitgeteilt hatte, dass es nun wahrscheinlich doch besser für Marion sei, sie in die Klinik aufzunehmen. Nach diesem Telefonat machte ich einen Spaziergang um das Schloss und dann ging ich zu Marion, die im Fürstenzimmer lag und endlich eingeschlafen war. Sie sah eingefallen, aber immer noch wundervoll aus, wenn sie schlief, tief und gleichmäßig atmete, und ich nahm mir eine ganze Weile Zeit, sie so zu betrachten. Ich empfand eine Mischung aus Freude und Trauer bei ihrem Anblick. Mein Gott, wenn sie mir bloß noch eine Weile erhalten bliebe!

Als ich sie wieder ansah, hatte sie die Augen offen und sagte leise: „Mein Liebling, du sitzt hier und wartest, bis ich aufgewacht bin. Komm ganz nahe zu mir, ich finde es so schlimm, dass ich gerade hier so krank geworden bin! Ich habe Angst!"

„Ach was!", antwortete ich. „Mach dir nichts daraus, wer weiß, was da in dir steckt. Der Professor wird es wohl irgendwie herausfinden, er ist ein wundervoller Arzt und wohl auch bekannt dafür, dass er nicht lockerlässt, bis er herausgefunden hat, was da los ist. Der bügelt dich wieder hin, da mache ich mir keine Sorgen. Weißt du, ich schlage dir vor, du legst dich für einige Zeit in die Klinik, bis die dort herausgefunden haben, was dir fehlt, bis du wieder okay bist. Es hat ja keinen Sinn, wenn du dich hier nur herumquälst. Ich werde in der Zwischenzeit versuchen, Geld aufzutreiben, und wenn du wieder gesund bist, fahren wir einfach noch mal hierher, was meinst du dazu?"

„Du bist wundervoll, aber auch etwas naiv. Wie willst du das denn alles schaffen? Das geht doch gar nicht, du musst dich doch schließlich auch mal wieder um dein Studium kümmern. Und außerdem fand ich die Zeit hier trotz allem herrlich und ich kann mich nicht erinnern, je eine so schöne Zeit mit einem geliebten Menschen erlebt zu haben. Du hast dir so viel Mühe gegeben um mich und ich habe dir so viel Kummer gemacht, ausgerechnet hier muss ich so krank werden! Ich liebe dich! Aber ich habe Angst!"

Jetzt hielt ich sie fest in meinen Armen und sie begann zu weinen und ich konnte sie überhaupt nicht mehr beruhigen und sie sagte nur: „Was für eine Scheiße! Was für eine elende Scheiße ist das bloß! Halt mich bitte ganz fest, hörst du!"

Dann gab ich ihr eine der Tabletten, die der Professor mir für Notfälle mitgegeben hatte, und ich hielt Marion in meinen Armen, bis sie sich langsam beruhigte, und irgendwann schlief sie ein. Als sie fest schlief, ging ich hinunter an den Inn, spazierte am Wasser entlang, bis die Sonne hinter den Hügeln verschwand, und eine leichte Abendbrise verriet mir, dass es Zeit war, wieder umzukehren.

Nachdem ich kurz zu Abend gegessen hatte, beauftragte ich das Zimmermädchen, morgen früh um acht Uhr zu kommen und unsere Sachen zu packen. Anschließend ging ich in das Fürstenzimmer, legte mich leise neben Marion, die tief und ruhig schlief, und ich versuchte das Gleiche zu tun. Die Zeit aber, bis ich eingeschlafen war, kam mir ungeheuer lang vor.

Am Morgen wachte Marion gegen fünf Uhr auf und ich sah, wie sie versuchte, aus dem Bett zu steigen.

„Liebling, warte einen Moment, lass dir helfen!"
Ich sprang aus dem Bett und konnte gerade noch verhindern,
dass sie zusammenbrach.
„Was machst du, Liebling!", schrie ich.
„Ich wollte eigentlich nur ans Fenster gehen und mir den Inn
ansehen. Er sieht so wundervoll aus, wenn alles noch ruhig ist.
Ich habe das fast jeden Tag gemacht, während du noch schliefst."
„Komm, lass uns zusammen gehen, dann ist es leichter", sagte ich
und wir gingen zusammen ans Fenster und sahen hinunter auf
das Wasser. Wir sahen uns die Hügel auf der anderen Flussseite
an, auf denen wir herumspaziert waren. Dann legte ich Marion
auf das Sofa, rückte den Tisch ganz nahe heran und wir spielten
ein paar Runden Karten. Marion gab sich recht fröhlich dabei.
Um acht Uhr kam dann das Zimmermädchen wie beauftragt
und packte unsere Sachen. Marion blieb so lange auf dem Sofa
liegen, ich nahm unterdessen Abschied von Neuburg.
Gegen zehn Uhr starteten wir nach einem kurzen Frühstück.
Marion begnügte sich mit einem Scheibchen Weißbrot mit etwas Butter und einer Tasse Tee, beides behielt sie jedoch nicht
lange bei sich. Die Abschiedsszene von unserer Wirtin hatte
ungewöhnlich lange gedauert, sie hatte Marion sehr innig um-
armt und konnte dabei ihre Tränen nicht zurückhalten, was ich
bei dieser sicherlich freundlichen, aber doch eher resoluten Frau
zuvor noch nie erlebt hatte. Schließlich war die Abschiedsszene
aber doch zu Ende und so war der Zeitpunkt gekommen, an dem
wir Neuburg in Richtung Passau verließen. Marion freute sich
sehr darauf, diesen Ort bald wiederzusehen, ich glaube, sie hatte dieses Schloss genauso lieben gelernt wie ich. Aber sie würde
es wohl nie wiedersehen. Ob sie es am Ende doch geahnt hatte?
Mir tat der Abschied sehr weh. Würde ich danach jemals wieder
nach Neuburg fahren können? Nein, nie wieder!

35. KAPITEL:

Die machen mich doch wieder fit. Oder?

Gegen Nachmittag gelangten wir in Nürnberg in der Klinik an. Ich half Marion aus dem Wagen und führte sie in ihr Zimmer. Unterwegs trafen wir den Professor.

„Na ja, jetzt wird es ja wirklich allmählich Zeit, dass Sie wieder auf die Beine kommen, meine Liebe!", meinte er lächelnd. „Kommen Sie nur erst mal in Ihr Zimmer."

Er begleitete uns bis zur Zimmertür.

Ein Strauß Rosen stand auf Marions Nachttisch. „Von Ihren Kolleginnen", sagte der Professor.

„Vielen, vielen Dank! Sagen Sie allen vielen Dank, Herr Professor!", bedankte sich Marion leise; sie war durch den Weg vom Auto zu ihrem Zimmer trotz meiner Unterstützung völlig außer Atem geraten und flüsterte dann an mich gerichtet:

„Schau, wie nett sie alle zu mir sind. Wann hat mir in den letzten Jahren einmal jemand Rosen geschenkt? Die machen mich doch hier wieder fit, oder? Und dann wird doch alles wieder gut, glaubst du das auch? Bitte, glaube es auch!"

„Ich glaube es auch, Liebling, und es wird vielleicht nicht mehr so lange dauern, bis wir am Wochenende wieder die ersten kleinen Reisen unternehmen können. Und wir werden Samier mitnehmen, magst du ihn eigentlich gern?", fragte ich, um sie etwas abzulenken.

„Na klar, er ist ein so freundlicher, hilfsbereiter Mensch. Er geht einem nicht auf die Nerven, man kann ihm wunderbar zuhören, wenn er von seiner syrischen Heimat erzählt. Er muss seine Heimat sehr lieben", sagte Marion. Ihre Stimme war jetzt kaum noch hörbar. Sie saß auf ihrer Bettkante, dann legte sie sich hin und ich deckte sie zu.

„Weißt du Marion, ich habe noch einiges zu tun. Ich besuche dich morgen Vormittag wieder", meinte ich nach einer Weile.

„Ach nein, geh jetzt nicht, ich bitte dich, geh jetzt nicht, ich würde mich so allein fühlen, wenn du jetzt gehen würdest, bitte bleib noch ein bisschen!", bat sie mich.

„Aber nein, Liebling, ich bin doch morgen früh wieder bei dir, außerdem will vielleicht der Stationsarzt noch mit deiner Untersuchung beginnen, und da störe ich womöglich nur. Ist es okay, wenn ich morgen früh wiederkomme?", fragte ich.

„Na gut, du hast ja recht!", sagte sie, man hörte es kaum noch, sie war eingeschlafen. Ich gab ihr einen Kuss auf die Stirn, streichelte ihr sanft über das Gesicht, über das ein leichtes Lächeln zu fliegen schien, dann drehte ich mich um und ging.

36. KAPITEL

Lena wird heiraten

Lena lag auf dem Sofa in ihrer kleinen Wohnung. Sie fühlte sich seit Langem das erste Mal wieder richtig wohl. Vor zwei Wochen hatte sie gekündigt, natürlich nur pro forma, und nun hatte sie in aller Ruhe viel Zeit, sich auf ihr Baby vorzubereiten. Sie freute sich jetzt sehr auf ihr erstes Kind. Sie hätte nie gedacht, dass es so schön sein würde, Mutter zu werden. Jetzt, wo sie wusste, dass alles in Ordnung kommen würde, dachte sie fast nur noch an ihr Baby. Insgeheim wünschte sie sich einen Jungen und sie glaubte auch, dass es ein Junge werden würde. Der Doktor wünschte sich ja auch einen Jungen. Er soll einen haben, der ihm einmal aufs Haar gleicht, dachte sie. Er würde ein wunderbarer Vater sein, so, wie er ein wunderbarer Mensch war. Und eigentlich konnte sie es kaum noch erwarten, bis alles so weit wäre. Es würde eine wunderbare Zeit werden, die auf sie zukäme. In ein paar Wochen würde er nun endlich seine Scheidungsangelegenheiten erledigt haben und dann könnten sie heiraten, dann würde sie ihn für immer für sich haben. Jetzt strahlte bei diesen Gedanken ein Lächeln über ihr ganzes Gesicht. Sie stand auf, machte sich eine Tasse Kaffee, als es klopfte und der Doktor völlig unerwartet hereintrat.

„Hallo, Liebling, wieso kommst du jetzt schon?" Sie rannte auf ihn zu und fiel ihm um den Hals.

„Ich habe dich überhaupt nicht erwartet! Warum kommst du immer so wie ein Blitz aus heiterem Himmel, als gäbe es kein Telefon? Schau mich an, wie ich aussehe! Aber ehrlich gesagt finde ich es doch herrlich, wenn du so unerwartet auftauchst! Hast du mir wenigstens was mitgebracht?"

„Na ja, mal sehen, habe ich vielleicht schon, aber erst mal machst du uns einen Kaffee und dann sehen wir weiter", sagte er grinsend.

„Du bist scheußlich, mich immer so auf den Arm zu nehmen! Ich werde eine Affenbrühe kochen, weil du so scheußlich zu mir bist!", antwortete sie vergnügt.

Er lachte, setzte sich hin und zündete sich genüsslich eine Zigarette an.

„Wir haben es geschafft, Liebling, in vierzehn Tagen ist Termin auf dem Amtsgericht und dann ist alles erledigt!"

Lena rannte aus ihrer Kochnische, fiel ihm um den Hals und sagte: „Liebling, ich bin so froh, dass alles so gekommen ist. Ich bin so glücklich, halt mich ganz fest, ich bin so glücklich!"

„Und zwei Wochen darauf werden wir heiraten!", sagte er ihr leise ins Ohr.

„Auf diesen Tag habe ich mich so sehr gefreut, Liebling! Ich werde dir jetzt doch einen guten Kaffee kochen, keine Affenbrühe!"

Er lachte und sie ging zurück und goss Kaffee auf. Sie war jetzt glücklich, vielleicht glücklicher als je zuvor in ihrem Leben.

Beim Kaffeetrinken machten sie Pläne für eine kleine Wohnung, die sie erst einmal mieten würden, und sie nahmen sich vor, jedes freie Wochenende auf dem Bauernhof am Chiemsee zu verbringen, zu reiten und auf die Jagd zu gehen. Das Kind sollte am Chiemsee zur Welt kommen und dort aufwachsen, und wenn es ein Junge würde, sollte er auch einmal zur Jagd gehen. Und wenn es ein Mädchen werden sollte, dann könnte es ja zunächst wie ein Junge aufwachsen, und über den kleinen Unterschied könne man ja hinwegsehen, jedenfalls die ersten paar Jahre.

„Aber es muss doch auch Mädchen geben, Liebling! Stell dir vor, ich wäre auch ein Junge geworden, was dann?"

„Dann wäre ich Homo geworden und wir hätten uns trotzdem geliebt."

„Ach, du bist ein alter Unsinnmacher!", scherzte sie jetzt.

„Alt schon, aber Unsinnmacher? Ich hoffe nicht, dass das, was ich da gemacht habe, Unsinn wird!", und er zeigte mit dem Finger auf Lenas Bauch.

„Komm, mach das Päckchen auf, ich möchte sehen, wie du dich freust!", sagte er.

Sie öffnete das Päckchen und strahlte über den kleinen Brillant-ring, den er ihr mitgebracht hatte.

„Du bist verrückt, du bist total verrückt!"

Sie streifte den Ring an ihren Finger und hielt ihn gegen das Licht.

„Schau, wie er funkelt! Wie lange hält eigentlich so ein Brillant?"

„Warum fragst du? Der hält immer!", war seine knappe Antwort.

„Dann wird unsere Liebe auch immer halten!", sagte sie.

„Ja, Liebling, sie soll immer halten, sie soll so lange halten wie dieser Brillant!"

Jetzt küssten sie sich erneut und er strich ihr über das schwarze Haar und wiederholte:

„Sie wird bestimmt so lange halten wie dieser Ring! Trage ihn von jetzt an immer!

Denkst du eigentlich noch manchmal an deine verflossene Lie-be zu diesem Studenten, Lena?", fragte er jetzt etwas ernster.

„Ja", antwortete sie, „manchmal denke ich noch an ihn, aber je-des Mal, wenn ich das tue, freue ich mich, wie schön es jetzt ist und wie glücklich ich bin. Auch mit ihm hatte ich eine schöne Zeit, die ich eigentlich nicht missen möchte. Ich habe dir erzählt, was für irre Sachen wir zusammen unternommen haben. Er war ein unternehmungslustiger Mensch, das hat er übrigens mit dir gemeinsam. Aber er war so schrecklich untreu und er hat mir dann auch noch immer brühwarm seine neuesten Geschichten erzählt und gar nicht gemerkt, wie weh er mir damit getan hat. Das Zusammenleben mit ihm war einerseits eine schöne Sache, auf lange Sicht aber hätte ich das nicht ausgehalten. Es war so aufreibend, ich war am Ende einfach fertig. Und wir wussten schon länger beide, dass das auf Dauer so nicht gehen würde. Die jüngste Geschichte mit dieser merkwürdigen Frau, die fast eine Generation älter ist als ich, die hat mich dann ja auch ganz von ihm entfernt. Und das war auch gut so, denn ich wäre sonst verrückt geworden. Ich bin froh, dass ich mich für die Trennung entschieden habe. Anfangs bereute ich das noch, aber als ich dich schließlich näher kennenlernen durfte, da lernte ich auch die Liebe erst richtig kennen. Heute könnte ich ihm all seine Geschichten sogar verzeihen, denn heute bindet mich nichts mehr an ihn. Aber die letzte Geschichte mit dieser Frau, die war schon seltsam, richtig beunruhigend!"

„Wollen wir einfach nicht mehr daran denken", sagte er nach einer Weile. „Der wird schon glücklich werden auf seine Weise."

„Ich weiß nicht, ob er je glücklich werden wird, aber ich würde es ihm wahrhaftig wünschen", antwortete sie nachdenklich.

37. KAPITEL

Marions Ende

Wieder war eine Woche vergangen, in der ich Marion jeden Tag besucht hatte und in der ich tatenlos zusehen musste, wie sie immer mehr verfiel, abgemagert inzwischen, fast zum Skelett. Aber immer noch versuchte sie, die feste Überzeugung auszustrahlen, dass sie alles überwinden könne, als hinge sie an ihrem neuen Leben, als könne sie jeden Zweifel daran einfach durch optimistische Gedanken vernichten.

War es denn auch jetzt immer noch richtig, ihr das ganze Theater vorzuspielen? Wäre es nicht endlich an der Zeit gewesen, ihr offen und ehrlich zu sagen, wie es um sie stand? Ich kam mir irgendwie immer schäbiger vor, ihr jeden Tag eine neue Geschichte zu erzählen, eine Geschichte, in der sie als Siegerin über ihre Krankheit hervorgehen würde, die ich ja noch nicht einmal benennen durfte. Am Ende ahnte oder wusste sie womöglich, wie es um sie stand, und womöglich hatte sie schon seit Langem erkannt, wie sie von jedermann angelogen wurde. Und womöglich würde sie, ohne mir zu verzeihen, in den Tod gehen in der Gewissheit, mit dieser Lüge zu sterben? Wer eigentlich gab mir das Recht, jetzt im Endstadium immer noch diesem geliebten Menschen vorzuenthalten, dass er vermutlich schon in einigen Tagen tot sein würde?

Immer wieder lief ich gegen eine Wand mit diesen Gedanken, mit diesen Fragen. Nur um sie vielleicht noch etwas länger zu haben und damit ihr inzwischen grauenhaftes Siechtum zu verlängern, ihre Schmerzen und ihre Qualen zu verlängern, wurde sie belogen von allen, auch von mir. Einmal in Neuburg war ich drauf und dran gewesen, ihr alles zu sagen, aber dann hatte ich Angst bekommen, wie ich schon so oft Angst hatte vor ganz ernsten Entscheidungen. Und da hatte ich es eben nicht gesagt, vielleicht war es richtig, vielleicht war es falsch gewesen, ich weiß es nicht! Jetzt aber müsste ich doch versuchen, ihr Leiden zu verkürzen, helfen konnte ihr niemand mehr. Ich müsste jetzt doch ehrlich sein und es ihr ungeschminkt sagen. Aber sollte ich tatsächlich zu ihrem behandelnden Arzt gehen und ihm das vorschlagen? Immer wieder und auch jetzt wieder hatte ich diesen Gedanken verworfen und stattdessen genauso reagiert wie wohl die meisten Menschen in so einer Situation: Schweigen! Weiter lügen! Sie mit einer Lüge weiter am Leben erhalten, so lange es irgendwie ging! Sie mit einer Lüge sterben lassen! Ich fühlte mich jetzt zum Kotzen.

Ich war so verzweifelt, dass ich nicht mehr klar denken konnte. Ich schrie mich innerlich an: Du Hirn, du, warum hörst du gerade jetzt auf, klar zu denken? Hirn, ich bitte dich, versuche wieder zu denken! Hörst du? Für Marion, ein letztes Mal, bis sie tot ist! Danach ist es mir egal, was du machst! Hörst du? Los, fang jetzt an zu arbeiten!

Aber es fing nicht an zu arbeiten, nicht so, wie ich es wollte, und das machte mich immer wütender. Da nahm ich eine volle Rotweinflasche und haute sie an meinen Schädel, sodass sie zersplitterte. Ich wusste nicht, ob es Blut war oder Rotwein oder vielleicht beides, was da an meinem Kopf herunterlief. Das war das erste Mal, dass ich meine Fassung verloren hatte, restlos verloren hatte, als sei jetzt alles egal, nichts mehr wichtig, die Zukunft nicht mehr wichtig, als habe es keinen Sinn mehr, einen klaren Kopf zu behalten, bis Marions Überlebenskampf zu Ende sein würde. Dann fing ich einfach an, hemmungslos zu trinken und ich versuchte mir vorzustellen, dass Marions Leiden bald vorbei sein und dass sie es dann vielleicht viel schöner haben würde. Und ich versuchte mir ein Beispiel an ihr zu nehmen, wie beherrscht sie ihren Zustand immer noch ertrug, wie sie immer wieder mit fast verklärtem Gesicht von Reisen erzählte, die sie mit mir dereinst machen würde, von Kindern, die sie sich mit mir trotz ihres Alters noch wünschen würde, von der Zukunft, die sie mit mir teilen würde, und wie sie eines Tages versuchen würde, auf ihre Tochter Jutta zuzugehen, und wie sie zwischen Jutta und ihr alles wieder in Ordnung bringen würde. Aber all das half nichts, ich war in diesem Moment einfach nicht imstande, mich mit eigener Kraft aus dieser innerlichen Verzweiflung zu lösen. Und so trank ich einfach alles, was ich an Alkohol im Hause hatte.

Erst am späten Nachmittag des Folgetages hatte ich mich wieder so weit im Griff, dass ich mich aufmachen konnte, Marion im Krankenhaus zu besuchen. Ich trat in ihr Zimmer ein; sie lag da, in der rechten Armbeuge eine Infusionsnadel, die mit einem Tropf verbunden war, der war leer. Marions Blick war an die Zimmerdecke gerichtet. Sie atmete flach, kaum merkbar. Ich setzte mich auf die Bettkante und sie griff nach meiner Hand. Dann sah sie mich an, wortlos, mit ihren jetzt fast engelhaften Augen. Wir verharrten im Blickkontakt und hatten uns in diesem Moment alles gesagt, was noch zu sagen war, wortlos, lange, bis ich merkte, dass sie eingeschlafen war für immer. Diese Augen, nun geschlossen, mit denen sie so viel sagen hatte können, ohne ein Wort zu reden, mit denen sie Fröhlichkeit oder auch Traurigkeit auszudrücken vermocht hatte, ohne ein Wort zu reden, mit denen sie auf geheimnisvolle Weise Kräfte übertragen hatte können auf den, den sie damit in ihren Bann gezogen hatte, auf mich, sie waren jetzt für immer geschlossen. Irgendwann – wie viel Zeit vergangen war, vermag ich nicht mehr zu sagen – irgendwann löste ich meine Hand aus der ihren, erhob mich und schloss hinter mir leise die Tür. Draußen stand eine Pflegerin und starrte mich an:

„Mein inniges Mitgefühl!"

Ich beachtete sie nicht.

Ich ging den Gang entlang und begegnete dem Stationsarzt. Der ging langsam an mir vorbei, legte mir kurz die Hand auf die Schulter und sagte nichts, zum Glück.

Als ich den Ausgang erreicht hatte, kam mir eine junge Dame entgegen. Unter ihrem Mantel versuchte sie zu verbergen, dass sie schwanger war, aber man konnte es, wenn man genau hinschaute, doch sehen oder zumindest ahnen. Sie ging hastig an mir vorbei, hin zur Rezeption und erkundigte sich dort nach der Zimmernummer von Marion.

„Ich bin die Tochter", sagte sie.

Man gab ihr die Zimmernummer; offenbar war in der Rezeption noch nicht bekannt, dass Marion nicht mehr lebte.

Als ich draußen schon ein Stück gelaufen war, ich weiß nicht mehr, in welche Richtung, und ich weiß auch nicht mehr, wie lange, aber es muss schon eine ganze Zeit gewesen sein, da merkte ich, dass es kalt geworden war. Ich knöpfte den Regenmantel zu und ging einfach weiter, immer weiter, einfach in die Leere, in die Dunkelheit, als sei nichts mehr wichtig, als habe mit Marions Tod alles aufgehört, noch irgendetwas zu bedeuten. Ich war allein.

***

Hier endet also jene Geschichte, an der ich bis 1969 immer mal wieder geschrieben hatte, von der ich vergeblich gehofft hatte, dass sie mich ein Stück weit befreien würde, vielleicht auch von den traumatischen Erlebnissen meiner Kindheit und meiner Jugend. Manchmal hatte ich damals in fröhlicher Stimmung geschrieben, manchmal in sehr trauriger Stimmung. Mitunter haben Geschichten kein klares Ende, auch diese Geschichte hat kein klares Ende, aber dennoch lasse ich sie hier auslaufen. Es ist auch jene Geschichte, an der ich ja mehr als ein halbes Jahrhundert nicht weiterarbeiten konnte, warum eigentlich? Vielleicht, weil ich mir danach erst einmal keine Zeit mehr nehmen wollte, um mich mit dieser Art zu schreiben zu beschäftigen? Oder weil ich es viel wichtiger fand, meine Zukunft, die Zukunft meiner inzwischen neuen Familie fester in die Hand zu nehmen, fester auch als er, mein Vater? Ich weiß es nicht genau! Gewiss ist jedoch, dass mir für lange Zeit andere Dinge wichtiger erschienen, als Romane zu schreiben, Dinge, die verhindern sollten, dass ich so leben würde wie er, mein Vater. Gewiss ist auch, dass ich niemandem, für den ich mich künftig verantwortlich fühlen würde, zumuten wollte, so im Chaos zu existieren und langsam zu versinken wie er, wie mein Vater, feudal, bis zum letzten Moment, als sei es selbstverständlich, andere Menschen für sich selbst ohne Ende zu benutzen, als sei es selbstverständlich, sie zu verbrauchen wie Ware, als seien sie nur Gegenstände, immer wieder neu, immer wieder neu!

1969 war schließlich auch das Jahr, in dem ich mein Studium beendete und in dem meine erste Familie, meine erste große Liebe, in der Wirklichkeit auseinandergebrach.

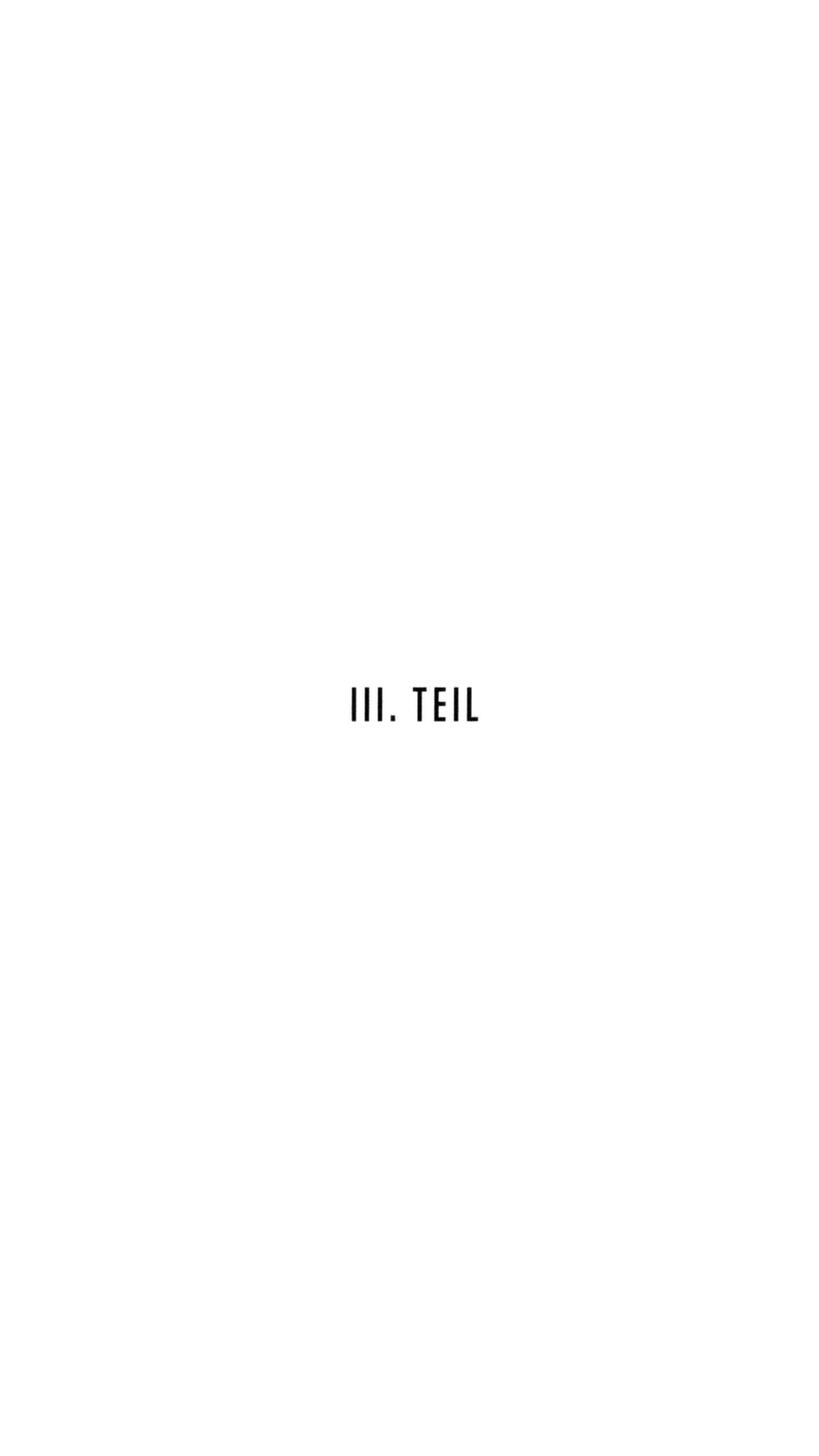

III. TEIL

38. KAPITEL:

Ein älterer, weißhaariger Herr, der behauptet, mein Vater zu sein ...

Eines Tages, es war Sommer Mitte der 1970er-Jahre, klopfte eine meiner Mitarbeiterinnen an die Tür zu meinem Büro und sagte, dass ein älterer, weißhaariger Herr draußen stünde, der behauptete, er wäre mein Vater. Ich erschrak erst einmal und bat um einen Moment Geduld. Ich schloss die Tür meines Zimmers und fing an zu überlegen, wann ich ihn wohl das letzte Mal gesehen haben mochte, ihn, den ich vor Jahren aus meinem Leben gewissermaßen ausgeblendet hatte, ihn, von dem ich glaubte, dass er mir nichts mehr bedeuten würde, ihn, mit dem mich offenbar nichts mehr verbinden würde. Und ich dachte so, dass ich mich eigentlich im Vergleich zu ihm auf einem ganz guten Weg befinden würde, dass ich es besser hinbekommen hätte als er, um einiges besser, zumindest bis jetzt. Aber hatte ich es wirklich besser hinbekommen als er? Jedenfalls hatte ich darum mit allem denkbaren Einsatz gekämpft, als sei es das einzige Ziel in meinem Leben, es besser hinzubekommen als er, als sei der Einsatz, der Aufwand egal. Hauptsache, nicht so wie er!

Ich war inzwischen immerhin zum Chefredakteur einer landwirtschaftlichen Fachzeitschrift aufgestiegen, konnte mit meiner zweiten Frau und meinen Kindern jenes Glück finden, von dem ich die Jahre zuvor immer nur geträumt hatte, jenes Glück übrigens, von dem auch er offenbar vergeblich geträumt hatte. Wir waren sehr preisgünstig an ein Häuschen im Speckgürtel von Hamburg gekommen; mit einem Wort, es ging aufwärts mit Fundament, nicht mit Luftschlössern.

Ich bat ihn herein.

Er trug einen dunklen Anzug, weißes Hemd, Seidenkrawatte, schwarze hochglänzende Schuhe. Sein Haar war inzwischen weiß geworden, auch seine Augenbrauen und sein Oberlippenbärtchen, er sah immer noch äußerst elegant aus.

„Guten Tag, mein Sohn." Dann kam eine kleine Pause. „Wir haben uns sehr lange nicht gesehen, sehr lange nichts voneinander gehört und ja, wir haben uns wohl gewissermaßen aus den Augen verloren."

Seine Begrüßung war unsicher, in der Tonlage fast fragend, seine Stimme zitterte etwas. Ich sagte nur:

„Guten Tag, Vater."

Dann trat eine Weile Stille ein, keine Umarmung, nicht mal ein Händedruck. Wir sahen uns wortlos an, schließlich fragte ich:

„Möchtest du dich setzen?"

Vor meinem Schreibtisch stand ein ledergepolsterter Stuhl, auf dem er Platz nahm. Er schwieg weiter und man sah, wie er, leicht verlegen, nicht so recht wusste, wohin mit seinen Händen. Ich erinnerte mich jetzt eigenartigerweise an jenen Moment, als er rund dreißig Jahre zuvor aus der russischen Kriegsgefangenschaft heimgekommen war und mich mit dem gleichen Blick, etwas verlegen, etwas fremd angesehen hatte, als könne er nicht glauben, dass dieses kränkliche Kind dort sein Sohn sein solle. Ich bat meine Mitarbeiterin, dass sie uns Kaffee und Zigaretten hereinbringen solle.

„Ja", sagte ich, und sah ihn nicht an, „du weißt nichts mehr von mir und ich weiß nichts mehr von dir. Einerseits ist das schade, ich hätte in den vergangenen Jahren gut einen Vater gebrauchen können, wie ihn andere junge Männer haben, den man bisweilen um Rat fragen kann, an den man sich auch mal anlehnen kann, wenn es erforderlich ist, aber ich bin auch ohne diesen Vater ganz gut klargekommen und ich denke, das wird wohl auch so bleiben.

Und was genau gibt es jetzt für einen Grund, dass du mich hier im Büro gewissermaßen überfällst?"

„Als Erstes möchte ich dir sagen, dass nicht nur der Kontakt zu dir abgebrochen ist, oder war, sondern auch der Kontakt zu meiner übrigen Familie, zu deiner Mutter, deiner Schwester, aber auch zu meiner zweiten Frau und meinen beiden Kindern mit ihr. Ich war inzwischen längere Zeit im Ausland, in verschiedenen Ländern Nordafrikas, und jetzt bin ich wieder in Hamburg und leite ein Büroreinigungsunternehmen, das einer Dame gehört, mit der ich sehr befreundet bin oder war, wie man es nimmt."

„Und nun zu deinem Anliegen?", unterbrach ich ihn. „Du musst Verständnis haben, in einer halben Stunde findet hier eine Redaktionsbesprechung statt, ich war überhaupt nicht vorbereitet auf deinen Besuch, du musst dich also sehr kurzfassen."

„Die Kurzfassung ist, dass wir einen sehr lukrativen Großauftrag in einer Einzelhandelskette an Land gezogen haben, einen Reinigungsauftrag, und wenn wir den gut abwickeln, gibt es noch weitere Märkte hier in Hamburg, die wir reinigen sollen. Leider sind wir aber momentan in einem finanziellen Engpass, der uns zwingt, Personal zu entlassen, obwohl wir mit Blick auf den neuen Auftrag eigentlich Personal aufstocken müssten. Mit anderen Worten: Wenn wir überfällige Löhne nicht sofort bezahlen, besteht Konkursgefahr und das bei dieser großartigen Auftragslage."

Ich unterbrach ihn erneut:

„Mit anderen Worten, du brauchst Geld?"

„Ja," sagte er, „und zwar ganz schnell, allerdings nur für kurze Zeit!"

„Und was sagt deine Bank?", fragte ich mit Blick auf die Uhr.

„Das ist das Problem, die sagt Nein, weil sämtliche Kreditlinien schon ausgereizt sind und meine Partnerin keine zusätzlichen Sicherheiten mehr hat. Also, wenn ich die überfälligen Löhne nicht sofort bezahlen kann, muss ich spätestens übermorgen Konkurs anmelden, und mir droht andernfalls selbst ein Verfahren wegen Konkursverschleppung."

„Ich muss das Gespräch leider jetzt beenden und dich bitten, morgen wiederzukommen, sagen wir nach 19 Uhr. Da nehme ich mir die Zeit, mit dir nach einer Lösung zu suchen. Ob das gelingt, weiß ich allerdings nicht, ich glaube eher nicht", sagte ich, stand auf und ging zur Tür.

Er stand auch auf und fragte:

„Du wirst mir helfen?"

„Ich weiß weder, ob ich das kann, noch, ob ich das will!", antwortete ich und begleitete ihn nach draußen.

Mir blieben bis zur Redaktionsbesprechung noch fünfzehn Minuten Zeit. Ich stand am Fenster, sah ihn nach einer Weile unten aus der Haustür kommen, über die Straße gehen, in einen dunkelgrünen Mercedes 300 einsteigen und davonfahren.

39. KAPITEL:

Wieder braucht er Geld

Als ich am Abend spät nach Hause gekommen war, saßen meine Frau und ich am Kamin. Ich rauchte meine Pfeife und hatte mir einen Whiskey eingeschenkt und ihr ein Glas Rotwein und dann erzählte ich meiner Frau von dieser sehr unerwarteten und seltsamen Begegnung. Ich erzählte ihr auch, dass ich inzwischen entschlossen sei, ihm nicht zu helfen, sondern ihm das kurz und knapp mitzuteilen und das Gespräch damit zu beenden. Wir schwiegen eine Weile, dann sagte sie:

„Es ist schade, dass du ihn wegschicken willst, er ist dein Vater!"

„Ja", antwortete ich, „er war mein Vater oder besser gesagt, er war eigentlich nie mein Vater, er ist mein Erzeuger!"

„Ich habe nie diese Erfahrungen gemacht, die du hinter dir hast", sagte sie. „Ich habe für meinen Vater immer nur Hochachtung empfunden, auch wenn ich manchmal nicht mit ihm übereinstimmen konnte. Ich habe ihn immer geliebt, so wie ich ihn heute immer noch unendlich liebe. Er war, ist und bleibt eine der wichtigsten und prägendsten Persönlichkeiten in meinem Leben. Das ist bei dir anders, ich kann das leider nicht nachempfinden, weil ich eben diese Erfahrungen nie gemacht habe. Aber du solltest noch mal nachdenken. Hör dir das, was er vorbringt, in Ruhe und ohne Emotionen an und entscheide dann, nicht hier, nicht jetzt, nicht heute."

„Na gut, ich kann ja zuhören, aber ich glaube nicht, dass ich es machen werde. Dass er mir nichts mehr bedeutet, das ist das eine. Wenn ich ihm Geld leihen würde, gäbe es neue finanzielle Probleme mit ihm, weil er es vermutlich, wie schon früher, nicht zurückzahlen würde, und das ist das andere."

„Aber wenn das plausibel wäre, was er dir erzählt, dann könntest du doch nachdenken. Und wir hätten doch etwas Geld, das wir ihm vorübergehend leihen könnten. Entscheide doch bitte dann, wenn du ihn angehört hast, und nicht nur aus der Emotion heraus."

Am Folgetag war um achtzehn Uhr Redaktionsschluss. Die Mitarbeiter verabschiedeten sich nach und nach und gingen nach Hause. Um achtzehn Uhr dreißig saß ich an meinem Schreibtisch, etwas müde und abgespannt. Der Tag hatte keinen guten Verlauf genommen, meine Texte waren mir schwerer gefallen als sonst, ich musste nachträglich ungewöhnlich viel korrigieren und auch die Texte der anderen Redakteure fand ich nicht besonders gut. Das passierte immer dann, wenn im Markt nichts Neues geschehen war, aber die Zeitungsseiten dennoch gefüllt werden mussten; man eierte dann rum und hatte zu tun, dass der Leser das nicht merken würde. Gelegentlich merkte er es doch, was man am nächsten Tag dann per Telefon zu hören bekam. Heute machte mich zudem das bevorstehende Zusammentreffen mit meinem Vater unkonzentriert. Eine Mitarbeiterin hatte noch schnell eine Kanne Kaffee vorbereitet, zwei Tassen auf den Konferenztisch gestellt, dazu ein Kännchen Kaffeesahne und eine Dose Zucker sowie ein Schälchen mit Gebäck, außerdem Zigaretten, wie das für zu erwartenden Besuch üblich war. Ich hatte noch etwas Zeit, bis er kommen würde. Ich nahm mir eine Gesprächsstrategie vor, in der ich den Gesprächsverlauf bestimmen würde und nicht er. Kurz, knapp und sehr zielführend sollte es sein und seine typischen Ausschweifungen und endlosen Monologe würde ich konsequent unterbrechen, ich würde dem Ganzen nicht mehr als eine halbe Stunde oder maximal eine Stunde Zeit einräumen.

Es klingelte, ich ging in mein Vorzimmer zur Gegensprechanlage: „Ja, bitte?"

„Dein Vater!"

Ich drückte auf den Türöffner und kurze Zeit später stand er in meinem Zimmer.

Wir begrüßten uns wiederum ohne Händedruck. Ich nahm ihm den leichten Sommermantel ab und bat ihn, am Konferenztisch Platz zu nehmen.

„Kaffee?"

„Ja, bitte!"

„Milch und Zucker?"

„Ja, bitte!"

„Hier sind Zigaretten."

„Danke!"

Es entstand von Neuem eine Pause.

„Du bist sehr kühl zu mir, können wir uns etwas entspannter unterhalten?", fragte er nach einer Weile.

Ich antwortete nicht darauf, sondern sagte:

„Wie ich gestern Abend gesehen habe, fährst du ein sehr elegantes Auto. Geht es dir gut, wenn man von dem kleinen finanziellen Engpass absieht, von dem du gestern erzählt hast?"

„Nun ja, das Auto gehört meiner Partnerin, oder besser gesagt, es gehört jetzt eher der Bank. Meine Partnerin ist eigentlich recht wohlhabend, aber ihr ganzes Vermögen ist momentan durch Bürgschaften für das Unternehmen blockiert. Das Unternehmen hat seinerzeit ihr verstorbener Mann gegründet. Es lief zu seinen Lebzeiten hervorragend, wurde aber nach seinem Tode durch den Sohn heruntergewirtschaftet. Ich habe vor Kurzem die Geschäftsführung übernommen und versuche, es wieder aufzubauen. Meine Partnerin haftet leider mit ihrem Gesamt-vermögen."

Ich unterbrach ihn:

„Ich wollte wissen, ob es dir sonst gut geht."

„Ja, eigentlich ja. Ich wohne seit einiger Zeit bei meiner Part-nerin. Ich würde auch ganz gut verdienen, leider führt der Eng-pass seit geraumer Zeit dazu, dass selbst ich mein Gehalt nicht mehr bekomme. Aber sonst, ja, es geht mir so weit ganz gut."

„Was soll mit dem Geld geschehen, das du dir von mir borgen möchtest?"

„Damit sollen die dringendsten Lohnrückstände und Rückstände bei den Lohnnebenkosten bezahlt werden. Und wenn wir den Großauftrag abwickeln, von dem ich dir gestern kurz erzählt habe, dann kommt ja Geld herein."

„Hast du den Auftrag fest oder nur vielleicht?"

„Fest!"

„Schriftlich?"

„Ja!"

„Kann ich den Vertrag sehen?"

„Ich kann ihn dir schicken."

„Für wie lange brauchst du das Geld?"

„In circa einem Monat ist mit den ersten Einnahmen aus diesem Vertrag zu rechnen, dann bekommst du das sofort zurück."

„Wie viel brauchst du?"

„Mindestens zehntausend D-Mark!"

Es entstand wieder eine kleine Pause, dann sagte ich:

„Nach all den Erfahrungen, die wir miteinander gemacht haben, auch und gerade in Geldsachen, bin ich eigentlich nicht bereit, dir erneut Geld zu leihen. Ich habe darüber auch mit meiner Frau gesprochen. Die hat mich jedoch gebeten, mir erst mal anzuhören, was du zu sagen hast und wie deine Situation ist, und danach die endgültige Entscheidung zu treffen. Das habe ich mir zu Herzen genommen und deswegen werde ich dir gegen meinen eigentlichen Willen sechstausend D-Mark leihen. Mehr auf keinen Fall. Wenn dir das nicht weiterhelfen sollte, dann lassen wir das."

„Doch, doch, das hilft mir erst mal weiter. Du wirst sehen, diesmal kriegst du dein Geld wie versprochen pünktlich zurück, da hast du mein Wort. Wann kann ich das Geld haben?"

„Ich kann dir einen Scheck ausstellen, den kannst du morgen einlösen, ist das in Ordnung?"

„Geht es auch in bar?"

„Ja, aber nicht heute, frühestens morgen."

„Gut, dann würde ich es morgen Vormittag abholen?"

„Ja, in Gottes Namen, dann machen wir es so!"

Er gab sich Mühe, seine Gesichtszüge unter Kontrolle zu behalten, aber ich konnte doch sehen, dass sie sich entspannten. Dann fragte er:

„Du willst mir gar nicht sagen, wie es dir geht?"

„Warum sollte ich? Du hast es jahrelang nicht wissen wollen. Du kennst weder meine Frau noch meine Kinder, du hast sie vielleicht ein oder zwei Mal flüchtig gesehen, das hat dir scheinbar gereicht, oder?

Na ja, ich leite hier eine Redaktion, mache darüber hinaus für andere Fachzeitungen einiges und auch ein bisschen Rundfunkarbeit. Wir haben in der Nähe von Lauenburg ein Häuschen. Es geht uns so weit ganz gut."

„Kannst du dir vorstellen, dass wir uns in Zukunft öfter mal begegnen, um vielleicht langsam wieder zueinander zu finden?", fragte er.

„Schwer!", sagte ich. „Lass uns das, was wir heute beschlossen haben, erst mal ordentlich abwickeln, dann sehen wir weiter, oder?"

Ich sah auf die Uhr und stand auf und auch er erhob sich.

„Wie geht es deinen Kindern?", fragte er noch.

„Lassen wir das, du willst es nicht wirklich wissen!", war meine etwas schroffe Antwort.

Er nahm seinen Sommermantel über den Arm, wir verabschiedeten uns kurz und auch diesmal formlos und er schloss hinter sich die Bürotür.

Am nächsten Vormittag erschien er erneut in meinem Büro. Ich hatte einen Auswärtstermin. Meine Mitarbeiterin übergab ihm ein geschlossenes Kuvert.

„Bitte grüßen Sie meinen Sohn! Auf Wiedersehen."

Er nahm das Kuvert an sich und ging.

Nachdem ich weder vier Wochen danach noch zwei Monate später irgendetwas von ihm gehört hatte, versuchte ich, ihn telefonisch zu erreichen, um ihn nun endlich an die Rückzahlung zu erinnern. Unter der Firmentelefonnummer meldete sich ein Rechtsanwalt:

„Ihr Herr Vater arbeitet nicht mehr hier. Wo er zu finden ist, können wir leider nicht sagen, wir wüssten das selber gerne. Das Unternehmen musste Konkurs anmelden", war seine knappe Auskunft.

„Wann wurde Konkurs angemeldet?", fragte ich.

„Ach, das ist wohl schon knapp zwei Monate her", war seine Antwort.

„Ich danke Ihnen", sagte ich und legte auf.

40. KAPITEL

Der Herr Konsul

Es dauerte ein paar Tage, bis ich erfahren konnte, wo er zu finden war.

Inzwischen hatte er sich zum Honorarkonsul eines kleinen, aber feinen nordafrikanischen Landes erklärt und sich entsprechende Visitenkarten drucken lassen. Ferner hatte er sich, versehen mit diesem Diplomatenstatus, mit einer sehr erfolgreichen Immobilienmaklerin angefreundet und in deren Privatwohnung häuslich eingerichtet. Sie war wesentlich jünger als er, von seinem imposanten Erscheinungsbild, seinen guten Manieren, seinem Titel und besonders von den angeblich ausgezeichneten Verbindungen in die Wirtschaft, in die Politik im In- und Ausland restlos begeistert. Vom ehemaligen dunkelgrünen Mercedes 300 war er nun umgestiegen in deren weißes Mercedes Coupé mit roten Ledersitzen, also auch in diesem Bereich wie gewohnt nicht gerade ein Abstieg. Er begrüßte mich mit überschwänglicher Freude am Telefon und bat mich, ihn doch in seiner neuen Umgebung zu besuchen, seine neue Partnerin kennenzulernen, und er bot mir allen Ernstes bei der Gelegenheit gleich an, dass er mir von einer Universität jenes Landes, das zu vertreten er die Ehre habe, einen Doktortitel besorgen könne.

Ich lehnte all das ab und bat ihn, den geliehenen Betrag endlich zurückzugeben, und ich erinnerte ihn an sein Wort, das er mir in diesem Zusammenhang gegeben hatte.

„Mein lieber Sohn, selbstverständlich stehe ich zu meinem Wort, wenn auch etwas verspätet. Du musst unbedingt kommen, damit ich dir in Ruhe die Umstände erläutern kann, die inzwischen eingetreten sind und die dazu geführt haben, dass sich die Rückzahlung eben ein wenig verzögert."

„Nein! Ich werde nicht kommen. Bitte erledige deine Verpflichtungen sehr kurzfristig. Ich habe weder Zeit noch Lust, mir deine Geschichten anzuhören oder meinem Geld wieder vergeblich hinterherzulaufen!", sagte ich und bemühte mich um eine eher harsche Tonlage. Dann legte ich auf.

Wochen vergingen, nichts geschah. Eines Tages stand ich vor seiner neuen Wohnungstür oder besser gesagt, vor der Tür der neuen Partnerin.

Eine Dame öffnete, sie war blond, etwas untersetzt, vielleicht Mitte Vierzig, trug ein Sommerkleid, fast bodenlang, und fragte: „Ja, bitte? Was wünschen Sie?"

„Ihr Partner ist mein Vater, kann ich ihn sprechen?"

„Den Herrn Konsul?", fragte sie nach.

„Ja, den Herrn Konsul!"

„Er ist nicht da. Ich wusste gar nicht, dass er einen erwachsenen Sohn hat, wollen Sie nicht hereinkommen?"

„Nein, danke", entgegnete ich, „ich bitte Sie lediglich, ihm auszurichten, dass ich ihn dringend sprechen möchte. Ich wäre dankbar, wenn er mich morgen in meinem Büro anrufen würde."

„Ich richte ihm das gerne aus, ich erwarte ihn heute Abend gegen 18 Uhr. Auf Wiedersehen!"

„Auf Wiedersehen!"

Ich ging also unverrichteter Dinge wieder zurück in mein Büro. Weder am Folgetag hörte ich etwas von ihm, noch in den Tagen, Wochen und Monaten danach.

41. KAPITEL

Mein berufliches Weiterkommen

Unser Häuschen, ein Altbau im Jugendstil, hatten wir uns im Laufe der Jahre auf Vordermann gebracht und auch mit ein wenig Luxus ausgestattet. In das Wohnzimmer war nachträglich ein überdimensionaler offener Kamin eingebaut worden, im Gedenken übrigens an meine geliebte Großmutter, Dora, die ja in den 1930er-Jahren zum Entsetzen meines Großvaters, Albert, einen offenen Kamin in dessen Haus hatte einbauen lassen. Die Faszination des offenen Feuers hatte ich offenbar von ihr geerbt. Im Garten war eine Terrasse mit italienischem Marmor angelegt worden, an die sich ein beheizbares Schwimmbad anschloss. Hier war das spätere Haus meiner Mutter, das ihr zweiter Mann für sie gekauft und umgebaut hatte, maßgebliches Vorbild gewesen. Hinter dem Becken war eine Rasenfläche für die Kinder zum Spielen entstanden, die durch eine üppige Blumenrabatte zu den Nachbarn abgegrenzt wurde. Ein Kunstschmied aus dem Nachbardorf hatte uns eine stilgerechte Umzäunung angefertigt. Auch eine Zwingeranlage für unsere Jagdhunde war entstanden. Mit einem Wort, wir fühlten uns wohl und es entwickelte sich im Laufe der Zeit auch ein interessanter Freundeskreis, der uns viel gegeben hat. Ich ging in der wenigen Freizeit, die ich hatte, gerne zur Jagd. Meine Frau, sie war Lehrerin, gab sich in ihrer Freizeit der Malerei hin.

In diese Situation kündigte sich erneut eine berufliche Aufstiegschance für mich an. Schon die Jahre zuvor hatte sich immer mal wieder das eine oder andere Unternehmen aus der Lebensmittelbranche um mich bemüht. Ich hatte stets abgelehnt, weil ich das Gefühl hatte, ich sei für eine gehobene Position in der Wirtschaft noch nicht reif, ich müsse noch weiter dazulernen, ich müsse meine Kontakte in die Wirtschaft und die Politik noch vertiefen. Irgendwann, genauer gesagt Ende der 1970er-Jahre, entschloss ich mich dann doch, ein entsprechendes Angebot in eine Führungsetage anzunehmen. Das war schließlich mit einem Umzug weiter in den Norden, also mit einem kompletten Neuanfang für die ganze Familie, verbunden. Jetzt bewohnten wir kein altes Jugendstilhäuschen mehr, sondern einen modernen, komfortablen Bungalow in einer Kleinstadt an der Westküste. Nun begann eigentlich erst die Zeit, in der ich immer seltener zu Hause war, selbst an den Wochenenden häufig beruflich zu tun hatte, und in der ich die familiären Angelegenheiten immer mehr in die Hände meiner Frau legen musste. Unverändert war ich getrieben von der Vorstellung, es besser hinbekommen zu müssen als er, mein Vater, und ich war fest davon überzeugt, auf dem richtigen Weg zu sein. Ich war jetzt in der Lage, neben einem gehobenen Lebensstandard auch für die Zukunft, auch für das Alter, Reserven aufzubauen, mit großem Fleiß, aus eigener Kraft, von niemandem abhängig. Ich war zwar kaum noch zu Hause, arbeitete wie ein Besessener, und hatte den Eindruck, dass ich eindeutig besser sei als er.

Würde ich jetzt versuchen, die 1980er-Jahre zu beschreiben mit ihren Höhen und Tiefen für mich, ginge das an dem Thema, das ich mir für diese Geschichte gestellt habe, vermutlich vorbei. Deshalb mache ich einen Bogen um seinen, um meines Vaters Abstieg in dieser Zeit, um seine gesundheitlichen und wirtschaftlichen Rückschläge. Ich werde aber auch nicht auf die Erfolge eingehen, die ich in dieser Zeit hatte, familiär, beruflich und wirtschaftlich, ebenso wenig auf die Misserfolge.

Ich erzähle auch nicht, wie gut es inzwischen meiner Mutter an der Seite ihres zweiten Mannes ging, endlich, nach so entbehrungsreichen Zeiten, die sie nun hinter sich hatte, sie, die eigentlich malen und schreiben wollte und das nun auch endlich umsetzen konnte.

42. KAPITEL

Ein Brief an ihn, meinen Vater

Im Frühsommer 1989 saßen wir mit der ganzen Familie in unserem Wintergarten und unterhielten uns beim Frühstück mit unseren drei Söhnen über Familiengeschichten, was wir als Eltern so erlebt hatten, mit unseren Kindern, mit unseren Eltern, mit unseren Großeltern, und was wir über die Urgroßeltern so erfahren hatten. Da tauchte von unserem ältesten Sohn, der war in diesem Jahr gerade 23 Jahre alt geworden, die Frage auf, warum eigentlich der Kontakt zu allen Großeltern so gut und regelmäßig sei bis auf jenen Großvater, der mein Vater sei und den keiner unserer Söhne überhaupt richtig kenne.

„Eigentlich haben wir doch das Recht, uns auch von jenem Großvater einmal ein näheres Bild zu machen, auch, wenn du den Kontakt zu ihm offenbar abgebrochen hast", sagte unser ältester Sohn zu mir.

Schweigen und alle Blicke richteten sich nun auf mich:

„Es gab große Schwierigkeiten zwischen meinem Vater, also eurem Großvater, und mir. Die haben eben dazu geführt, dass wir unseren Kontakt vor langer Zeit eingestellt haben", antwortete ich nachdenklich.

„Was für Schwierigkeiten waren das?", fragte der Jüngste mit seinen sieben Jahren.

„Mein Vater hat meiner Mutter vor vielen Jahren, vor Jahrzehnten, sehr wehgetan. Sie hat am Ende des Lebensabschnittes mit ihm bisweilen die Hölle erlebt. Auch uns Kindern hat er sehr wehgetan. Und als ich mit ihm, auch wenn er mir als Vater immer noch nahestand, keine Basis mehr finden konnte, da habe ich den Kontakt abgebrochen in der Vorstellung, dass das für beide Seiten, eigentlich für uns alle, der richtige Weg sei. Es wird vielleicht der Zeitpunkt kommen, an dem ihr Einzelheiten erfahren werdet, im Moment jedoch nicht. Das ist alles, was ich heute dazu sagen möchte."

„Na gut, wenn das so ist, dann können wir das wohl nicht ändern", sagte unser mittlerer Sohn mit seinen gerade mal 17 Jahren. „Ich habe ihn als Kind vielleicht zwei oder drei Mal kurz gesehen, aber ich möchte mehr von ihm erfahren, er ist doch auch mein Großvater!"

Und die beiden anderen stimmten mit ein und so entstand eine Situation, mit der ich überhaupt nicht gerechnet hatte. Ich war im weiteren Verlauf plötzlich irgendwie in die Rolle des Schuldigen geraten, der sich zu rechtfertigen hatte, als habe er etwas Unrechtes getan, das es wieder gutzumachen gelte.

Der Verlauf des Gespräches spitzte sich zu:

„Wir wollen unseren Großvater kennenlernen! Tu etwas, damit das möglich wird!"

„Gut", sagte ich abschließend. „Ihr seid alt genug, euch selbst ein Bild von ihm zu machen, und ich habe nicht das Recht, durch meine Schwierigkeiten mit ihm euren Kontakt zu ihm zu verhindern. Ich finde seine Adresse heraus und werde ihm schreiben."

Zwei Wochen später wusste ich, wo er sich aufhielt. Ich hatte darüber hinaus erfahren, dass er nach mehreren Schlaganfällen gesundheitlich sehr angeschlagen war. Er hatte Sprachschwierigkeiten, konnte nur noch am Gehstock laufen und litt unter erheblichen Kreislaufbeschwerden. An seinem eleganten Erscheinungsbild änderte all das aber noch nichts. Der Gehstock war immerhin mit einem massivsilbernen Griff versehen.

Es gab in Hamburg eine Seniorenwohnanlage, in der vorwiegend Witwen von Persönlichkeiten aus Hamburg lebten, ein altehrwürdiges Gebäude, von einer Parkanlage umgeben, das einer Stiftung gehörte und von dieser auch unterhalten und betrieben wurde. Wer dort wohnte, hatte keine wirtschaftlichen Sorgen. Mit einer Ausnahme:

In Ermangelung einer ausreichenden Altersversorgung und ständig verfolgt von irgendwelchen Gläubigern, lebte er, mein Vater, nun als einziger Mann in dieser Feudalunterkunft zusammen mit einer wohlhabenden Witwe und, wie gewohnt, auf deren

Kosten. (Sie hatte ihm übrigens auch den oben erwähnten Edel-gehstock geschenkt.) Von dort fuhr er in unregelmäßigen Abständen in seinem uralten Opel Rekord in ein Häuschen unweit von Hamburg, das einer Firma gehörte, die Wintergärten verkaufte. Dort erledigte er mit großer Mühe einfache Büroarbeiten und Botendienste. Immerhin wies er sich per Visitenkarte als deren Repräsentant aus. Sein Geltungsbedürfnis also, war trotz aller gesundheitlicher und wirtschaftlicher Einschränkungen immer noch ungebrochen. Seine Abhängigkeit von der Gunst jener Witwe störte ihn nicht im Geringsten. Im Gegenteil, er begleitete sie oft und gerne unter anderem in ihre Zweitwohnung auf den kanarischen Inseln, die sich dort in einer Luxuswohnanlage mit Blick aufs Meer befand.

Ich schrieb ihm am 27.6.1989 folgenden Brief:

Guten Tag, Vater,

wenn ich dir heute schreibe, dann tue ich dies keineswegs aus eigenem Antrieb, sondern vor allem deshalb, weil meine Söhne, also deine Enkel, mich dazu angeregt haben.

Wir haben nun seit elf Jahren keinen Kontakt mehr gehabt, wenn man davon absieht, dass wir uns einmal bei einer Taufe eines deiner anderen Enkel kurz und eher zufällig begegnet sind. Von meinen Geschwistern habe ich erfahren, dass du dich offenbar gelegentlich darüber beschwert hast, dass ich mich schuldhaft von dir abgewendet hätte. Ich würde gerne Gelegenheit haben, einmal eine gemeinsame Rückschau vorzunehmen, in der ich dir zum wiederholten Male die eigentlichen Gründe unseres gescheitertes Vater-Sohn-Verhältnisses aus meiner Sicht erläutern könnte. Diese Gründe reichen, wie du weißt, bis in meine misslungene Kindheit zurück. Ich sehe eine Möglichkeit, dass wir in einem oder mehreren Gesprächen das Wenige herausarbeiten können, das uns vielleicht noch verbindet, falls du daran Interesse haben solltest.

Ich habe über diese Möglichkeit, wie gesagt, vor allem mit meinen Söhnen gesprochen, von denen du zwei so gut wie nicht und einen, den Jüngsten, überhaupt nicht kennst.

Gerade die Jungs haben mich also nun ermuntert, den Versuch zu machen, den Kontakt zum Großvater herzustellen. Sie sagen, sie hätten ein Recht darauf, sich von diesem Großvater ein eigenes Bild zu machen.

Kein Mensch weiß, wie viel Zeit einem verbleibt, seine Sachen zu ordnen, weder du noch ich. Also, wenn du möchtest, lass es uns versuchen.

Wenn du damit einverstanden bist, ruf mich bitte an, und dann können wir ein Wochenende vereinbaren, an dem du unser Gast sein könntest.

Inzwischen mit vielen Grüßen

Er rief mich einige Tage nach Erhalt dieses Briefes tatsächlich an: „Guten Tag, mein Sohn, ich habe seit sehr langer Zeit wieder etwas von dir gehört oder besser gesagt, gelesen, und ich habe mich darüber gefreut."

„Guten Tag, Vater."

„Ich bin inzwischen ziemlich hinfällig geworden, aber dennoch, ich werde dich besuchen, wenn du Zeit hast, am kommenden Wochenende, ist dir das recht?"

„Ja, es passt mir am Samstagnachmittag. Damit du unser Haus findest, schicke ich dir noch eine Wegbeschreibung."

Das Gespräch war also sehr kurz und ich erzählte meiner Frau und den Söhnen davon.

„Du bist schon toll, dass du das so schnell umsetzt, was wir da von dir verlangt haben", sagte mein ältester Sohn beim Abendessen.

„Es ist nicht leicht, aber ich möchte es hinter mich bringen", antwortete ich, stand auf und verließ den Raum.

Ich wollte jetzt nicht mehr darüber sprechen, ich wollte allein sein. Ich nahm meinen Hund und mein Gewehr und fuhr mit dem Geländewagen in mein Jagdrevier. Das tat ich häufig dann, wenn ich Probleme durchdenken wollte, von allen Seiten beleuchten wollte, um zu einer Lösung zu kommen, die mich befriedigen würde. Dort angekommen, genoss ich den hereinbrechenden Abend auf einem Hochsitz. Der Sonnenuntergang,

den ich dort erlebte, hielt mich allmählich von weiteren Grübe-
leien ab, zumal ich jetzt entschlossen war, wenn es irgendwie
gehen würde, mit ihm, meinem Vater, reinen Tisch zu machen,
reinen Tisch zumindest so weit, dass nichts mehr im Weg stehen würde, falls unsere Söhne einen dauerhaften Kontakt mit
ihm aufbauen wollten.

„Und, hast du was gesehen?", fragte meine Frau, als ich lange
nach Einbruch der Dunkelheit wieder zu Hause erschien. Sie
nahm mich dabei in den Arm. Sie wusste, wie schwer mir diese
neue Situation fallen würde, und sie wusste, dass es in dieser
neuen Situation besser war, nicht nach dem Grund zu fragen,
warum ich so abrupt aufgestanden war, um ins Revier zu fahren. Sie kannte ja den Grund.

Ich sagte: „Man sieht immer etwas, wenn man auf dem Hochsitz sitzt, selbst wenn man in Gedanken gar nicht bei der Sache, bei der Jagd, ist. Heute habe ich einige Tauben über dem
nahen Wald aufsteigen sehen und den Sonnenuntergang, sonst
nichts." Und nach einer kurzen Pause: „Ich werde das Gespräch
mit meinem Vater führen und versuchen, einen Weg zu finden,
dass wenigstens die Jungs mit ihm klarkommen und ich dabei
nicht im Weg stehe."

43. KAPITEL:

Bringen wir es hinter uns ...

Er stieg aus seinem alten Opel Rekord, mühsam, in der rechten Hand den Gehstock mit dem Silbergriff, mit der linken Hand hielt er sich am Türrahmen fest; nach dem zweiten Anlauf stand er etwas wackelig neben dem Auto. Er hielt mir die Linke zum Gruß hin:

„Guten Tag, mein Sohn. Mein Gott, du hast ja schon graue Schläfen, wie lange wir uns nicht gesehen haben!"

„Guten Tag, Vater. Bitte komm herein, wir haben im Esszimmer Kaffee und Kuchen vorbereitet. Die Jungs sind auch da, sie sind sehr gespannt auf dich."

Er ging an seinem Stock sehr langsam mit Tippelschritten und es fand eine kühle, eher unherzliche, von einer gewissen Verlegenheit gekennzeichnete Begrüßung statt. Ein Gespräch wollte während des Kaffeetrinkens anfänglich nicht zustande kommen, bis ich schließlich sagte:

„Nun ist also euer Großvater hier, das habt ihr ja so gewollt. Ich finde es gut, dass er zugesagt hat und euch die Gelegenheit gibt, ihn nun endlich kennenzulernen. Das erreicht man aber nicht durch Schweigen, sondern indem man sich unterhält und Fragen stellt und ihn antworten lässt. Und um diesen Dialog in Gang zu bekommen, schlage ich vor, Vater, dass du uns ein wenig über dein Leben in den letzten Jahren erzählst."

Das tat er aber nicht. Stattdessen aß er schweigend seinen Kuchen, trank seinen Kaffee, sah sich ein wenig im Esszimmer um, von dem man auch den Blick in das Kaminzimmer hatte und auf der anderen Seite über die Terrasse in den Garten sehen konnte. Und nach einer Weile lächelte er und sagte:

„Schön habt ihr es hier, richtig schön! Wann hast du das Haus gebaut?"

„Ich habe das Haus nicht gebaut. Ich habe es gekauft, als es gut fünf Jahre alt war, ich habe es lediglich an einigen Stellen umgebaut."

Der Nachmittag verging nun doch mit Schweigen oder allenfalls mit dem Austausch von Allgemeinplätzen. Weder fragte er nach dem Werdegang der Söhne oder sonst jemandem aus der Familie, noch befragten diese ihn nach seinem Schicksal. Das Ganze war schließlich an Peinlichkeit kaum zu überbieten. Am Abend saß ich mit ihm allein im Wintergarten. Ich erinnerte mich an früher, als er gerne einen trockenen erdigen Weißwein getrunken hatte. Ich holte einen Bocksbeutel und schenkte ein. Wir schwiegen, dann sagte er:

„Du möchtest in Wirklichkeit nicht, dass deine Söhne mich kennenlernen, das ist wohl nur ein Vorwand. Ich glaube eher, du möchtest mit mir abrechnen, also bringen wir es hinter uns."

„Wenn es das wäre, hätte ich dich nicht zu mir nach Hause gebeten, das hätte ich besser an einem anderen Ort gemacht. Aber eigentlich gibt es nichts mehr abzurechnen. Ich lebe mein Leben so, wie ich es für richtig empfinde, zusammen mit meiner Familie. Von dir habe ich gelernt, wie man es nicht machen sollte, wie man nicht mit anderen Menschen umgehen darf. Jetzt, heute, geht es darum, dass deine Enkel ihren Großvater kennenlernen möchten. Das setzt voraus, dass zwischen uns beiden ein ordentlicher Ton herrscht, und dafür könnten wir eine Grundlage schaffen. Willst du das überhaupt?"

„Ich bin alt geworden und nicht mehr gesund. Ich habe alles verloren und für mich existiert nichts mehr, für das es sich noch lohnen würde zu leben. Vor über dreißig Jahren brach meine erste Ehe mit Strickchen, deiner Mutter, auseinander, vor zwei Jahren ging meine zweite Ehe kaputt. Aus beiden Ehen habe ich Kinder, die jeden Kontakt zu mir eingestellt haben. Aus! Vorbei! Einfach so! Was ich bei diesen Menschen, die mir einmal besonders nahestanden, angerichtet habe, kann ich nicht wiedergutmachen, dafür bräuchte es Zeit, Zeit, die ich nicht mehr habe, und diese Menschen würden mir auch keine Gelegenheit mehr dazu geben. Die wollen nichts mehr von mir wissen, was man auch verstehen kann. Jetzt wohne ich bei einer Partnerin, die mich aushält. Das verschafft mir zwar einen gewissen Luxus, den ich, soweit ich noch kann, auch genieße. Aber ich bin abhängig von ihr, ich bin nicht frei, ja, eigentlich war ich immer schon abhängig. Eine Freiheit, eine Ungebundenheit, wie ich sie mir immer gewünscht hatte, nach der ich mich besonders im Anschluss an die Rettung aus der Verschüttung im sibirischen Kohlebergwerk so sehr gesehnt hatte, die hat es in meinem Leben nicht gegeben. Das kann ich niemandem vorwerfen, daran bin ich selber schuld."

Ich unterbrach ihn:

„Eine Zeit lang, als Jugendlicher, habe ich damals einmal versucht, in dir ein Vorbild für mich zu finden, wie das alle Jugendlichen tun, die einen Vater haben, der ein vorbildliches Leben führt. Gelungen ist mir das nicht. Und nun bemühe ich mich selbst, dass meine Söhne in mir irgendetwas Vorbildhaftes erkennen. Das ist mit einer der Gründe, weshalb ich dich hergebeten habe; keine Aneinanderreihung von Vorwürfen, keine Demütigungen, keine Abrechnungen. Und in den Vordergrund soll das Wenige gerückt werden, das uns je miteinander verbunden hat, wenn das geht. Versuchen wir es?"

„Okay", sagte er, „versuchen wir es!"

Das war ein Anfang, mühsam zwar und das wusste ich auch, aber es war eben ein Anfang!

44. KAPITEL

Die letzte Begegnung mit Strickchen

In den Folgejahren bekam ich selber zunehmende gesundheit-liche Probleme, die schließlich dazu führten, dass ich 1994 in ein Hamburger Krankenhaus eingeliefert wurde, um die Ursa-chen herauszufinden und diese möglichst zu beseitigen. Das gelang aber nicht, stattdessen fing ich mir dort Streptokokken ein, die mir zusätzliche und lebensbedrohliche Probleme berei-teten. Ich musste mehrere Operationen über mich ergehen las-sen und der Aufenthalt in Hamburg zog sich über Monate hin. In dieser Zeit besuchte er, mein Vater, mich regelmäßig. Selber bereits schwer gezeichnet, schlurfte er dann den langen Gang entlang, bis er mein Zimmer erreichte. Man konnte seine kur-zen Trippelschritte, die von den Gehstockgeräuschen begleitet wurden, schon von Weitem hören und von den anderen Geräu-schen gut unterscheiden. Da trat er dann in mein Zimmer, in dem ich alleine lag, eingehüllt in Firmenakten, die ich mir re-gelmäßig schicken ließ, um sie durchzuarbeiten. Er nahm sich dann einen Stuhl, setzte sich zu mir ans Bett und erzählte mir von den regelmäßigen Begegnungen mit einem unserer Söhne, der in Hamburg seinen Wehrersatzdienst ableistete und öfter mit ihm zusammenkam. Also hatte die erste Begegnung vor Jahren in unserem Haus doch etwas bewirkt, zumindest zwi-schen einem, dem mittleren unserer Söhne, und ihm. Ich habe ihm diese Besuche, die für ihn eine ungeheure Mühe waren, hoch angerechnet. Wir sprachen nicht so oft Substanzielles, aber es hatte zumindest den Anschein, als wenn wir uns etwas nähergekommen wären, und es hatte ebenfalls den Anschein, dass ihm daran viel gelegen war.

1995 heiratete unser ältester Sohn. Die Hochzeitsfeierlichkei-ten wurden teilweise in unserem Haus und Garten ausgerichtet. Eine Girlande aus Blumen und Buchsbaum zog sich über die üppige Tafel. Meine Frau hat diese Buchsbaumzweige später in die Erde gesteckt, daraus ist eine Hecke entstanden, die noch heute unseren Garten ziert. (Der Bund fürs Leben unseres Sohnes hat leider nicht so lange gehalten.)

Zu den Hochzeitsgästen zählten, unter vielen anderen, auch meine Mutter mit ihrem zweiten Mann, Jörg. Aber auch er, mein Vater, war eingeladen. Er trug ein hellbeiges Dinnerjackett, das er sich von mir ausgeliehen hatte, und ebenfalls eine dunkelblaue Hose von mir und man konnte sehen, dass ihm diese, meine Sachen, nicht genau passten. Manche sagten dennoch, er hätte in diesem Aufzug eine gewisse Ähnlichkeit mit James Last gehabt. Meine Mutter, im schlichten, hochgeschlossenen, langärmligen und fast bodenlangen, hellblauen Abendkleid, und er, mein Vater, begegneten sich bei dieser Hochzeit das erste Mal wieder seit ihrer damaligen Scheidung, also seit 38 Jahren.

Er hielt in der rechten Hand den Stock mit dem Silbergriff, gab ihr die Linke und verneigte sich umständlich zu einem angedeuteten Handkuss.

„Strickchen!" Es entstand eine kleine Pause. „Wenn ich dich noch so nennen darf. Du siehst immer noch blendend aus", sagte er zur Begrüßung. Sie zeigte ein höfliches Lächeln, aber antwortete nicht. Dann begrüßten sich er und Jörg, der zweite Mann meiner Mutter, mit Handschlag, aber wortlos. Später nahmen alle Gäste an der pompösen Tafel Platz. Meine Mutter versuchte es zu vermeiden, in seine Nähe zu blicken oder später, als sich die Tafel aufgelöst hatte und die Gäste im Garten spazierten, in seine Nähe zu gelangen. Aber auf einmal stand er doch neben ihr und sagte:

„Dass du gekommen bist, obwohl du wusstest, dass auch ich hier sein werde! Ich bewundere das."

„So viel Zeit ist vergangen seit unserer Scheidung", antwortete sie nachdenklich, „und ich kann niemals vergessen, was du mir in all den Jahren zuvor angetan hattest, und ich kann es auch nicht verzeihen, niemals! Aber vielleicht ist die Zeit reif dafür, dass ich Frieden mit dir schließe. Hier und jetzt!"

„Ich schäme mich so sehr und ich wünschte, ich hätte noch die Zeit, wieder irgendetwas gutzumachen, aber die habe ich nicht mehr, damit muss ich für den Rest leben. Dennoch, ich habe dich geliebt, unendlich, und im Grunde habe ich nie aufgehört, dich zu lieben, deswegen begreife ich selbst nicht, weshalb ich dich damals so sehr habe demütigen können, wie konnte ich nur!" Jetzt trat sie zur Seite, weil sie das Gefühl hatte, er würde sie umarmen wollen. Sie lief langsam in Jörgs Richtung, der abseits stand in seinem dunklen Anzug. Sie tupfte sich vorsichtig Tränen aus den Augen und ging an Jörgs Hand aus dem Garten in die warme Sommernacht. Jörg indessen bedrängte sie nicht mit Fragen, er schwieg.

45. KAPITEL:

Der Traum von Andalusien und einem Swimmingpool

1996 war seine vorletzte Lebensgefährtin an Brustkrebs gestorben. Deren Sohn hatte dafür gesorgt, dass meinem Vater aus deren Nachlass nichts verblieben war. In der Wohnung durfte er zwar vorläufig noch eine Weile bleiben, ansonsten war er jetzt aber ein Fall für die Sozialhilfe geworden. Wir ergänzten seine spärlichen Einkünfte durch Zuwendungen, zumal er fortan auch auf regelmäßige Betreuung angewiesen war, weil sich sein Gesundheitszustand inzwischen rapide verschlechtert hatte.

Jedoch selbst in dieser bedauerlichen Lage lernte er, der ja äußerlich immer noch relativ gut aussah, tatsächlich eine weitere Frau kennen, wenn auch nur für kurze Zeit, diesmal eine circa fünfzehn Jahre jüngere, kleine, zierliche Spanierin, die in Hamburg lebte und für ihre in Andalusien befindliche Villa am Meer und auch für sich selber einen Betreuer suchte. Mit ihr sah er allen Ernstes die Chance, seine vielleicht letzten Jahre in Andalusien und dort am Swimmingpool zu verbringen.

Daraus wurde aber nichts, diese Dame erkannte relativ schnell, dass er bereits ein Pflegefall war, auch wenn er sich noch so viel Mühe gab, genau dies vor ihr zu verbergen. Sie verließ ihn ebenso kurzfristig, wie sie ihn kennengelernt hatte.

Jetzt folgten immer wieder Krankenhausaufenthalte aufgrund von leichten oder auch schwereren Schlaganfällen und damit zunehmenden Einschränkungen, und es begann die Zeit, in der er auf einen Rollstuhl angewiesen war.

In dieser aussichtslosen Lage bemühten wir uns schließlich um einen Platz in einem Altenpflegeheim möglichst in unserer Nähe, was schließlich auch gelang. Dort wurde er rührend rund um die Uhr betreut, dennoch beschleunigte sich sein körperlicher und jetzt zunehmend auch sein geistiger Verfall.

An einem Wochenende holte ich ihn dann und wann nach Hause, da saß er dann apathisch auf unserer Terrasse, blickte ins Leere und nässte gelegentlich ein, sodass es trotz entsprechender Vorkehrungen unten aus dem Rollstuhl tropfte. Dann sagte er: „Ich will nicht mehr! Mein Gott, wann endlich geht das vorbei!" Aber dennoch, eine von den beiden Pflegekräften, die wir zu solchen Gelegenheiten engagiert hatten, meinte zu meiner Frau: „Was für ein Mann! Er ist schwer krank, aber im Gesicht schaut er immer noch aus wie Clark Gable in seinen besten Jahren!"

46. KAPITEL:

Die Erlösung

1998 mussten wir dem Krankenhaus, in das er nun wegen schwerer Zuckerkrankheit eingeliefert worden war, die Genehmigung erteilen, ihm das linke Bein zu amputieren, weil Lebensgefahr bestand; zu der Zeit konnte er bereits kaum noch sprechen. Als er von der Narkose aufwachte, saß ich auf seiner Bettkante. Um das noch vorhandene Bein machte die Bettdecke eine Wölbung, auf der anderen Seite war die Bettdecke glatt. Dorthin legte er seine Hand. Da weinte er und flüsterte kaum hörbar: „Was machen die bloß mit mir? Warum lassen die mich nicht endlich in Ruhe sterben!"

Zwei Wochen später wurde er zurück ins Altenpflegeheim entlassen. Dort warteten allen Ernstes Orthopäden mit einer Prothese, die mit großem Aufwand für ihn hergestellt und angepasst worden war, in der Vorstellung, dass er damit jemals wieder würden laufen lernen können. Man quälte ihm diese Prothese immer wieder über den Stumpf, der von seinem Bein noch übrig war, und versuchte, so sehr er sich dagegen auch sträubte, ihn damit zum Gehen zu bewegen, was natürlich nicht gelingen konnte. Als ich diesen Unsinn mitbekam, schritt ich energisch ein und verbot, dieses entwürdigende Prozedere fortzusetzen. An seinen Gesichtszügen konnte ich merken, wie dankbar er mir dafür war. Der nächste Schlaganfall führte dazu, dass er seinen rechten Arm nicht mehr bewegen konnte und die Hand zur Faust verkrampfte, sodass sich nach und nach die Fingernägel in die Handfläche eingruben, was dort zu entzündlichen Verletzungen führte. Man bog ihm jetzt unter entsetzlichen Schmerzen mit Gewalt diese Hand auf, um auf den offenen Wunden Verbandsmaterial auftragen zu können. Er schrie dabei. An selbstständige Nahrungsaufnahme war unter diesen Umständen nicht mehr zu denken, er musste fortan gefüttert werden.

Nachdem man seine Stimme nicht mehr vernehmen konnte, setzte er sich nun einfach durch Verweigerung der Nahrungsaufnahme zur Wehr und versuchte auf diese Weise, sein Schicksal selbst in die Hand zu nehmen.

Körperlich völlig abgemagert und restlos entkräftet stand inzwischen die zweite Beinamputation bevor. Ich wurde also am Nachmittag des 11. Januar 2000 telefonisch in das Pflegeheim gebeten, um gemeinsam zu beraten, ob das noch gemacht werden sollte. Ich sagte, dass ich nach Dienstschluss losfahren würde und etwa gegen 18 Uhr zur Besprechung da sein könnte. Dort angekommen fragte ich an der Rezeption, wo die Besprechung stattfinden würde.

„Es wird keine Besprechung mehr stattfinden, Ihr Vater ist vor einer Stunde verstorben. Mein herzliches Beileid!", sagte die Dame.

„Darf ich zu ihm?", fragte ich, nachdem ich einmal tief durchgeatmet hatte.

„Ja, natürlich, er liegt noch in seinem Zimmer, Sie wissen ja, wo."

„Ich möchte mit ihm für eine Weile allein sein, ist das möglich?", wollte ich wissen.

„Selbstverständlich, ich werde veranlassen, dass Sie ungestört sind."

Ich öffnete vorsichtig die Tür. Da lag er, frisch gekämmt, die eine Hand immer noch zur Faust geballt auf der Brust, in der anderen, die auf seinem Körper lag, steckte eine Blume aus einem Strauß, den ich ihm wenige Tage zuvor mitgebracht hatte. Seine Augen waren geschlossen, aber nicht ganz, und man konnte denken, dass er mich mit müdem Blick ansähe, als wenn er sagen würde: Was bin ich froh, dass ich das endlich überstanden habe.

Ich setzte mich auf einen Stuhl, der vor seinem Bett stand, und sah ihn an, ihn, aus dessen Gesicht nun aller Schmerz, den er in seiner allerletzten Zeit zu ertragen hatte, gewichen war, ein Gesicht, das jetzt Frieden und Freiheit auszustrahlen schien, Frieden und Freiheit, die er sich sein Leben lang gewünscht hatte und die er doch nie hatte erreichen können. Ich sagte leise:

„Ich hätte dir noch sagen wollen, dass ich endlich meinen Frieden mit dir geschlossen habe, aber ich konnte es dir nicht mehr sagen, weil ich meine Arbeit im Büro für wichtiger gehalten habe und deshalb zu spät gekommen bin."

Und er würde vielleicht geantwortet haben:

„Auf Wiedersehen, mein Sohn!"

Ich saß noch lange so bei ihm, ich weiß nicht mehr, wie lange, und ich war in Gedanken eng mit ihm verbunden.

Was bleibt, ist nicht die Traurigkeit darüber, dass er sich selbst aufgegeben hatte, sondern über das Wie, und die Traurigkeit auch, dass es keine Möglichkeit mehr geben würde, ihm zu verzeihen.

Nachwort

Seit seinem Tot, sind fast sieben Jahre vergangen; ich hatte mich zu dieser Zeit eigentlich schon im Vorruhestand befunden, aber der überraschend von meinem ältesten Sohn und einem Hamburger Unternehmer an mich herangetragene Auftrag, in Mecklenburg-Vorpommern die Bauleitung für ein Biodieselwerk zu übernehmen, reizte mich dann doch so sehr, zumal mir dieser Unternehmer menschlich außerordentlich sympathisch war, dass ich diesen Auftrag noch angenommen habe. Ich saß also in meinem Baubüro, als mich meine Frau anrief:

„Liebling, hast du einen Moment Zeit für mich?", fragte sie.

„Ja sicher, einen Moment", antwortete ich.

„Aber der Moment wird doch vermutlich eine Weile dauern", ergänzte sie.

„Also, wenn es dringend ist, leg los!", sagte ich nun etwas ungeduldig.

„Heute ist ein Brief gekommen, den ich dir vorlesen möchte, und ich hoffe, du sitzt bequem."

„Okay, lies vor!"

Sie las:

> „Hallo, mein Bruder,
> wenn ich dich duze und wenn ich dich meinen Bruder nenne, dann wird dich das vermutlich sehr erstaunen, zumal wir uns ja überhaupt nicht kennen, doch ich will versuchen, es kurz zu machen:
> Ich bin Mitte dreißig, lebe in einer größeren Stadt in Schleswig-Holstein. Vor einigen Jahren habe ich durch Zufall und zu meinem Entsetzen von meinen Eltern erfahren, dass ich nicht deren leibliche Tochter bin, sondern unmittelbar nach meiner Geburt von ihnen adoptiert wurde. Nun bin ich also auf

der Suche nach meiner neuen, meiner eigentlichen Identität.
Nachdem ich meine leibliche Mutter endlich gefunden hatte,
die mit mir aber nichts zu tun haben wollte, begann ich, mei-
nen Vater zu suchen, und habe ihn schließlich auch gefunden.
Er ist unser gemeinsamer Vater. Über ihn weiß ich nur, dass
er vor Jahren gestorben ist und aus zwei geschiedenen Ehen
mehrere Kinder hinterlassen hat, die ja meine Halbgeschwis-
ter sind. Ich selber bin also das Produkt eines Seitensprunges.
Ich würde gern mehr über ihn, meinen Vater, erfahren, und
frage, ob du mir helfen kannst. Ich hoffe sehr auf deine Ant-
wort. Bis dahin

Deine neue Schwester"

„Hörst du noch zu?", fragte meine Frau eine Weile, nachdem
sie geendet hatte.
„Ja klar!", sagte ich. „Das ist verrückt, das ist absolut verrückt!"
Und nach einigem Zögern: „Ich will sie kennenlernen!"
Ich schickte ihr also eine höfliche, aber nicht besonders über-
schwängliche Einladung, und an einem der folgenden Wochenenden saß sie bei uns im Wintergarten: groß, schlank, kurzes
blondes Haar, dezent geschminkt, sportlich gekleidet, von Beruf Oberstudienrätin.
Die Unterhaltung wurde intensiv. Ich erzählte ihr in großer Offenheit die wichtigsten Fakten aus dem Leben dieses, unseres
gemeinsamen Vaters. Am Ende des Frage- und Antwortdialoges,
es war inzwischen nachts halb drei geworden, fragte ich sie, ob
sie in unserem Gästezimmer übernachten möchte.
Nein, das lehnte sie ab, sie müsse jetzt nach Hause fahren, anders könne sie das alles überhaupt nicht verarbeiten.
Also fuhr sie wieder ab. Aber auch ich konnte den Rest der Nacht
kein Auge zu bekommen.

Einige Zeit danach trafen wir uns in Hamburg am Ohlsdorfer
Friedhof, sie wollte gerne das Grab unseres gemeinsamen Vaters besuchen.

Wir suchten das Grab, aber wir fanden es zunächst nicht. Wir suchten und suchten. Aber an der Stelle, wo ich es vor Jahren zuletzt noch gesehen hatte, schien kein Grab mehr zu sein. Erst als wir Gestrüpp und Brennnesseln zur Seite geschoben hatten, erblickte man, ganz und gar von Moos überzogen, den kleinen, liegenden Stein mit seinem Namen, seinem Geburts- und Todesdatum.

„Warum ist das nicht mehr gepflegt?", fragte sie.

„Wir hatten vereinbart, dass andere, die ihm auch früher einmal nahegestanden hatten, sich um die Grabpflege kümmern würden, weil ich zu weit von Hamburg entfernt wohne", antwortete ich. „Aber das ist offenbar eingestellt worden."

Dann fügte ich hinzu: „Er ist schlichtweg vergessen worden!" Wir fassten uns an der Hand und standen eine Zeit lang vor dieser Unkrautfläche. Dann legte sie den Blumenstrauß, den sie mitgebracht hatte, vorsichtig zwischen die Brennnesseln. Schließlich erhob sie sich wieder und wir standen noch einen kurzen Moment, wortlos, bevor wir uns umdrehten und gingen. Ich habe mich geschämt vor ihm, vor meinem Vater.

Danksagung

Mein besonderer Dank gilt meiner Frau, Holle, die mich während der Arbeit an diesem Buch über lange Zeit an meinem Schreibtisch nur von hinten gesehen hat und die mir dennoch mit viel Rat und Tat zur Seite gestanden hat.

Nicht vergessen möchte ich sowohl Frau Dr. Karin Tuxhorn von der Edition Marehalm als auch die Grafikdesignerin Frau Angela Höfer von April April DESIGN, die Gestalterin der ersten Auflage dieses Buches. Wir waren im ständigen Gespräch und dafür vielen Dank.

An dieser Stelle möchte ich ebenfalls Herrn Professor Dr. Gerhard Gensch, Herrn Richter a.D. Gerd Dose und den Kunstmaler und Designer Herrn Achim Goetze erwähnen. Von diesen Freunden sind wertvolle Ratschläge in dieses Buch mit eingeflossen, für die ich innigen Dank sage.

Die vorliegende zweite Auflage wurde unter maßgeblicher Unterstützung meiner Autorenbetreuerin, Frau Viktoria Pultz, erstellt, der ich ebenfalls großen Dank schulde.

Quellennachweis

Palmenhaus und Scherbelberg
Bilder einer Kindheit
Erschienen 1998 im Universitas Verlag in der F.A. Herbig Verlagsbuchhandlung GmbH München

HERZ FÜR AUTOREN A HEART FOR AUTHORS À L'ÉCOUTE DES AUTEURS MIA KAPΔIA ΓIA ΣYΓΓP
FÖR FÖRFATTARE UN CORAZÓN POR LOS AUTORES YAZARLARIMIZA GÖNÜL VERELIM SZ
PER AUTORI ET HJERTE FOR FORFATTERE EEN HART VOOR SCHRIJVERS TEMOS OS AUTC
ZÖINKÉRT SERCE DLA AUTORÓW EIN HERZ FÜR AUTOREN A HEART FOR AUTHORS À L'ÉCOU
AÇÃO BCEЙ ДYШOЙ K ABTOPAM ETT HJÄRTA FÖR FÖRFATTARE À LA ESCUCHA DE LOS AUTO
EURS MIA KAPΔIA ΓIA ΣYΓΓPAΦEIΣ UN CUORE PER AUTORI ET HJERTE FOR FORFATTERE EEN
ARIM SERCE ERZÖINKÉRT SERCE DLA AUTORÓW EIN HERZ FÜI
SCHRI S OS A ORAÇÃO BCEЙ ДYШOЙ K ABTOPAM ETT HJÄRTA FÖ

Der Autor

Axel Schauder, 1944 in Liegau-
Augustusbad bei Dresden geboren,
verlebte seine Kindheit in seinem
Geburtsort bzw. in Dresden. Anfang
der 1950er-Jahre folgte die Flucht
mit seiner Familie nach Bayern, wo er
später auch sein landwirtschaftliches
Studium antrat und 1969 abschloss.
Er arbeitete als Agrarjournalist, unter
anderem als Redakteur einer landwirtschaftlichen
Fachzeitschrift, und schrieb Beiträge für andere
Medien und den Rundfunk. 1979 wechselte er in
die Nahrungsmittelindustrie, schrieb aber nebenbe-
ruflich weiter. Während seiner Studienzeit entstand
ein Romanmanuskript, später verschiedene Kurz-
geschichten wie auch Kindergeschichten. Nach
dem Kinderbuch „Die kleine Kuh Berta" ist dies die
zweite Veröffentlichung des Autors im novum Verlag. Schauder ist seit gut 50 Jahren verheiratet, hat
3 Söhne und verbringt als nach wie vor passionier-
ter Schreiberling seinen Ruhestand gemeinsam mit
seiner Frau im nordfriesischen Niebüll.